国家出版基金项目
NATIONAL PUBLICATION FOUNDATION

“十四五”国家重点出版物出版规划项目

粤港澳大湾区产业协同发展研究丛书

南沙

面向世界的
科技创新与产业协同枢纽

刘 伟 谢 伟
陈杰英 吴瑞坚 著

U0890194

SPM 南方传媒 | 广东经济出版社
·广州·

图书在版编目（CIP）数据

南沙：面向世界的科技创新与产业协同枢纽 / 刘伟等著 .
广州：广东经济出版社，2024. 12. —（粤港澳大湾区产业
协同发展研究丛书）. — ISBN 978-7-5454-9440-2

Ⅰ. F127.654

中国国家版本馆 CIP 数据核字第 2024FW2503 号

策　　划：王成刚　张晓兰
责任编辑：赵　娜　郭艳军　陈　晔　皮亚军
责任校对：李玉娴　黄思健　陈运苗
责任技编：陆俊帆
封面设计：集力書裝　彭　力

南沙：面向世界的科技创新与产业协同枢纽
NANSHA：MIANXIANG SHIJIE DE KEJI CHUANGXIN YU CHANYE XIETONG SHUNIU

出 版 人：刘卫平
出版发行：广东经济出版社（广州市水荫路 11 号 11 ～ 12 楼）
印　　刷：佛山市迎高彩印有限公司
（佛山市顺德区陈村镇广隆工业区兴业七路 9 号）

开　　本：730mm×1020mm　1/16
印　　张：17
版　　次：2024 年 12 月第 1 版
印　　次：2024 年 12 月第 1 次
书　　号：ISBN 978-7-5454-9440-2
字　　数：282 千字
定　　价：79.80 元

发行电话：（020）87393830
广东经济出版社常年法律顾问：胡志海律师
如发现印装质量问题，请与本社联系，本社负责调换

前言

乘势而上，勇立潮头，开启南沙高质量发展的崭新时代

——面向世界破解南沙“发展之惑”

2019年2月，《粤港澳大湾区发展规划纲要》印发实施，旨在推动粤港澳三地经济协同发展，这也意味着湾区时代的正式开启。作为大湾区的地理几何中心，南沙迎来了发展新机遇。为推动南沙在大湾区建设中更好发挥引领带动作用，2022年6月，国务院出台了《广州南沙深化面向世界的粤港澳全面合作总体方案》（简称《南沙方案》），明确要将南沙打造成为“立足湾区、协同港澳、面向世界的重大战略性平台”，这是对南沙发展方向的指引，也是对南沙战略地位的肯定，更明确了南沙未来的定位。历经近40年的努力与探索，南沙终于实现了符合历史需要与时代需求的精准定位，真可谓“咬定青山不放松”，苦尽甘来迎新机。

一、从历史逻辑看，制造业时代南沙迈过了艰难创业期

从1990年成立南沙经济区管理委员会到2012年设立国家级新区，南沙在长达22年的时间里获得过多轮政策红利，也取得了一些成效，与周边的广州开发区、深圳南山区相比，却是步履蹒跚，距离实现在南沙投入巨资开发的霍英东先生的夙愿还有相当差距。即使到2015年，中国（广东）自由贸易试验区广州南沙新区

片区正式启动建设，在同样环境背景下，南沙的经济发展仍逊色于这两个地区。的确，南沙作为粤港澳大湾区地理几何中心，毗邻港澳，政策加持良多，港澳客商垂青，为什么几十年来总是不温不火呢？这个南沙“发展之惑”也许可以从三个方面去探究。

第一，制造业时代的区域竞争最重要的两个因素是产业基础与物流成本，20世纪90年代的南沙是难以与先行一步且已形成供应链支撑体系的深圳、东莞角力，也无法与有黄埔港支持的广州开发区以及有蛇口港支持的深圳南山区相比，这就决定了南沙即使为“湾区之心”也难以在珠三角制造业竞争格局中脱颖而出。

第二，进入2000年后，尽管南沙有了一定的产业规模，但是由于距离市区较远，本地生活设施条件无法满足高端人才的需求，制造业的创新升级进展迟缓。所幸，中国加入WTO（世界贸易组织）后，广州不仅国际贸易量暴增，而且远洋运输规模呈现出急剧增长的势头。于是，广州在2000年提出了“南拓”构想，拟建设南沙滨海城市与远洋深水港。2001年，广州港南沙港区在龙穴岛的一片滩涂中起步，2004年，一期工程建成投产，自此，广州港实现了从内河港、河口港向海港的跨越，同时也改变了珠江西岸无大型深水集装箱码头的现状。此后20年获得累计投资近400亿元，从二期、三期到四期工程相继投产，广州港南沙港区成为世界最繁忙的港口之一；粤港澳大湾区多家企业联合研发的“湾区芯”，为四期码头装上“超级大脑”……南沙港区的奋斗史，堪称“让开放的大门越开越大”的窗口示范史。只是南沙的制造业虽然有了长足的进步，但产业规模与规模以上企业数量相比湾区内的黄埔区与南山区还是有较大差距。

第三，进入2020年以来，广州港南沙港区集装箱吞吐量已相当于全球前十大港口，2022年，南沙港区集装箱吞吐量高达1900多万标箱。南沙拥有独特的区位优势、优越的港口条件以及巨大的土地空间，非常适合发展航运物流业。不过，港航业却难以给南沙带来足够的经济贡献度，尤其对当地经济税收贡献有限，地方政府很难下决心进一步把宝贵的土地资源用于发展航运物流业；同时，产业园区招商又面临周边地区强劲的竞争。因此，南沙发展面临着一个困境：最适合发展的航运物流业能带来的经济贡献有限，能带来规模经济效益的制造业又招商不易。在改革开放以来多轮发展浪潮中，同在珠三角地区的黄埔区、南山区等城区的发展已迈上了多个台阶，但作为“湾区之心”的南沙虽拥有前沿的优惠政策加持，却总是没能达到人们对其发展目标的预期，这便是南沙“发展之惑”的由来。

在破解南沙“发展之惑”前，必须看到，1990年以来，南沙起步期正是中国成为“世界工厂”的时期，后发且缺乏上级政府大规模投资的南沙能在珠三角制造业群雄竞起的夹缝中站住脚已属不易。客观而言，作为“创业者”，南沙所交出的答卷虽不亮丽，但还是度过了艰难的创业期。南沙“发展之惑”背后的挑战是“后制造业时代南沙能否崛起并走在前列”。因此，我们必须跳出制造业的思维惯性，看到未来全球产业演进的新逻辑。随着粤港澳大湾区建设的全面展开，走过艰辛创业期的南沙，要在继续发展高端制造业的同时，把握生产性服务业趋势，紧紧围绕国家使命，发挥自身优势，面向世界，打造面向世界的科技创新与产业协同枢纽，开启一个新质生产力引领高质量发展的崭新时代。

二、从理论逻辑看，湾区时代南沙终将以面向世界的姿态破解南沙“发展之惑”

湾区时代将迎来一个超越传统制造业，以创新和服务为内核的新经济时代。在制造业时代，企业竞争力的底层逻辑依托规模化大生产的低成本竞争优势，这需要产业供应链完善；而进入服务经济时代，企业竞争力的底层逻辑在于精准化个性化的服务能力与服务半径，这需要产业生态圈完备。从企业网络理论视角看，网络的开放性、互动性、外部性越强，企业网络熵减持续，企业与区域的国际竞争力就会越强。交通物流网络与数字贸易网络为企业提供了物质交换的硬条件，营商网络为企业提供了商业交流的低成本联系，科技创新网络为企业提供了创新效率，文化交流网络为企业提供了凝聚力。如图1所示，每一层网络都会为企业提供正向外部性或降低交易成本，有助于某一类企业汇聚核心竞争力，而且每多叠加一层网络，企业发展能级就会提升，当五层网络完备且叠加时该地区的企业主体集群就会有爆发式增长，该地区就能汇聚世界级的发展能级。南沙目前正处在第四层、第五层网络（科技创新网络与文化交流网络）加快形成的时期，意味着它即将进入跨越式增长的轨道，尤其它处于中国经济内外循环的交汇区，可以充分吸纳国内国际两个市场的资源，即使未来几年全球经济形势不甚乐观，南沙依然能够沿着既定的方向保持理想的发展速度。

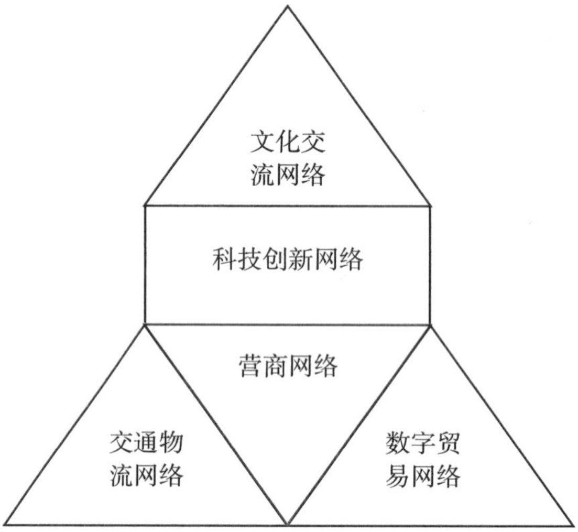

图1　南沙网络叠加与深化示意图

历经40多年的改革开放，珠三角内地城市经济发展突飞猛进，与港澳差距日益缩小，甚至在市场规模、贸易网络、科技创新等方面大有超过港澳的势头。随着港珠澳大桥、广九高铁以及深中通道全部开通，湾区内立体交通网络已经形成，通达便利性与速度可以媲美东京湾等世界级湾区。可以预见，过去40多年珠江口“黄金内湾”东强西弱的格局即将逐步改变，在此趋势下，作为“湾区之心”的南沙，具有把握新经济时代机遇的诸多优势，枢纽地位不可替代，一个属于南沙的时代已经拉开序幕。在制造业时代，南沙面临的是与周边地区招商引资的竞争，面临的是产能与市场的竞争；但步入服务经济时代后，南沙就能够“以物流通世界，以人流聚资源，以创新强产业，以枢纽谋崛起”，凭借自身独特且不可或缺的区位优势和深水港优势，利用数字化服务与创新优势，避开与周边地区的同质化竞争，开启面向世界（尤其是亚太地区）的大发展，或者说，正是面向世界的发展才能破解以往南沙面临的产业发展困境，才能开辟发展新空间。

从区域国际化供应链物流看，南沙地处粤港澳大湾区地理几何中心、珠江出海口，方圆100公里内分布着大湾区“9+2”各大城市及五大国际机场，是大湾区

“半小时交通圈”的原点。从RCEP（《区域全面经济伙伴关系协定》）空间视野看，南沙更犹如“亚太之心”，注定要成为中国与世界互动的枢纽。南沙积极拥抱世界，全面深化与东盟经贸合作，在拓展国际经贸合作新空间上，具有明显的区位优势和政策优势。南沙可将区位优势转化为服务能级，广州港南沙港区的航线范围已覆盖欧洲、美洲、东南亚、中东等全球主要贸易区。2022年，南沙新开通点对点快线直达泰国及越南港口，装货后从南沙出口至越南海防市仅需1.5天，进一步畅通与东盟之间的物流通道，织密RCEP航线的覆盖范围，在服务珠江西岸及内陆腹地客户的同时，大幅提升了南沙港区对RCEP成员国服务的辐射能级。现在的南沙正从粤港澳大湾区地理几何中心，转变为区域交通中心和功能枢纽中心。如今，南沙港区通江达海，对珠江沿岸内河码头的辐射带动作用进一步增强；还可充分运用铁路运输，打造“铁路+海运+国际段内陆物流”多式联运通道，海铁联运班列业务辐射全国9个省、42个地级市。南沙周边雄厚的制造业基础及庞大的出口海运量可以支撑南沙港区开辟更多的国际航线。近年来，南沙冷链运输规模日益壮大，为增强国际航运物流枢纽功能，打造“千亿冷链”，南沙积极创新口岸通关模式，在全国首创了冷链项目政府立项规程，打造全国最大进口冷链查验平台，跑出全国最快冷链货物通关“加速度”。珠江东岸传统制造业向西岸迁移的可能性更凸显南沙港区的价值，随之航运金融业也有了兴起的基础。

从打造粤港澳大湾区世界级旅游目的地的角度看，南沙有望成为“一程多站”模式下湾区庞大客流的中转枢纽。南沙位于四个万亿级城市（广州、深圳、东莞、佛山）交会点和大湾区100公里“黄金内湾”枢纽节点上，汇集海洋大陆之毓秀，融贯东西文化之精华，既是一片开拓创新发展经济的热土，也是一方传承创新融合文旅的宝地，完全有条件建设成为生机勃发的世界级旅游目的地的引领区、示范地。近年来，南沙聚焦吸引港澳青年安居乐业，多措并举支持港澳青年融入南沙工作，他们将会成为南沙国际化发展的生力军。

从数字经济看，南沙自贸区跨境电商崛起，网购保税进口业务占全国近五分之一，综合保税区跨境电商进出口值多年位居全国前列。南沙在全国首创数字经济公共基础设施——全球数源中心，将商品信息向数据生产资料转化，促进全球数据要素有序高效流动。历经8年发展，全球数源中心迎来全新升级4.0版本，并在2023年6月发布了七大创新成果。要看到，中国已与20个“一带一路”沿线国家签署了双边本币互换协议，为数字人民币更快运用于国际结算打开了窗户，而南沙港区作为对“一带一路”沿线国家最重要的输出港与大宗商品到达港，在数字人民币国际化进程中能扮演更加重要的角色，发挥更大的作用。

从创新驱动看，南沙持续构建更加健全的创新体系，推动区域创新能力大幅提升，为推动实现高水平自立自强、高水平对外开放提供了强大动力。南沙重点攻关核心科技，在科技体制改革、人才队伍建设等方面取得显著成效，奠定了科技创新的良好基础。借助我国强大的国内市场，推动大数据、云计算和物联网等新技术更高效匹配到“应用场”“推广场”。依托关键核心技术攻关的新型举国体制，重点攻关项目的“揭榜挂帅”，将激发出创新活力。这些高科技产业的快速成长，会进一步增强南沙的人才吸引力及对港澳乃至世界资本的吸纳能力，提升南沙在亚太区域的科技产品供应能力与科技创新服务能力。

探索服务经济时代的南沙产业增长模式，要突破传统制造业的路径依赖，把握数字网络经济与创新经济协同的逻辑：通过“链世界、贸天下、运全球、迎远客、创新业”，南沙终将成为全球，尤其是亚太区域的要素汇聚与配置节点，逐步成为科技创新与产业协同枢纽，形成“要素畅通、货达全球、人才汇聚、创新驱动”的良性循环。《南沙方案》对南沙定位的标志性转变极富前瞻性、科学性、突破性，从国家级新区、自贸片区、粤港澳全面合作示范区，到打造立足湾区、协同港澳、面向世界的重大战略性平台，南沙已经不再局限于成为珠三角制造业新秀，更应立足高质量发展，以港航金融一体化发展、以创新科技尖端化赋能成为携手港澳服务世界（重点是亚太地区）的产业协同发展枢纽。南沙担负国家使命，应以面向世界的胸怀不断提高开放水平、增强自身在全球产业版图中的话语权，为打造具有国际影响力的科技创新与产业协同枢纽谋篇布局，加快形成新质生产力高地。首先，南沙作为海运物流中心要突破低端服务薄利的经营模式，打造航运金融服务生态圈，成为各大航运集团的湾区总部以及中国企业“走出去”综合服务基地；其次，要将已有的数字贸易平台（“离岸易”综合服务平台、粤港澳大湾区全球优品国际分拨中心）提质增效，提高数字人民币结算比例，服务人民币国际化进程；最后，要结合深中通道以及香港科技大学（广州）落户南沙的有利因素，进一步完善南沙“国际化人才特区”的优惠政策，打造亚太区人才创新高地，助力大湾区建设国际科技创新中心。南沙这艘巨轮，即将携着满满当当的“购物车”与“集装箱”高歌起航，接轨国际贸易市场，让“买全球、卖全球”成为现实，让高增长、高质量成为新标志。

三、从实践逻辑看，高水平开放时代南沙将以走在前列的姿态塑造新优势

当今世界正经历百年未有之大变局，国际形势日益严峻，但中国始终保持开放的战略定力，反复强调开放的大门永远不会关闭。党的二十届三中全会强调，开放是中国式现代化的鲜明标识，必须坚持对外开放基本国策，坚持以开放促改革，依托我国超大规模市场优势，在扩大国际合作中提升开放能力，建设更高水平开放型经济新体制。历经40多年，中国走出了一条独具特色的“在地国际化”之路：中国制造业能力与科技创新能力有了巨大的飞跃，庞大的内需市场已经形成，正逐步从“世界工厂”演进为“世界市场”，然后借助买方市场影响力，成为“世界规则”的重要参与者以及引领者。高水平开放的实质乃是开放型经济新体制的建构过程，这一过程的推进逻辑为：当年改革开放形成的“产业招商”浪潮使得中国加快实现工业化目标，成功嵌入全球产业链，成为“世界工厂”，产品卖全球；进入新时代，陆续开展了中国（北京）国际服务贸易交易会（2012）、中国国际进口博览会（2018）、中国国际消费品博览会（2021），以“商机开放”浪潮使得中国市场成为“世界市场”，商品买全球；与此同时，中国还实施了自由贸易试验区网络战略，探索数字经济时代开放型经济新体制，以“营造市场化、法治化、国际化一流营商环境”浪潮，促进中国规则与国际规则相互融合并逐步演绎出“世界规则”，未来将会实现规则通全球。可以说，中国作为世界大型经济体，充分发挥了自身超大规模市场优势，成功走出了一条与时俱进、牢牢把握开放主动权的“在地国际化”之路，这也从某种角度诠释了当代西方经济学理论难以解释的“中国经济奇迹”。

回溯40多年开放历程，中国从特殊政策起步，首先在产业基础薄弱阶段开放了要素市场，促进了制造业快速崛起并在规模化进程中形成国际竞争力；然后，在国内需求稳定阶段开放了消费市场，促进所需全球商品流向中国服务国内大循

环。可以预判，这一市场开放过程必然会出现结算货币、通关检验程序、商品品质溯源等一系列的规则博弈，或者说，在我们具备世界级生产和消费能力后逐步参与规则领域的竞争。随着高水平对外开放的推进，规则竞争将会贯穿开放型经济新体制建构的全过程，这正是发展中大国稳步走向世界舞台中央的必经之路。“在地国际化”与积极“走出去”并行不悖，在审慎把握国际市场风险的前提下，中国企业“走出去”开展产能合作与资源开发的步伐并不保守，但需要指出，这种以我为主，逐步推动本土市场向“世界市场”演进的路径选择，是成本最低、国际化冲突最少、最能体现包容性增长的国际化道路，也是实现规则竞争向规则协同转变，进而维护开放型世界经济可能性最高的新型全球化路径。因此，我们要从全球化与中国开放的相互关系出发，去探究南沙在中国高水平开放新阶段的独特使命与不可或缺的作为空间。

南沙全域面积803平方公里，土地优势突出，加上政策加持，未来的发展占尽天时、地利、人和。加快南沙发展，就是突出重点，抓住关键，推动广州老城市焕发新活力、展现新时代新气象。南沙作为世界级城市广州最富增长潜力的临海片区，可以成为大湾区的核心引擎，在国内大循环和国内国际双循环中地位特殊、作用突出，要以打造南沙高水平开放平台为着力点，为丰富“一国两制”新实践、推动港澳更好融入国家发展大局作出应有贡献。改革是南沙一直担负的重要使命，开放是薪火相传的深厚基因，创新是驱动发展的强大引擎，南沙通过持续激发改革、开放、创新三大动力，加快高质量发展。

立足改革开放前沿，南沙自觉肩负起打造区域开放桥头堡的使命，自南沙自贸区挂牌以来，抓住了市场主体满意度与国际化发展两个核心，以市场主体满意度为标尺优化营商环境，体现了对标国际营商规则打造国际化营商环境的目标。狠抓制度创新，大胆试、大胆闯、自主改，推动形成了一批有南沙特色的改革创新成果，积极成为“前沿中的前沿”。南沙改革创新的逻辑与主线清晰，围绕自贸区的投资便利化、贸易自由化、金融开放、绿色发展等领域作了一系列的制度创新，集成性高、成效明显。截至2023年底，南沙累计形成改革创新成果997项，其中有多项“敢于吃螃蟹”“敢啃硬骨头”之后的“全国首创”“全省首创”成果。努力成为“窗口中的窗口”——规则衔接融通港澳走向全球。南沙协同港澳发展，深度融合对接日益加强，积极对外开放，“引进来”“走出去”势能提升。相关部门建立精准服务机制、提升口岸通关效率、发挥政策引导支持作用，中国海关统计数据库将贸易方式分为19类[①]，全贸易方式的丰富应用，打造了完整的溯源标准体系，从“建中心”到“去中心”，标准的建立促使全球各地的中心节点逐步建立。争取成为“示范中的示范”——将营商环境炼成国际“金字招牌”。南沙持续整体推进改革，蹄疾步稳、有力有序、成绩显著。落地“双15%”税收优惠政策；获得“生态文明建设示范区（生态工业园区）”称号和全国首批气候投融资试点资格；“率先探索试点商事登记确认制”被《中华人民共和国市场主体登记管理条例》吸收，入选广州市首批“最具获得感”改革案例；由南沙公安建立的“微警认证”服务平台，成为全国首个政务（认证）数据达到“亿级”数量的重量级平台；创新构建“三网融合”机制，有效打通基层党组织和党员联系服务群众的“最后一米”。南沙超400项创新经验在国家、广东省、广州市复制推广，“跨境电商监管新模式”“企业专属网页政务服务模式”“智能化地方金融风险监测防控平台”3项创新经验入选商务部最佳实践案例，示范效应尤为明显。勇于成为“创新中的创新”——深化与港澳科技创新合作，打造重大科技创新平台，培育发展高新技术产业。南沙科学城总体发展规划已经逐步落地，建设香港科技园南沙孵化基地，探索“港澳成果，南沙转化”。与香港科技大学（广州）签署全面合作协议，在关键技术联合攻关及成果转化等六方面深入合作。聚焦粤港澳大湾区高水平人才高地建设，出台“国际化人才特区九条”，联合港澳专业人才机构在三地设立粤港澳人才协作办公室，联合引进全球英才。

《南沙方案》发布后，广州举全市之力推进南沙建设，在高标准编制的《广州市国土空间总体规划（2021—2035年）》中提出形成“一带一轴、三核四极”的多中心、组团式、网络化城镇空间结构，“三核”之一便是南沙。《南沙方案》是南沙发展的新起点，南沙区委、南沙开发区党工委对照省委“1310”具体部署、市委“1312”思路举措，聚焦《南沙方案》目标定位和五大任务，提出十

---

① 19类贸易方式包括：一般贸易，国家间、国际组织无偿援助和赠送的物资，其他捐赠物资，补偿贸易，来料加工装配贸易，进料加工贸易，寄售、代销贸易，边境小额贸易，加工贸易进口设备，对外承包工程出口货物，租赁贸易，外商投资企业作为投资进口的设备、物品，出料加工贸易，易货贸易，免税外汇商品，保税仓库进出境货物，保税区仓储转口货物，出口加工区进口设备，其他。

个领域的具体举措。南沙未来要与港澳密切合作，面向世界，走出高质量发展的新路子，成为新发展格局的战略支点，发挥科技创新与产业协同枢纽的功能，打造世界级国际化创新城区，赋能广州建设具有经典魅力和时代活力的中心型世界城市。

南沙也是“再造一个新广东”，完成湾区新使命的重要阵地。要突破以往“优惠政策多重，发展步履沉重”的困境，关键在于全面落实国家对南沙的新定位，在改革、开放、创新三方面发力，面向未来，再造动能，引领发展，紧紧围绕打造世界级科技创新与产业协同枢纽，把南沙打造成广州高质量发展的主阵地和新引擎，锻造成中国式现代化浓缩的精华。广州已向世界描绘了南沙的新愿景：做活自贸区试验田，对标自由贸易港标准加强制度创新，构建大湾区制度型开放试验区；做强高新技术产业，高水平建设南沙科学城，把“芯晨大海”产业布局转化为实景图；做实对外开放门户功能，建好用好中国企业“走出去”综合服务基地，打造国际经济合作前沿阵地；做优总体规划和城市设计，建设“精明增长、精致城区、岭南特色、田园风格、中国气派”的未来之城。

本书是学者与政府研究部门工作者共同探讨的成果，也是课题研究成果的转化，对南沙实践以及发展态势进行了理性思考与归纳，并从历史逻辑、理论逻辑和实践逻辑出发，对南沙未来的发展进行了新探讨。若有不妥之处，恳请读者批评指正，共谋南沙新发展。

目录

Contents

第一章

Chapter 1

时代脉络：南沙演进历程的回溯

南沙，自1987年霍英东先生率先提出投资开发此地后便受到了世人的广泛关注。它处于大湾区的地理几何中心，是连接珠江东西两岸的枢纽，东与东莞虎门隔海相望，西连中山市。以南沙为中心，周围60公里半径内可覆盖珠三角主要核心城市，80公里半径内可覆盖珠三角所有大中城市，可谓“湾区之心”。从亚太地区看，南沙的航线北达日韩，南行新加坡、印度尼西亚，可谓枢纽之地。潮起潮落，南沙历经数十载风雨，从偏僻水乡成长为滨海新城；云卷云舒，湾区时代来临，南沙已然从广州之边缘逐渐演变为大湾区的中心。“边缘”与“中心”这一对看似矛盾却又并存于南沙发展历史进程中的范畴，正是南沙面对困境与机遇的写照。而摆脱困境、迎接机遇的关键，除了南沙自身的奋发图强，还需要通过回溯其发展历程，更深刻系统地认识广州和广东乃至国家对南沙未来在粤港澳大湾区建设新发展格局战略支点、高质量发展示范地、中国式现代化引领地中的功能定位及统筹布局。

第一节　南沙发展定位的演进

了解一个地区的发展历程，最有启发性的视角就在于回顾它不同时期曾经有过的规划，一方面可以了解当时的发展基础与定位，另一方面还能校验此后其发展在多大程度上契合当年的规划。南沙的第一个概念定位，可以追溯到30多年前霍英东先生曾经描绘的辉煌愿景：现代新型滨海城市。但是，在当时还是一片荒地的南沙，缺乏条件打造如此高起点的新城区，一方面，难以筹措如此大规模的资金；另一方面，周边大环境还没有发展起来，既不能支撑南沙的建设，也不能满足南沙的需求。直到30多年后，珠三角进入了湾区时代，上述各类条件才基本具备，尤其在2022年，国务院出台了《南沙方案》，对南沙发展作了最新定位，很好地呼应了30多年前霍英东先生的夙愿。因此，我们要了解当代南沙的发展脉络，最好的选择就是从回顾其规划与构想开始（见表1–1和图1–1）。

表1-1 当代南沙发展定位的演进

时间	规划与构想	内容与定位
1975年	番禺县由广州市管辖，南沙正式隶属广州	南沙成为广州发展版图的重要组成部分
1993年	国务院批准设立广州南沙经济技术开发区	开发区管委会在行政上为番禺政府的派出机构，开发区为经济功能区
2001年	广州南沙开发区建设指挥部成立	为广州市人民政府的派出机构，并具有市级审批管理权限；广州南拓建设滨海城市
2005年	国务院批准设立广州市南沙区	建设成为产业布局合理、基础设施配套、社会和谐、自然环境优美的现代化生态新城区和人口、资源、环境与经济协调发展的高水平的对外经济技术开发区
2012年	升级为国家级新区，成为第六个国家级新区	国务院批复了《广州南沙新区发展规划》，同意广州南沙新区为国家级新区，将南沙新区的开发建设上升为国家战略。建设粤港澳专业服务集聚区、港澳科技成果产业化平台和人才合作示范区
2015年	中国（广东）自由贸易试验区广州南沙新区片区挂牌	根据《中国（广东）自由贸易试验区总体方案》，广州南沙新区片区重点发展航运物流、特色金融、国际商贸、高端制造等产业，建设以生产性服务业为主导的现代产业新高地和具有世界先进水平的综合服务枢纽
2016年	确定为广州唯一的城市副中心	2016年，中国共产党广州市第十届委员会第九次全体会议召开，提到加快建设广州南沙新区城市副中心，要把南沙建设成为广州发展的未来。2017年，广东省第十二次党代会进一步明确把南沙建设成承载门户枢纽功能的广州城市副中心
2019年	定位为粤港澳全面合作示范区	《粤港澳大湾区发展规划纲要》公布，南沙定位为粤港澳全面合作示范区，携手港澳建设高水平对外开放门户、创新发展示范区、金融服务重要平台和优质生活圈
2022年	广州南沙深化面向世界的粤港澳全面合作	国务院印发《广州南沙深化面向世界的粤港澳全面合作总体方案》，打造立足湾区、协同港澳、面向世界的重大战略性平台，在粤港澳大湾区建设中更好发挥引领带动作用

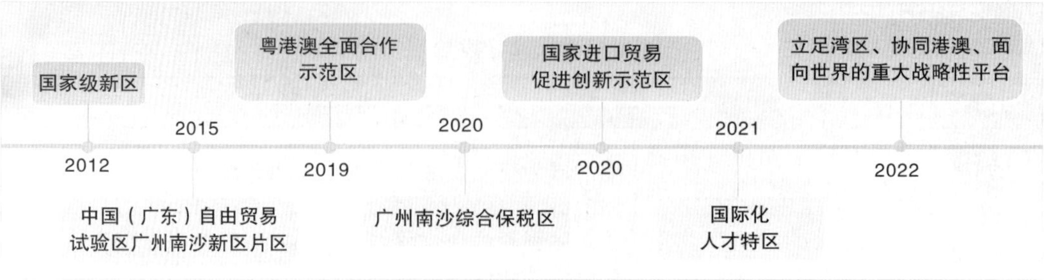

图1-1　南沙发展定位演进

一、定位之思考：南沙的滨海新城愿景（1987—1992年）

最早发现南沙价值的人首推香港企业家霍英东。1987年，因为南沙有石矿场可给香港供应建筑材料，霍英东从房地产及建筑业的视角来考察南沙的资源。在实地勘察以及反复查看地图后，霍英东看到了南沙的另一个价值：珠三角地理几何中心。南沙方圆100公里内有粤港澳14个大中城市（含香港、澳门），拥有25公里海岸线，是珠江口的天然良港。应该说霍英东先生颇具战略眼光，他从珠三角的高度来看南沙，而后又以面向海洋的视野看南沙，认为应该将南沙打造成拥有国际性港口的滨海新城。

1990年6月，南沙被确定为重点对外开放区域和经济开发区。20世纪90年代初，霍英东与番禺政府合作成立南沙开发建设有限公司开发南沙东部22平方公里土地，南沙大开发由此开启。这一举动目的在于“打通珠江东西两岸，在珠三角中心建成一个现代化的海滨新城，整合大珠三角市场，扩展南北腹地，以推动地区经济、社会和文化发展，为改革开放做一点实事”。中山大学港澳研究所的雷强教授曾在该时期指出，通过水上高速客运航线，香港到南沙仅需1小时，南沙可以建设香港产业园，吸引大量香港投资。中山大学港澳研究所的郑天祥教授提出南沙可以建设深水港，与香港港形成业务协同。1989—2000年，霍英东和政府合资，大举投资基础设施，建造了洛溪大桥、沙湾大桥、港前大道、进港大道，并成立16家公司运作南沙会展中心、南沙科学馆等项目。然而由于开发主体不清晰、官商之间存在某种程度的理念分歧，兼之营商环境还非常不完善，霍英东先生理念超前的规划在该阶段能够落实的并不多，但正是霍英东先生让世界重新认识了南沙。

二、定位之探索：从经济技术开发区到国家级新区（1993—2012年）

1993年5月12日，国务院批准设立广州南沙经济技术开发区；2005年，南沙变身为独立行政区；2012年9月6日，国务院正式批复《广州南沙新区发展规划》，南沙成为全国第六个国家级新区。这是一段快速演变及探索前进的时期。

1993年，南沙定位有新调整，国务院批准设立广州南沙经济技术开发区，面积仅9.9平方公里，南沙发展实际主导权由香港转向了南沙开发区管委会。2000年，广州提出了“南拓、北优、东进、西联”的城市发展方向，要打造滨海城市，番禺撤市并区，南沙则跳出番禺，纳入广州“南拓”概念中。进入21世纪后，在广州“适度重型化”的产业战略引导下，南沙发展有了新的产业发展框架。2003年，广州市公布《南沙地区发展规划》，指出南沙要在生态优先前提下，发展“大工业、大物流、大交通”，以现代物流业为龙头，带动临港工业、高新技术产业、装备工业的发展，再辅以汽车基地、造船基地、钢铁基地、石油化工基地，带动南沙经济快速发展。此后，南沙加快建设广州港南沙港区等重大交通设施，引进广汽丰田、中船集团、广钢集团和日本JFE钢铁株式会社合作的项目。此后南沙的发展思路调整为一边继续强化原有的汽车制造和国际航运枢纽功能，一边转型发展金融和科技产业。

2011年，时任中国社会科学院党组副书记、常务副院长王伟光提出，谋划南沙的定位与战略，应该站在战略区域及全球发展的高度，用世界眼光和战略思维加以全局性、长远性、根本性的思考；深化粤港澳合作有必要遴选条件优越的区域作为粤港澳全面合作的国家级区域中心；将南沙开发区的发展上升为国家战略进行创新探索，实施先试先行，是有必要的。尽管南沙目前还相对落后，但它要支撑一个完整的、发达的珠三角自然经济区，综合考虑南沙内外部条件，必须实施跨越式发展战略。2011年，南沙“十二五”规划对南沙未来五年的发展定位是：珠三角航运物流商贸中心，华南地区重要的临港先进制造业基地，粤港澳合作先行区，珠江三角洲区域性商业服务和科技创新中心，国际化智慧滨海生态新城。在被重新定位之后，南沙新一轮规划也随之启动。但还没有等到这一规划实施，2012年，国务院批复了《广州南沙新区发展规划》，同意广州南沙新区为国家级新区，将南沙新区的开发建设上升为国家战略，以综合配套改革和深化对外开放为主题，把南沙新区建成立足珠三角、服务内地、连接港澳、对接东南亚核心的载体，对外成为扩大开放的国际门户，对内成为引领珠三角、全省、全国发展的重要引擎。作为国家级新区，南沙要承担国家的重要战略使命，定位于粤港澳专业服务集聚区、港澳科技成果产业化平台和人才合作示范区。

南沙这一阶段的定位不断聚焦，一定程度上是受外部产业和政策环境变化的影响，但不可否认，对南沙的开发设想与南沙的现实条件存在较大差距，并且缺乏足够的基础设施投资，更多的是政府渴望快速发展的美好愿望。尤其2012年国家级新区定位重点是深化与港澳的开放合作，但当时珠三角经济体量已经超越港澳，无论是对国际市场的联络广度还是引进投资的力度，港澳已显出“小马难拉大车”的窘迫，因此，南沙新区的发展成效并不突出。

三、定位之深化：从自贸区到粤港澳全面合作示范区（2013—2021年）

加快实施自由贸易区战略，是我国新一轮对外开放的重要内容。习近平总书记指出，加快实施自由贸易区战略，是适应经济全球化新趋势的客观要求，是全面深化改革、构建开放型经济新体制的必然选择，也是我国积极运筹对外关系、实现对外战略目标的重要手段①。党的十七大把自由贸易区建设上升为国家战略，党的十八大提出要加快实施自由贸易区战略。党的十八届三中全会提出要以周边为基础加快实施自由贸易区战略，不断扩大对外开放、提高对外开放水平，以开放促改革、促发展，形成面向全球的高标准自由贸易区网络。

从2013年9月29日中国（上海）自由贸易试验区正式挂牌成立至今，全国已设立21个自贸试验区及海南自由贸易港，形成了覆盖东西南北中的试点格局。开放新高地“多点开花”，为中国经济高质量发展及世界经济复苏注入正能量。更大范围、更宽领域、更深层次对外开放进一步深化，以开放促改革、促发展成效不断显现。

中国（广东）自由贸易试验区于2014年12月31日经国务院正式批准设立，实施范围116.2平方公里，涵盖三个片区：广州南沙新区片区60平方公里（含广州

① 习近平：《习近平谈治国理政》（第二卷），外文出版社，2017，第100页。

南沙保税港区7.06平方公里），深圳前海蛇口片区28.2平方公里（含深圳前海湾保税港区3.71平方公里），珠海横琴新区片区28平方公里。中国（广东）自由贸易试验区依托港澳、服务内地、面向世界，营造市场化、法治化、国际化营商环境，构建开放型经济新体制，实现粤港澳深度合作，形成国际经济合作竞争新优势，力争建成符合国际高标准的法治环境规范、投资贸易便利、辐射带动作用突出、监管安全高效的自由贸易试验区。

2015年，南沙自贸区正式挂牌，并指出南沙的重点发展方向是航运物流、特色金融、国际商贸和高端制造业。2017年，广东省还进一步把南沙定位为承载门户枢纽功能的广州城市副中心，目的在于加快促进人口与产业集聚。2019年，国家颁布《粤港澳大湾区发展规划纲要》，将南沙定位为粤港澳全面合作示范区，目标是打造高水平对外开放门户、创新发展示范区、金融服务重要平台和优质生活圈。南沙自贸区通过政策创新，与港澳进行协同发展，不断吸引港澳人才、资金、项目流入，努力实现高水平开放的目标。如粤港澳大湾区创新合作交流会是《粤港澳大湾区发展规划纲要》颁布后全国首个粤港澳常态化交流品牌，由南沙开发区管委会与暨南大学于2019年共同发起筹办，迄今交流会围绕青年创新创业、专业人才资格认可、打造一流营智环境、跨境投融资等主题多次开展线上线下活动，在全面推动南沙与港澳规则对接和创新合作，加快三地实现基础设施“硬联通”、规则机制“软联通”和交往交融“心联通”，加快构建粤港澳科创联合体等方面发挥了积极的作用，已经成为粤港澳交流的品牌性活动之一。

南沙自贸区自2015年挂牌后，在金融、贸易、物流、科技等领域进行了一系列的政策创新，为企业创造了便利化程度高的营商环境。这一阶段，南沙开放门户功能持续提升，深化制度型开放，累计形成近千项改革创新成果。增强国际航运物流枢纽功能，建成南沙港区四期全自动化码头、近洋码头、海嘉汽车码头以及南沙国际物流中心，建成华南最大、功能最齐全的综合性枢纽港，全球人道主义应急仓库和枢纽投入运行，跨境电商规模居全国前列。

2012—2021年，南沙人口增长速度不及预期，南沙新增常住人口数量不仅低于黄埔、中心城区天河和外围人口流入地番禺，也远远低于同属外围区域的花都和增城。2015年省政府批复的《广州南沙新区城市总体规划（2012—2025）》预测到2020年南沙常住人口为170万至190万，而2020年南沙实际常住人口仅84.9

万，与规划目标仍有较大差距。鉴于人口流入不足，南沙“十四五”规划中2025年人口规模调整为120万左右。而横向比较显示，虽然2022年6月以后南沙人口增长速度居全市第一，但是2012—2021年南沙的新增人口数（27.71万）明显低于这期间同为外围人口流入地的番禺（138.08万）、花都（75.29万）、增城（48万）、黄埔（34.65万），仅高于从化（12.33万）。因此，未来南沙亟须解决的问题是如何让自身对人口的吸附能力超过周边区域。相比其他外围地区，南沙凭借国家级利好政策加持在高端人才引进上具有一定优势，尤其是深中通道落成后，南沙凭借优质生活环境，有望成为珠江两岸人才集聚地；但如何吸引常规的流动人口，如何平衡好新增人口的质量和数量，还需要南沙根据实际需要制定策略。

四、定位之确立：立足湾区、协同港澳、面向世界的重大战略性平台（2022—2035年）

2022年6月，国务院出台《南沙方案》。这一方案的出台跨越了时间与空间的落差，结合了国际国内重大形势的变化，从南沙已有基础以及可能实现的目标出发和立足粤港澳大湾区的协同，为南沙找准了发展方向，将其作为落实国家发展战略的主阵地和改革开放的前沿，定位为立足湾区、协同港澳、面向世界的重大战略性平台。“面向世界”意味着南沙承载着湾区乃至中国日益走近世界舞台中央的使命，是中国构建新发展格局的战略支点。南沙将会在配置全球资源的世界发展格局中扮演重要角色。《南沙方案》从科技创新、人才就业、对外开放、规则衔接等方面对南沙发展提出新的要求，尤其强调将建设科技创新产业合作基地列为首要重点任务，并提出到2025年南沙要成为港澳青年安居乐业的新家园，到2035年南沙区域内港澳居民数量显著提升等发展目标。

深刻理解中国特色的开放之路，就能更深刻地领会南沙新定位之精准：在区域国际化潮流中全面提升自身面向世界的资源整合能力。自2018年中美贸易摩擦开始后，逆全球化思潮与贸易保护主义甚嚣尘上，经济全球化遭遇重大挫折；随后2019年末开始的新冠疫情更是严重冲击了国际贸易；2022年2月，俄乌冲突爆发，美西方正逐步推进产业链供应链重构的“脱钩断链”；拜登政府启动“印太战略”，在以美国为首的西方国家实施“去中国化”经济政策影响下，原来国际分工格局下的全球产业链正在向区域国际产业链转变。美国制造业回归，东南亚、印度、墨西哥制造业兴起，使得远洋长距离运输正逐渐向中长距离、区域间运输转移。而东盟已经成为中国第一大贸易伙伴，因此，覆盖“10+1”的RCEP正是南沙港航产业崛起的有力支撑。特别是在开发区、国家级新区、自贸区等浪潮后，南沙再次迎来了大湾区、RCEP浪潮的叠加，这是中国“在地国际化”的新机遇，要乘势而上，勇立潮头，把握产业融合发展之潮流，以坚定不移的姿态打造服务国家高水平开放的前沿地，成为湾区链接世界的平台、RCEP产业协同的枢纽、亚太区域资源配置的新中心。

被赋予新定位以来，南沙进一步完善交通基础设施“硬联通”，以优越的区位和完善的交通设施，成为集外贸规模、物流条件、仓储设施于一体的枢纽，成为广州乃至大湾区现代流通体系的关键支撑。现代流通体系是系统完备、创新引领、协同高效的现代流通体系，由流通网络、流通市场、流通企业等组成，涵盖了商贸、物流、交通、金融、信用等领域。随着深中通道通车，南沙打造亚太地区最高效、数字化水平最高的国际综合交通枢纽的条件日趋成熟。2022年12月2日，广东省发展改革委呼应国家发展改革委《“十四五”现代流通体系建设规划》，正式印发《广东省“十四五”现代流通体系建设实施方案》提出南沙要强化交通运输、金融、信用三方面支撑，加快推进现代流通体系建设，培育壮大具有国际竞争力的现代流通企业，大力发展流通新技术新业态新模式，积极推动流通领域规则衔接和标准对接，全面服务和融入全国统一大市场，为全省做实做强新发展格局战略支点提供有力支撑。

南沙与港澳规则机制“软联通”同样跑出了“加速度”：成立广州南沙粤港合作咨询委员会和广州南沙粤澳发展促进会，集聚香港、澳门工商协会，允许港澳工程企业及专业人士通过备案后直接在南沙自贸区提供服务；制定全国首部关于港澳专业人才在内地申报职称的规范性文件，积极推进旅游、教育、税务等领域职业资格认可工作，打破港澳人才在内地执业的壁垒。南沙国际仲裁中心率先实现当事人自主选择港澳和内地三种模式进行商事仲裁，全市率先试行放宽人才往来港澳商务签注备案要求，全省率先实现市级科研资金跨境流动。规则衔接机制对接的大力推进，正让南沙成为广东与港澳的“超级联系人”。南沙与港澳更是“你中有我、我中有你”，呈现出相融相生、互促共进的良好态势。紧挨着庆盛高铁站往北，面积达1.63平方公里的区域内，目前正规划建设港式国际化社区，以“校区—园区—社区”融合理念，引入香港科技园南沙孵化基地、国际学校和医院、境外来粤居民办事中心等项目，营造港人熟悉、国际一流、多元融合的发展新空间。提升公共服务和社会管理相互衔接水平，是《南沙方案》提出的一项重要任务，也是南沙打造规则衔接机制对接高地的缩影。2022年，各种政策利好叠加的南沙再度以4.2%的地区生产总值增速排名广州第一。未来，宜商环境的内容相比营商环境的内容有较大改变。宜商环境一级指标包括企业准入、经营地点、公用事业连接、劳动力、金融服务、国际贸易、纳税、争端解决、促进市场竞争和企业破产等①。从“营商环境”到“宜商环境”，新评估体系是在继承和延续传统营商环境指标基础上的再创新、再发展。实际上，宜商环境是从环境、社会和公司治理三个维度评估企业经营可持续性与对社会价值观念影响的一种表现形式，这也为南沙建设国际宜商城区指明了前进的方向。

南沙积极推进中国企业“走出去”综合服务基地建设，集聚69个港澳商协会组织，设立广州南沙新区香港服务中心，常态化开展精准对接交流。香港科技大学（广州）、广州南沙民心港人子弟学校建成开学，香港科技园南沙孵化基地、港式国际化社区加快建设，全国首创港澳工程专业人才职称评价标准体系，实现六大重点产业146项境外职业资格认可，率先实现澳门律师内地执业。港式金牌全科门诊部、港澳居民健康服务中心建成启用，“港澳药械通”“长者医疗券”落地实施。前瞻15年，作为广东省国家级新区、广东自贸试验区面积最大片区、粤港澳全面合作示范区，南沙需要跳出广州看世界，需要推进更高水平对外开放，需要围绕集聚全球高端产业、提升创新能力、增强对优质要素的吸引力、提高出口实力等方面，有针对性地破解开放难题。尽管以美国为首的西方国家竭力鼓吹“脱钩断链”，南沙对外引资引技引智的主攻方向仍要瞄准美国、日本、韩国及欧洲，还有其他发达经济体，高水平资金营运能力、高端人才、高级创新资源仍然是南沙的核心发展需求。2022年，南沙自贸区率先出台全国首个对标RCEP、CPTPP（《全面与进步跨太平洋伙伴关系协定》）双协定进一步深化

① 《世行开启新的营商环境评估，明年发布首份BEE〈报告〉，DB项目已停》，https://export.shobserver.com/baijiahao/html/488005.html，2022年5月19日。

改革扩大开放试点措施，获批成为全国首批跨境贸易投资高水平开放试点地区之一。南沙发布《关于南沙自贸区推动离岸贸易的工作实施方案》，在离岸贸易领域先行先试，积累发展创新经验，加快形成离岸贸易工作机制。“三引”资源汇聚南沙，其意义不仅在资本、技术、人才本身，更在于它们可以激发南沙的创新潜能，营造人才脱颖而出的环境和生态，打造世界级创新高地。而产能合作与产品销售的主攻方向的确要逐步转向以新兴经济体为主，中东国家、东南亚国家等“一带一路”倡议伙伴国正在成为重要的经贸合作方。从南沙起航，21世纪的海上丝绸之路必将谱写崭新的篇章。

站在珠江口，以湾区时代的目光回溯曾经的艰辛探索，我们不禁感叹：唯有胸怀世界的定位才是与南沙相匹配的定位。1993年5月，国务院批准设立广州南沙经济技术开发区；2005年4月，国务院批准设立南沙行政区；2012年9月，国务院正式批复《广州南沙新区发展规划》，南沙新区成为第六个国家级新区；到2015年4月，国务院批复《中国（广东）自由贸易试验区总体方案》，自贸区南沙片区面积60平方公里，成为广东自贸区的最大片区；到2017年5月，广东省第十二次党代会进一步明确把南沙建设成承载门户枢纽功能的广州城市副中心；到2019年2月，《粤港澳大湾区发展规划纲要》公布，南沙被定位为粤港澳全面合作示范区；2022年6月，《南沙方案》将南沙定位为“立足湾区、协同港澳、面向世界的重大战略性平台”。过往30年，南沙定位发生多次跳跃，每一次跳跃都伴随战略地位的大幅提升。当前这一精准定位可谓来之不易，历经了艰辛的努力与漫长的等待。也许所有的跳跃，都是为了这注定的邂逅：当南沙港区助力广州港成为世界级大港，当南沙成为周边地区最令人向往的宜居之地，当链接全球的湾区时代来临，南沙终将担负起它必然的使命。围绕建设科技创新产业合作基地、创建青年创业就业合作平台、共建高水平对外开放门户、打造规则衔接机制对接高地、建立高质量城市发展标杆五大目标，南沙这一巨轮已整装待发，即将开启携手港澳迈向世界的新征程。

南沙不仅是广州通向海洋的主要通道，也是连接珠江口东西两岸城市群的枢纽节点，100公里半径范围内分布着深圳、佛山、东莞、中山、珠海等珠三角城市以及香港、澳门两个特别行政区，具有强大的辐射潜能。随着大湾区“硬联通”提速，广州地铁18号线、南沙大桥、明珠湾大桥、深中通道等为南沙发挥承东启西作用提供充实的条件。《南沙方案》揭示了南沙对广州拓展城市战略发展空间，增强综合承载能力，提升综合服务功能，引领带动周边城市的作用；强调了南沙促进珠江口东西两岸协同发展，打破“东强西弱”格局，释放大湾区发展潜力的价值。南沙是珠江口东西两岸协同发展的关键节点，是大湾区融合发展的核心枢纽地。建设好南沙，可以推动广州、深圳、珠江口西岸三大都市圈对接融合，形成大湾区建设世界级城市群的合力。

第二节　新时代以来南沙取得的发展成效

进入新时代，南沙战略地位不断攀升，随着国家多项制度优势叠加，产业、技术、资金和劳动力持续涌入南沙，尤其《南沙方案》出台后，南沙三大先行启动区全面推进建设，发展速度明显加快。

一、新时代以来南沙的发展概况

虽然南沙相对其他国家级新区而言发展成效并不突出，不过作为一个起步晚、投入少、基础弱的新区，它在制造业、港航产业、科技产业、城市建设等方面还是取得了不少代表性成效，正在从湾区地理几何中心向功能中心转型，我们从以下五个方面可见其发展。

（一）经济总量稳步增长

2015年4月，中国（广东）自由贸易试验区广州南沙新区片区挂牌，当年南沙地区生产总值首次突破千亿大关，达到1063.23亿元；2019年2月，《粤港澳大湾区发展规划纲要》正式发布，当年南沙地区生产总值增长到1677.20亿元；2022年6月国务院印发《南沙方案》，当年南沙提交了2252.49亿元地区生产总值的成绩单（见图1–2）。

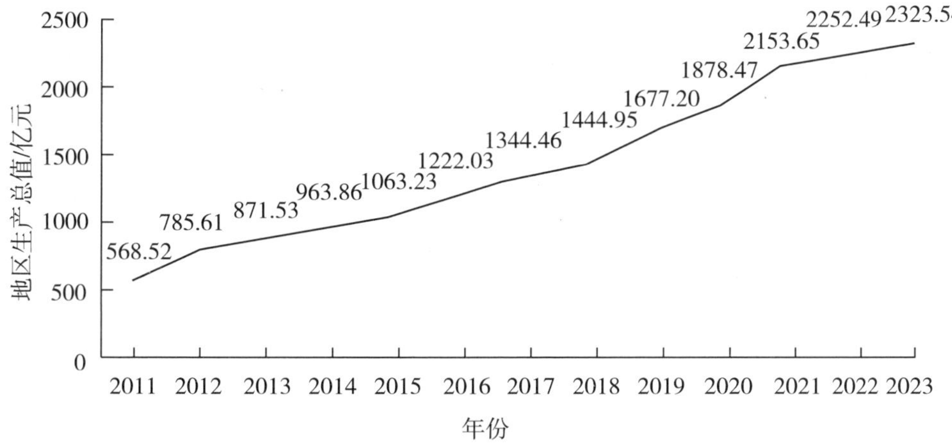

图1-2　南沙2011—2023年地区生产总值变化情况

数据来源：广州市南沙区人民政府官网。

南沙近十年地区生产总值平均增速约10%，持续在高端制造业等新兴领域发力，挖掘新的增长动能，战略性新兴产业产值占比多次突破南沙地区生产总值的35%，通过协同港澳，南沙金融业、港航服务业、商贸服务业快速发展。

（二）产业结构逐渐优化

南沙在高质量发展过程中实现换挡提速，从工业引领逐渐转向一二三产业融合发展、二三产业双轮驱动，推动产业链全方位布局，完善产业生态圈。如表1-2所示，南沙第三产业产值从2018年反超第二产业产值后，占地区生产总值的比重持续增加，2023年三产结构比例大致为3：42：55，形成工业与服务业两大驱动力。

表1-2　南沙2014—2023年一二三产业产值占比

年份	第一产业产值占比	第二产业产值占比	第三产业产值占比
2014	4.77%	69.19%	26.04%
2015	4.70%	64.12%	31.18%
2016	4.14%	56.14%	39.72%
2017	4.05%	48.41%	47.54%
2018	3.77%	45.24%	50.99%
2019	3.34%	43.67%	52.99%

续表

年份	第一产业产值占比	第二产业产值占比	第三产业产值占比
2020	3.52%	41.55%	54.94%
2021	3.26%	43.00%	53.74%
2022	3.21%	44.19%	52.60%
2023	2.99%	42.03%	54.98%

数据来源：广州市南沙区人民政府官网。

南沙不断释放政策利好，金融业、批发业、商贸服务业取得了长足的发展，持续推动产业结构转型升级，构建集群化发展的高水平产业新体系，推动工业规模化、集约化高质量发展，推动南沙产业结构持续优化。

工业始终是南沙经济高质量发展的重要引擎，2014—2022年，工业总产值持续增加，特别是代表先进制造业发展方向的规模以上工业总产值也保持稳定的增长，有效保障南沙的经济发展和就业环境（见表1–3）。

表1–3　南沙2014—2023年工业发展概况

年份	工业总产值/亿元	规模以上工业总产值/亿元
2014	1676.23	1613.73
2015	1964.30	1900.75
2016	2152.03	2066.03
2017	2413.22	2305.13
2018	2608.59	2458.50
2019	2787.70	2618.60
2020	3077.90	2853.98
2021	3656.18	3431.54
2022	4110.05	3835.50
2023	3959.36	3862.52

数据来源：广州市南沙区人民政府官网。

（三）社会活力逐渐增强

南沙户籍人口和常住人口持续递增，社会就业人数也稳健增长，这不断刺激社会消费需求，推动投资金额上升（见表1–4）。

表1–4 南沙2014—2023年经济社会基本概况

年份	户籍人口/万人	常住人口/万人	年末社会就业人数/万人	社会消费品零售总额/亿元	固定资产投资额/亿元
2014	37.62	63.53	40.96	130.89	403.06
2015	38.35	65.58	42.28	154.02	620.55
2016	39.26	68.74	45.91	176.00	813.15
2017	41.54	72.50	49.38	192.47	774.93
2018	43.93	75.17	50.13	206.37	588.18
2019	46.33	79.61	64.34	227.79	754.58
2020	49.18	84.90	66.69	207.24	922.10
2021	51.75	90.04	67.14	265.71	1127.56
2022	54.20	92.94	69.21	294.79	1217.45
2023	56.32	96.79	69.29	332.45	1103.01

数据来源：广州市南沙区人民政府官网。

南沙经济稳步增长为城市建设提供坚实的物质基础，持续吸引国内外人才定居南沙，常住人口从2014年的63.53万人增长到2023年的96.79万人，为经济发展注入源源不断的动力，共建共享美丽南沙的新局面逐渐形成。

（四）镇街村协同发展

南沙坚定推行“精明增长、精致城区、岭南特色、田园风格、中国气派”现代化都市建设，聚焦打通“大动脉”，畅通“微循环”，畅通内外，助力镇域经济高质量发展，推动构建城乡协调发展新格局，不断提升区域发展能级，推动“百千万工程”纵深发展。东涌镇入选“百千万工程”典型镇，万顷沙镇红港村、黄阁镇莲溪村、榄核镇湴湄村、港湾街道鹿颈村和大岗镇庙贝村五个村入选“百千万工程”典型村，形成了镇街村协同发展格局。

南沙各镇街因地制宜推动“百千万工程”走深走实。万顷沙镇是南沙最生态、最绿色的区域，是“河口特质、田园风格”的典型呈现，是广州、深圳、香港、澳门四大城市优质生态产品供给基地，2022年全年工业总产值249.15亿元，固定资产投资额112.74亿元，农业总产值38.24亿元。黄阁镇作为南沙经济重镇，辖内产业基地有汽车工业、装备制造业、精细化工等领域，是全区工业强镇，截至2022年全镇共有411家规模以上企业、21家世界500强企业，2022年规模以上工业总产值2185.91亿元。横沥镇2023年地区生产总值217.33亿元，规模以上工业增加值131.56亿元，坚持以工业立镇为主线，截至2023年末，全镇规模以上企业共153家，其中工业企业28家（含4家挂库企业），商业企业79家，服务业企业21家（其中营利性服务业企业17家），建筑业企业5家，房地产业企业20家，经济运行总体保持平稳。东涌镇坚持制造业当家，聚焦产业提质，积极培育“1+4+N”产业布局，产业发展呈现从量向质、从传统向新兴、从“三来一补”向“专精特新”升级转型的良好态势，全镇规模以上工业企业达247家，占全区1/3；高新技术企业290家，占全区26%；拥有独角兽企业、国家级专精特新“小巨人”企业各8家，省级专精特新企业119家；上市公司总部或区域总部企业16家。从2018年到2023年，东涌镇规模以上工业总产值增长约23%；限额以上批发零售业销售额取得历史突破；规模以上服务业企业数创下历史新高，2023年规模以上服务业企业数是2018年的7倍，营业收入增长了5倍。大岗镇产业基础坚实，已初步形成高端装备制造、金属机械、机电产品和实木家具等四大产业，其中大岗先进制造业基地已成为南沙打造粤港澳大湾区城市群核心门户城市的产业及创新支撑点，被定位为南沙新区西部经济发展的重要引擎。榄核镇是农业大镇，近年来坚持“绿色生态立镇、星海文化兴镇”的发展思路，加大力度调整农业产业结构，积极引入文旅项目带动乡村产业发展，通过打造两条新乡村示范带，以点带面夯实乡村产业基础。

南沙街道是核心片区之一，截至2022年底，全街共有12万家市场主体，接近南沙全区的五成；规模以上企业1010家，约占南沙全区的四成；创汇谷共签约了200多个创业项目团队，其中入驻港澳台青创团队（企业）168个，港澳青创团队占比近80%。2023年12月设立的港湾街道位于南沙东部，珠江出海口虎门水道西岸，地处大湾区100公里“黄金内湾”核心位置，创新“社区发展合伙人”基层治理新模式。珠江街道是南沙产业发展重地，工业基础雄厚，有珠江创新谷、广东医谷等产业发展平台及中国科学院明珠科学园等重大科研平台，拥有华凌制冷、美的冰箱、广州造纸股份、通则康威、大族半导体、兆科联发等规模以上企业110余家，其中100亿级企业1家、10亿级企业6家。2023年，珠江街道规模以上工业总产值244.87亿元，同比增长16.6%，增速排名南沙第2，总量位列南沙第4。龙穴街道深水岸线资源丰富、港口优势突出，辖内建有珠江西岸唯一的深水码头——广州港南沙港区，我国三大造船基地之一——中船龙穴造船基地，我国第5个（广东省第一个通过国家正式验收）保税港区——南沙综合保税区。

（五）大型制造业项目持续落户

南沙坚持实体经济为本、制造业当家，人工智能（AI）、半导体与集成电路、生物医药、新型与储能、商业航天等战略性新兴产业蓬勃发展，芯粤能、芯聚能、南砂晶圆等重点项目建成投产，落户融捷、巨湾技研、“液态阳光”等优质项目，云从科技、广钢气体登陆科创板。

2023年，南沙新引进世界500强企业投资项目29个（累计270个）；新签约项目132个，总投资3635.07亿元，不断为经济持续向好提供有力支撑。2023年，南沙区的汽车制造业产值1869.17亿元，铁路、船舶、航空航天和其他运输设备制造业产值146.75亿元，化学原料和化学制品制造业产值135.65亿元，电气机械和器材制造业产值315.6亿元，制造业新格局逐渐打开，形成千亿产业领头雁和百亿后备军团。

二、南沙发展成效逐渐显现

在党中央、国务院的领导下，在省市各级政府的大力支持下，南沙经济社会等方面的发展克服了国际需求疲弱等挑战，总体发展成效基本符合预期。

（一）科技创新力量不断集聚

南沙持续做大做强汽车产业，加快布局半导体与集成电路产业、商业航天产业等战略性新兴产业；以未来产业为引领，强化发展高端装备制造、智能制造；

以对外开放为导向，加快布局建设“芯晨大海”，加快建设制造业创新高地，推动形成万亿级产业集群。如表1-5所示，南沙高新技术企业数量从2014年的55家增加到2023年的1114家，成为推动南沙制造业高质量发展的生力军；科技研发成果显著，区域内专利授权数从2014年的898件增加到2023年的8192件，进一步巩固以技术创新促进产业创新的发展路径，培育南沙发展的新质生产力。

《广州南沙科学城总体发展规划（2022—2035年）》印发实施后，中国科学院明珠科学园南部组团交付使用，香港科技大学（广州）落成，大湾区科学论坛永久会址加快建设，南方海洋科学与工程广东省实验室（广州）纳入国家实验室体系，冷泉生态系统研究装置已进入了“十四五”国家重大科技基础设施建设规划，并取得了发改委的可行性研究批复，国内首座深水科考专用码头正式启用，大洋钻探船（“梦想”号）实现首次试航。南沙创新发展动能积厚成势，科创资金多源共聚，落户总规模2000亿元的广州产投、创投2个母基金，2023年R&D（研究与试验发展）经费投入强度5.46%。出台“国际化人才特区九条”，集聚高层次和骨干人才2万余人，近3年翻两番。实施支持港澳青年发展“五乐计划”，出台支持港澳青创“新十条”，创享湾等13个青创基地入驻超800个港澳创业团队，持续开展“百企千人”实习计划。作为广州高质量发展新引擎，南沙成为国家级新区、自贸片区和粤港澳全面合作示范区等国家战略平台，着力吸引全球创新资源进入和大湾区创新功能培育以及相关公共服务功能导入，从“广州南沙”走向“世界南沙”，坚定不移地走出一条“在地国际化”的创新道路，发展成为大湾区国际科技创新中心重要承载区。

南沙高新技术企业数连创新高，充分发挥企业创新主体作用，构建“科技型中小企业—高新技术企业—独角兽企业—上市企业”梯队式培育矩阵，发明专利授权数和技术合同成交额持续增加（见表1-5、图1-3）。南沙科技创新体系不断完善，科技成果不断转化为经济社会生产力，高端新兴产业集群正在不断形成。

表1-5　南沙2014—2023年高新技术产业发展概况

年份	高新技术企业数/家	专利授权数/件	发明专利授权数/件
2014	55	898	92
2015	76	1289	272
2016	160	1539	381

续表

年份	高新技术企业数/家	专利授权数/件	发明专利授权数/件
2017	330	2514	451
2018	475	4521	460
2019	587	6461	650
2020	682	9113	936
2021	744	11510	1348
2022	902	9861	1413
2023	1114	8192	2008

数据来源：广州市南沙区人民政府官网。

南沙持续加大科技投入，科技创新成果逐渐显化，技术合同成交额连年增加，2023年全区财政科技投入32.71亿元，集聚4家省级高水平创新研究院和14家省级新型研发机构，拥有国家级专精特新“小巨人”企业18家，累计建成创新平台399个、科技企业孵化器13家，实现技术合同成交额406.39亿元（见图1-3）。

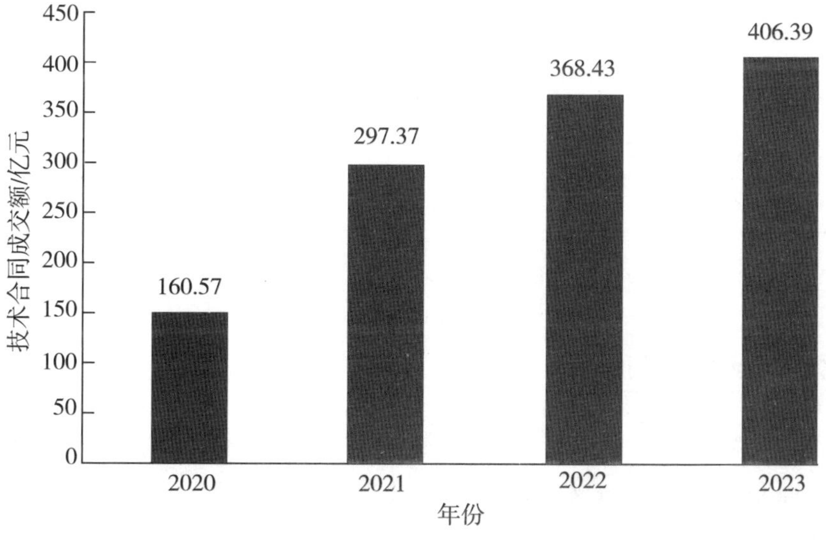

图1-3　南沙2020—2023年技术合同成交额

数据来源：广州市南沙区人民政府官网。

（二）招商引资成果亮点纷呈

南沙始终坚持企业是城市发展的第一资源，致力于打造产业友好型、企业友好型的营商环境，持续完善支持企业发展的“政策包”，培育扶持各类企业在南沙发展壮大。

截至2023年末，南沙共有302188家企业，其中，内资企业298037家，外资企业4151家。南沙自贸区累计登记131818家企业，其中，内资企业128672家，外资企业3146家。南沙不断优化区域营商环境，并持续加强招商宣传与推介工作，招商引资保障持续升级，产业政策体系不断完善，提高南沙的营商美誉度，重点引进先进制造业、半导体产业和生物医药等新兴产业。如表1-6所示，南沙新设企业中内资企业比例逐渐优化，南沙将进一步巩固自身地位，成为立足湾区、协同港澳、面向世界的重大战略性平台。

表1-6 南沙2018—2023年招商引资概况

年份	新设企业数/家	新设内资企业数/家	新设内资企业注册资金/万元
2018	37825	35654	47251000
2019	45523	45161	25835400
2020	48651	48425	20834000
2021	80612	79879	20312143
2022	19322	18955	10518439
2023	20049	19314	—

数据来源：广州市南沙区人民政府官网。

（三）金融产业逐步崛起

产业是骨骼，金融是血脉。自2012年起，南沙先后获批成为国家级新区、自贸片区和粤港澳全面合作示范区，国家级政策利好接踵而来，让南沙开始逐步发展金融和科技两大领域。在中国人民银行等部门发布的“南沙金融15条”、《关于金融支持粤港澳大湾区建设的意见》等文件支持下，2015年以后南沙金融产业从一片空白开始突飞猛进，并在细分领域逐渐崭露头角，成为大湾区最大的飞机船舶租赁集聚地。南沙在建立联席会议制度、提供“专家+管家”一站式服务、加强专项税务服务、优化外汇管理、打造专项扶持政策等方面制定了融资租赁产业扶持政策体系，其中对航空、航天、航运租赁业务，给予单家企业最高95%地方经济贡献奖励，扶持力度居全国前列。2023年，南沙新增金融企业116家，广州期货交易所已上市工业硅、碳酸锂两个业务品种，累计成交额超6万亿元，南沙融资租赁公司租赁资产余额约占全省融资租赁公司业务余额的50%。

南沙大力构筑特色金融体系。依托自贸区先行先试的政策优势，跨境理财通、合格境外有限合伙人（QFLP）、合格境内有限合伙人（QDLP）、融资租赁公司外债便利化、本外币合一银行结算账户体系等试点近年相继在南沙落地。自由贸易（FT）账户体系落地以来，至2023年5月，南沙自贸区内企业已累计开立FT账户6463户，办理企业FT项下跨境结算6919亿元。FT全功能资金池已开设170个，净流入额度2124亿元，惠及境内外企业472家。QFLP、QDLP“双Q”试点政策见成效，2023年新增4家QFLP试点企业（累计10家）、1家QDLP试点企业，累计获批额度超240亿元。同时，南沙通过二级母基金、重点行业基金、专项直投基金等，有力撬动社会资本投资，重点支持战略性新兴产业、先进制造业等主导产业发展。母基金认缴出资13.1亿元，已实缴出资8.3亿元，参股投资项目4个，包括沃森生物、因明生物、中康科技和润尔眼科项目，其中中康科技作为南沙母基金首个直投项目，2022年成功登陆香港联合交易所①。有序推进金融市场互联互通，国际金融论坛（IFF）2023年全球年会在南沙新落成的永久会址成功举办，广州期货交易所、广州数据交易所、广州航运交易所快速发展，跨境贸易投资高水平开放试点交易金额累计超224亿美元，南沙入选全国首批气候投融资试点并成功举办国内首个气候投融资交流品牌“明珠湾国际气候投融资大会”。

（四）国内外贸易规模持续扩大

南沙紧紧把握以国内大循环为主体、国内国际双循环相互促进的新发展格局，坚持以实施自贸区提升战略为契机，以改革促开放、促繁荣。南沙的社会消费品零售总额整体呈现上升趋势，从2012年的130.36亿元增加到2023年的332.45

① 《广州南沙：重构产业政策体系，澎湃经济活力 | 高质量发展朝南看改革系列①》，https://static.nfapp.southcn.com/content/202305/15/c7682235.html，2023年5月15日。

亿元，充分利用了蓬勃发展的国内市场。南沙坚信营商环境“优”无止境，坚定不移打造面向世界的国际化营商环境先行区，面向国内外开展招商引资工作。

南沙跨境电商呈现良好的发展态势，充分利用区位优势和完善的交通设施，成为全国第一批开展跨境电商业务的地区之一。南沙大力建设跨境电商海港枢纽，已开展跨境电商网购保税进口、零售出口、企业对企业出口等多种跨境电商贸易模式，形成了多元化、全链条、辐射国内外的跨境电商业务聚集地。

南沙凭借其优越的区位条件和港航基础等优势，在近五年保持外贸经济健康发展，进出口总额正在迈向三千亿大关，跨境电商进出口值有望跨过千亿门槛（见表1–7），对外投资体系不断完善，持续吸引外资来南沙投资设厂。随着全球经济的复苏，南沙将充分利用双循环推动外贸经济高质量发展。

表1–7　南沙2019—2023年国际贸易与投资概况

年份	进出口总额/亿元	进口总额/亿元	出口总额/亿元	跨境电商进出口值/亿元	新设外资企业数/家
2019	2137.80	1155.00	982.80	154.20	362
2020	2265.40	1019.20	1246.10	212.20	226
2021	2600.29	1112.87	1487.42	360.00	283
2022	2988.19	1365.19	1623.00	909.90	367
2023	2912.09	1344.56	1567.53	858.80	735

数据来源：广州市南沙区人民政府官网。

（五）港口转型升级发展势头良好

近年来，广州港南沙港区聚焦物流主业，打造“一核多元”的港口产业体系。对标世界一流港口，建立面向世界、海陆互通的港口要素资源集聚、整合、运营平台。南沙应积极整合广州商贸资源，夯实现代流通体系的根基，充分发挥跨境电商、进出口贸易等优势，依托南沙综合保税区、配套物流仓储设施，形成商贸流通型供应链发展区；推进跨境电商综合试验区建设，引导企业优化海外仓布局，完善海外仓功能，提高商品跨境流通效率；支持大宗商品交易、跨境电商等新型贸易业务发展，不断夯实南沙打造现代港航产业的根基。

广州港南沙港区的港口物流业实现长足的发展，2019—2023年集装箱吞吐量、货物吞吐量和累计国际集装箱班轮航线3个核心指标保持增长态势（见表1–8）。南沙港口物流业基础设施综合实力实现新跨越，航运网络纵深推进，航线资源不断集聚，港口客货吞吐量优势凸显，商贸物流功能不断提升，为南沙建设成为国际航运物流枢纽贡献重要力量。世界各地货物以南沙为枢纽进行高效流通，世界各地商品通过南沙可辐射内地，内地的货物通过南沙联通港澳，更能奔赴世界。

表1–8 南沙2019—2023年港口物流业发展概况

年份	集装箱吞吐量/万标箱	货物吞吐量/亿吨	累计国际集装箱班轮航线/条
2019	1684.85	3.35	114
2020	1721.68	3.43	122
2021	1766.00	3.55	147
2022	1838.00	3.60	148
2023	1938.00	3.71	156

数据来源：广州市南沙区人民政府官网。

基础设施建设日趋完善，码头、堆场、冷库等基础设施建设在国内处于领先水平，能较好满足现代物流的业务需求，硬件建设有所提升。建成南沙港区四期全自动化码头（全球首个江海铁多式联运全自动化码头）、近洋码头、海嘉汽车码头以及南沙国际物流中心，建成华南最大、功能最齐全的综合性枢纽港，全球人道主义应急仓库和枢纽投入运行。2023年实现集装箱吞吐量1938.00万标箱，海铁联运完成30.6万标箱，累计发运24列中欧中亚班列，净增8条外贸集装箱班轮航线，累计开辟外贸集装箱班轮航线156条，其中有131条为“一带一路”方向航线，南沙港区成为华南地区通往“一带一路”沿线国家海运航线最多的港口之一。

南沙汽车口岸拥有南沙汽车码头、海嘉汽车码头、近洋码头3个汽车滚装码头，是全国最大内贸滚装汽车枢纽和全国第二大平行进口汽车口岸；拥有7个万吨级泊位和若干个千吨级泊位，近160万平方米商品车堆场，年通过能力超过180万辆，可停靠目前国际上最大型汽车滚装船，持续开通外贸航线、内贸航线，为新车出口、二手车出口、平行车进口、中规车进口提供充足舱位和航线班次。南沙国际航运枢纽“头号工程”——广州港深水航道拓宽工程全线投入使用，南沙国际物流中心现拥有76个万吨级以上泊位，集装箱码头堆场近370万平方米，粮通公司现有散杂货堆场49.1万平方米，汽车口岸堆场有近160万平方米，储罐110.2万平方米。2023年以南沙港区为核心的广州港集装箱吞吐量位居全球第六，属于世界级港口的第一梯队（见表1-9）。软件建设有新突破，引航、航运业务信息系统以及港口危险货物交通管理系统等投入使用，南沙集装箱货运电商平台已上线，能够实现货代、货主等各方自主交易，促进了资金流、信息流、产品流等要素有序流动与合理配置。

表1-9　2023年港口集装箱吞吐量世界排名

排名	港口	国家	2022年集装箱吞吐量/标箱	2023年集装箱吞吐量/标箱	增速/%
1	上海港	中国	47300000	49158000	3.93
2	新加坡港	新加坡	37300000	39013000	4.59
3	宁波舟山港	中国	33350000	35300000	5.85
4	深圳港	中国	30040000	29880000	-0.53
5	青岛港	中国	25670000	28750000	12.00
6	广州港	中国	24860000	25410000	2.21
7	釜山港	韩国	22078195	22750000	3.04
8	天津港	中国	21020000	22170000	5.47
9	杰贝阿里港	阿联酋	14000000	14472000	3.37
10	香港港	中国	16685000	14341000	-14.05

数据来源：《美国交通杂志》（AJOT）。

南沙积极融入“一带一路”建设，启用南沙国际邮轮母港（见图1-4）。南沙国际邮轮母港是亚洲规模最大、功能最全的邮轮综合体之一。该母港规划岸线长达1600米，目前已建成1个10万总吨和1个22.5万总吨的邮轮泊位，开通发往中国香港、日本、越南等地的航线9条；同时争取开展珠江游业务，打造富有海港特色的城市休闲商旅。

图1-4　南沙国际邮轮母港

资料来源：南沙区融媒体中心。

“港口金融”加快布局，立足港口航运服务打造产融结合新平台，以财务公司、担保公司、航运交易中心为依托，积极布局航运融资租赁、航运保险及产业投资基金，构建具有港航特色的融资担保全面业务产品体系，发挥金融业务对港口、地产、水产、商旅四大板块的支撑作用，为港口物流及其延伸业务、港口集团内成员单位提供多渠道、多品种金融服务支持，实现产融结合、协同发展。

三、新时代以来南沙的发展特点

新时代的南沙持续构建完整、立体、全面的基础设施体系，搭建路、桥、轨、航交通网络以支撑港产融合发展，充分利用数字技术创建城市数字网络以促进数字、信息有效流动，借助世界级交通枢纽和数字枢纽，高效推进宜居宜业宜游现代化城市的建设进程。

（一）逐步成为数字化开放门户枢纽

持续利用国内国际两个市场、两种资源，联动港澳，打造国际一流营商环境，构建与国际通行规则相衔接的制度体系和监管模式。通过深化“放管服”改革，加快建设数字政府，完善“互联网+”审批体系，推进政务服务“即刻办+零跑动”，健全多元化纠纷解决机制，持续营造宜商环境。南沙正推进更高水平开放，积极主动顺应数字化发展趋势，逐步成为服务贸易、国际规则对接、数据要素流动等新领域的数字化开放门户枢纽。数字新基建不仅能有效革新传统开放领域，提高国际商品贸易的效率、扩大国际商品贸易的规模，也能加速推进数字经济领域的开放和发展，推动大湾区形成开放新优势。全球数源中心能够实现商品与数字的转化，推进全球贸易商品价值的真实、低成本、快速传递，形成基于“全生命周期数源（溯源）”“价值传递”与“风险可控”的高端价值链服务产业新生态，聚集服务要素、金融要素、信息要素等新兴要素资源，形成一种全新的输出和商业模式。同时，全球数源中心以“开放、协同、确权、自治”为原则，形成多维主体的“规则共识、价值共识、行为共识”，构建全新的国际商品数据规则，充分发挥我国贸易体量、制造体量、消费体量、电商体量等优势，推动数源标准规则应用、推广和国际输出，在国际经贸规则变革中提升中国话语权。全球数源中心积极推动规则标准、法律权责等行为共识的建立，以数字合约的技术手段，将商品信息转化为数据生产资料，创新数字治理和产业开放应用新模式，建设海关、信用等领域的辅助应用，形成以数源数据为内核辅助决策、管理与创新的机制，打造区域数字治理的试点示范。

南沙全球优品分拨中心是集服务贸易和货物贸易为一体的新型服务体系平台，基于大数据、物联网、人工智能等技术，整合支付、税务、合同、通关全链条物流信息和服务商资源，提供全球运营决策、供需智能合约、国际贸易合规等服务，构建快速调拨、灵活集拼和多式联运的国际贸易创新服务体系和场景。2023年，全球优品分拨中心数字服务贸易平台纳入南沙外贸额统计的进出口货值约80亿元。

南沙首创了“离岸易”综合服务平台，利用数字技术手段打造了一站办、强协同、优联通、强价值的离岸贸易综合服务平台，联通贸易企业、金融机构、监管部门三方，整合各个国家和地区的报关数据、集装箱数据及相关海运提单数据等多类数据，提升贸易的真实性和完整性。“离岸易”综合服务平台能够提供跨境收付汇业务办理、政策咨询、全球贸易信息查阅等全天候、全链条、一站式综合性服务。南沙打造的标准化数字化贸易平台走在全国前列，具有独创性和优越性，能够不断促进贸易公平、投资公平，有效提升南沙作为贸易选择地的竞争优势，且南沙数字化改革所获成功具有可复制性，能够大幅降低投资者的学习成本。

全球数源中心自2015年在南沙自贸区上线以来，已迭代4次，现已入选国家标准委试点项目，截至2024年10月，已构建全球数源体系标准155份，涵盖国家标准、省和地方标准、团体标准，全国首发《全球溯源体系 新型离岸国际贸易真实性核验指南》，6份纳入首批粤港澳大湾区标准认定公示，打造一批高质量的“湾区标准”，以此为先导，提高全球数字治理的中国话语权。同时，面向全行业开放应用，结合不同的行业场景和业务需求，培育新产业、新业态、新模式，如“数源+金融”“数源+物流协同”“数源+辅助监管”等。助力企业数字化转型，提供数字化改造新工具、数字资产新保障、消费端触达新能力、产业链协同新优势，同时提供检验检测、知识产权保护、消费者权益维护、数源产业等公共服务。截至2023年7月，全球数源中心已经累计赋码1.1亿个，数源商品货值607.23亿美元。全球数源中心是南沙数字经济领域享有全自主知识产权的新基建，是由地方政府主导、监管部门等多方主体共同参与的一个面向全球开放的去中心化的数字经济公共基础设施，以“共建共享、真实安全、开放便利”为基本原则，服务于产业数字化、数字产业化和区域数字治理。

（二）轨道交通开始强力支撑港产城通勤客流

港为城用，城因港兴。广州作为因海而生、向海而兴的千年商都，港口是城市和区域发展的战略资源、核心资源、稀缺资源和独特资源。以港口促贸易，以贸易聚产业。港产城融合是港口城市发展的必然趋势，意味着把贸易、港口、航运等临港经济优势转变为城市的发展优势、开放优势，南沙在广州打造国际商贸中心、全国先进制造业基地、全国综合性门户、国际科技创新中心重要承载地的征程中，要积极把握数字化转型和城市更新改造等契机，密切南沙与市区及周边地区通勤，探索港产城深度融合、高质量发展模式。南沙尚处于大规模建设起步阶段，距离建设成为功能齐全的滨海新城还有一定差距，距离白云国际机场约80

公里，通往机场的地铁需通过4号线换乘1次；客运枢纽服务水平不高，通往广州港南沙港区的道路运输只有1条南沙港快速路。可以说，南沙离形成大湾区“半小时交通圈”的目标还有不小距离。

南沙区政府一直重视轨道交通建设。2007年地铁4号线全线开通，但车速偏慢，从南沙中心的金洲站和蕉门站至珠江新城需要一个多小时；2018年9月广深港高铁开通，从南沙庆盛高铁站出发直达香港西九龙站只需要30分钟；2019年4月南沙大桥建成通车，为大湾区互联互通打通了新的动脉；2021年9月，最高时速160公里的广州地铁18号线开通，从南沙到广州市区只需要30分钟，可惜设计上为了直接联通南沙未来的交通枢纽——位于万顷沙的南沙站（连接深中通道和高铁、城际等线路），18号线在南沙只设了两个站，制约其作用的发挥。南沙目前还有广深港高铁经过庆盛枢纽直达广州南站，但是这条高铁班次稀少且票价比地铁更高，难以承担南沙和市区日常通勤的功能。由于距离广州市中心超过50公里，想要实现市区和南沙之间的日常通勤只能依靠快速轨道交通。南沙积极参加建设以深中通道为代表的重大基础设施，完善湾区“硬联通”网络和产业协同布局，深中通道已于2024年6月30日通车，南沙联络线于2024年10月30日通车，将有效促进珠江东西两岸融合发展，南沙作为登陆点之一，将迎来更广阔的发展空间。

南沙对标世界先进水平，衔接广州城市规划、港口规划、产业规划、交通规划，依托港口做好港产城协同发展，前瞻性、高标准编制广州临港经济区总体规划、交通规划及航运服务业等专项规划，明确航运基础设施和临港制造、航运物流、航运服务等产业发展布局。要从打造世界一流现代航运物流服务体系角度出发，布局内陆港网络、港口铁路网络、疏港交通网络、海空联运网络，推进海港与空港、信息港、金融港、人才港联动赋能，大力发展江海联运、海铁联运、海空联运等多式联运方式，完善港口与大湾区机场共享国际货运中心项目功能，拓展内河、沿海支线运输和国际中转、集拼、分拨业务，优化拓展中欧班列，增加欧美远洋航线，优化“一带一路”沿线国家和地区，健全完善集疏运体系。

随着南沙港产城融合发展进入新阶段，2021年公布的《南沙综合交通枢纽规划（2020—2035年）》显示，未来南沙轨道交通将实现“30+12348”时空目标。同时，南沙轨道交通枢纽将从目前仅有的庆盛站扩大到五个，形成“一主

（南沙站）一辅（庆盛站）三个功能站（通用机场站、蕉门站、横沥站）”的布局。南沙未来的交通必定是便捷的，如果想继续争取原有的交通资源投入不下降，南沙还需培育足够强大的产业和人口吸附能力。现代通勤体系促使南沙现代化滨海新城新貌渐显，蕉门河“城市客厅”进一步提升改造，南沙湾、庆盛枢纽、南沙枢纽3个先行启动区日新月异。新一轮南沙发展规划和国土空间总体规划修编取得重要成果，划定国土空间总体规划“三区三线”正式启用，城镇开发边界在现状基础上扩展1.9倍，规划建设全民文化体育综合体。

（三）宜居宜业宜游优质生活形象鲜明

南沙以其独特的生态环境和城市建设荣获“中国最具幸福感城区”称号和“全球最适宜居住城区奖”金奖；更因其卓越的生态文明建设，成功荣获“生态文明建设示范区（生态工业园区）”称号，空气$PM_{2.5}$均值仅为24，空气质量稳居全市前列，外江水质均达到Ⅱ类或Ⅲ类标准。万亩湿地公园每年吸引10万多只候鸟过冬，人均公园绿地面积达25.9平方米，海绵城市建设达标面积累计达42.25平方公里，上述数据体现了南沙独特的自然魅力和城市绿化建设的成果。南沙不仅在生态环境上表现卓越，在民生事业领域也有着出色的表现。目前，南沙主要在就业创业、教育、医疗健康、交通这四大板块发力，通过创新性的平台建设、政策配套与服务措施三位一体的制度设计，提高公共服务的供给水平①。

在就业创业方面，南沙全力推进创新创业，打造就业创业优选之城。首先，针对港澳青年建设了创汇谷、创新工场等就业创业平台，加大对港澳青年来南沙就业的支持力度。其次，营造优质创新创业生态圈，将符合条件到南沙创业的港澳居民纳入当地创业补贴扶持范围。再次，打通了南沙与港澳之间的青年发展计划，获得香港特区政府“青年发展基金”“创意智优计划”资助的创业团队，以及澳门特区政府“青年创业援助计划”资助的创业团队，可以直接享受南沙的创业扶持政策。最后，为港澳居民提供更加便捷高效的服务措施，在津贴、人才公寓、子女教育、长者养老等方面提供便利条件，保障港澳居民在南沙生活的基本需求。南沙还发布“国际化人才特区九条”，围绕重点人才群体引进培育，对高

① 《【南沙与中国式现代化专栏（五）】戴明洁丨南沙：打造民生资源共享圈，促进粤港澳社会融合》，https://mp.weixin.qq.com/s/-FpD3sxTHl2SNOcm61gNEA，2023年6月26日。

层次人才、顶尖人才给予相当大力度的支持，组建南沙国际人才服务官团队，将南沙区委、区政府构建“上管老下管小、全家无忧”的人才服务体系落到实处，助力南沙打造国际化人才特区。

在教育领域，南沙形成了高等教育、基础教育高水准、国际化的发展格局。南沙积极推进与港澳合作，推动了香港科技大学（广州）等一批国际化程度高的学校落地，打造大湾区教育国际化示范区。同时，积极引进国内优质高等学校和研究院所，打造高等教育合作新高地。广州南沙民心港人子弟学校成为粤港基础教育合作的典范，进一步完善跨区域就业人员随迁子女就学政策，推进粤港澳中小学、幼儿园缔结“姊妹学校（园）”，持续探索开放港澳中小学教师、幼儿教师到南沙考取教师资格证并任教。

在医疗健康领域，南沙推进重大医疗基础设施建设，促进健康服务产业提质升级。南沙积极推进由地方政府全额投资、引进港澳现代化管理模式的大型综合性公立医院建设，发展大湾区医疗联合体和跨区域的医疗卫生中心，率先在公立医院开展跨境转诊合作试点，加强医疗卫生人才联合培养和交流。在健康产业领域，南沙持续推进分级诊疗服务体系，加快发展以精准医疗、智慧医疗、个性化医疗等为主的健康服务产业，积极增加优质资源供给，构建医疗健康大数据平台及应用模式，携手港澳共建国际健康产业。

在交通领域，南沙与广州其他各区互联同频，链接湾区东西两岸，构建以轨道交通、高速公路为骨干，以综合交通枢纽为支点的综合交通网络体系，畅通对外联系通道，强化枢纽辐射能力，打造半小时生活圈。一方面，南沙着力提高南沙湾、庆盛枢纽、南沙枢纽3个先行启动区交通通达能力，以点带面推动区域交通基础设施建设互联互通。另一方面，南沙强化乡镇联城带村的节点功能，持续推进区内交通骨架路网建设，加快构建“双环+放射”城市道路路网，形成“内环”“外环”快捷通道。

南沙成功打造了颇具前瞻性的宜居宜业宜游优质生活品牌。未来，南沙将继续深化在生态文明建设和民生事业领域的发展，不断提升城市品质，增强城市吸引力，进一步优化综合性的优质生活品牌。

第三节　南沙发展面临困境的思考

南沙发展成效是值得肯定的，但面临的问题也较突出，这些正是未来需要破解的瓶颈。

一、能否提升南沙新区的管理权限以更好适应协同港澳的客观要求

国家级新区体现国家战略和发展需要，所在省按要求须下放省级管理权限，例如上海浦东新区、天津滨海新区等均实质拥有副省级管理自主权。南沙历经30多年的开放发展，有诸多战略定位与优惠政策加持，尤其是南沙新区可享省级管理权限，但建设主体仍为广州市，并非南沙本身享有副省级资格。南沙的发展既不可脱离广州，又因与港澳社会制度不同，由中央部门进行管理和协调，南沙新区是华南地区唯一由国家发展和改革委员会纳入国家级新区管理的区域，是粤港澳大湾区环内湾都市圈的重要核心。但由于南沙作为新区实际建设者，却一直只具备区级行政资格，所以在与港澳特区政府部门协商推进有关具体合作事宜的时候，就会遇到级别不对等问题，严重影响对接效率，尤其是在重大项目谈判、海外招商推广、与政府部门协商等过程中存在不少困境。反观上海浦东新区、天津滨海新区、重庆两江新区依托直辖市，行政级别一般调整至副省级，办事效率以及人员工作主动性与担当精神都有极大提升，这也是上述三个新区设立后能够取得佳绩的重要原因。改革开放以来，经济特区的发展历程充分证明：副省级特区取得成功的概率大于省级或者厅级以下的特区。这里有管理幅度、资源调配能力、上级支持力度、周边地区配合意愿等综合因素的作用，也有深层次文化因素的影响。《南沙方案》出台后，南沙迎来了再出发的新机遇，如果能够突破行政级别的局限，相信会有更快的发展。

二、如何促进与省内其他开发区及自贸区片区的协同发展

一直以来，南沙面临比较复杂的竞争格局。1984年12月，广州经济技术开发区设立；1993年5月，南沙经济技术开发区设立；2010年8月，增城经济技术开发区正式挂牌，实行国家级经济技术开发区的政策。自此，广州便同时拥有广州经济技术开发区、南沙经济技术开发区、增城经济技术开发区，成为全国唯一一个拥有三个国家级经济技术开发区的城市。从增长极理论看，区域经济发展主要依靠条件较好的少数地区和少数产业带动，应把少数区位条件好的地区和少数条件好的产业培育成经济增长极。通过增长极的极化效应（促使资金、技术、人才等生产要素向极点回流和聚集）和扩散效应（主要表现为生产要素向外围扩散），影响和带动周边地区和其他产业发展。在如此狭窄的区域内，面对同属一个城市的另外两个开发区，南沙如何在定位上缩减后发劣势，避免产业的重复性发展以及资源投入的分散，在进行差异化定位及分工上的确面临高难度挑战。

在广东省内，除了广州南沙还有另外两个国家级自贸区片区，即深圳前海以及珠海横琴，它们是国家为广东经济转型升级提供的三个重要平台。深圳前海位于深圳南山半岛西部，是“珠三角湾区”穗—深—港发展主轴上的重要节点。前海深港现代服务业合作区着眼于从服务业这一突破口推动深港深度合作，为香港经济发展拓展新空间，也为内地深化改革开放、推动制度创新、加强与国际规则衔接积累经验。珠海横琴是珠海最大岛屿，与澳门互促互进，优化配置资本、土地等发展资源。横琴粤澳深度合作区主要围绕为澳门经济适度多元发展创造条件的初心，强调以更加有力的举措统筹推进粤澳深度合作，大力发展促进澳门经济适度多元的新产业，加快建设便利澳门居民生活就业的新家园。《南沙方案》则突出强调“粤港澳全面合作”和“面向世界”，要求将南沙打造成为香港、澳门更好融入国家发展大局的重要载体和有力支撑。2010年6月，广东省政府批准设立广州南沙实施CEPA（《内地与香港关于建立更紧密经贸关系的安排》）先行先试综合示范区，不仅要进行粤港澳项目合作，而且要探索体制上的突破，成为连接港澳、服务内地的结合点。前海对着香港，横琴对着澳门，面积都不大，而南沙刚好在港、澳、穗、深、珠五点的中间，背靠广州，有广州作腹地来支持，

是粤港澳合作最佳实践地。

市场经济中竞争是不可避免的，也是促进发展的动力。但大湾区内如此密集的国家级开发区（自贸区片区）之间要避免招商与产业的高强度竞争，就需要南沙通盘考量自身的资源属性，尤其要发挥自身独有的土地储备充足、深海港口多、远洋航线密的优势，进而形成与其他开发区之间产业链、供应链协同优势，这是明日南沙腾飞之基础。世界银行的研究表明，良好的营商环境能使投资率增长0.3%，GDP增长率增加0.36%。充分发挥国家级新区、国家自主创新示范区、国家高新区等高端要素集聚平台作用，以及粤港澳全面合作示范区和自贸片区等制度创新优势，营造一流的港航物流营商环境，发挥航运独特优势，推进数字化、智能化、智慧化、低碳化，构建大港口、大物流体系，提升港口运营能力和口岸通关便利化水平，全力服务高水平对外开放，积极赋能实体经济高质量发展。南沙应与横琴、前海等区域联动发展，利用自身地处大湾区中心、发展空间广阔、制造业基础较好等特点，与前海、横琴形成更加紧密的合作互动关系，实现资源的高效统筹和优化配置，支撑粤港澳大湾区高水平开放与高质量发展。在与港澳规则衔接、加强改革创新、增进港澳同胞福祉、持续扩大开放等方面加强交流借鉴，促进以市场机制为主、政府有效引导的产业创新合作和人才交流交往。

南沙面向世界的开放属性尤为关键，作为国家级新区、自贸片区、粤港全面合作示范区，承载着探索高水平开放、更大力度改革的重要使命，以开放促改革、促创新、促发展，增强我国在全球竞争中的优势和话语权。未来，南沙要始终坚持面向世界的战略导向，联动港澳对标更高水平经贸规则，实行更大力度压力测试，在贸易、金融、物流、航运等重点领域率先突破，强化高端服务功能，打造制度型开放高地，加快形成代表大湾区参与全球经贸合作的高水平开放门户，成为内外循环的战略支点。同时，南沙还应在技术创新、高端制造、新兴产业方面发挥创新引领作用，用好广州高校和科研院所资源，强化粤港澳协同创新，建设一批前沿交叉研究平台，以科技赋能制造业转型升级，引领新一轮产业变革，为大湾区打造具有全球影响力的国际科技创新中心和新兴产业重要策源地注入强劲动能①。

① 王彪：《国家发改委国土开发与地区经济研究所区域三室副主任李晓琳：促珠江两岸协同发展 引新兴产业变革浪潮》，《南方日报》2022年9月25日第003版。

三、是否选择拓展金融功能作为南沙构建现代产业体系的突破口

金融功能的培育无疑会对南沙构建现代产业体系起到积极作用，由于基础较为薄弱，这一功能还需要时间培育和积累。面对国际国内新形势，南沙需要紧紧扣住高质量发展这一主题，以数字物流金融创新为依托，加快建成亚太区现代物流枢纽，助力广州建设成为粤港澳大湾区核心引擎，构建新发展格局战略支点，为推进新质生产力发展作出广州贡献。目前，金融业已发展成为南沙重要产业，数据显示，2015年，南沙金融业增加值基本可以忽略不计，但到2022年，南沙金融业增加值占地区生产总值比重已上升至7.91%。2023年12月国家发展改革委、商务部、市场监管总局联合发布《关于支持广州南沙放宽市场准入与加强监管体制改革的意见》，进一步提出要加快发展特色金融，支持广州期货交易所立足于服务实体经济高质量发展、绿色低碳发展、粤港澳大湾区建设和共建“一带一路”，有序拓展品种布局；加快建设粤港澳大湾区（广州南沙）跨境理财和资管中心；健全绿色建筑激励政策措施，探索完善绿色建筑预评价工作，鼓励金融机构按照市场化、法治化原则支持绿色建筑发展。还可以建设大湾区航运联合交易中心，但需要在顶层设计上整合大湾区交易资源、业务资源，进一步优化产权结构，构建世界级航运要素资源市场化配置平台。

鉴于南沙全面升级智慧海关，大幅提升通关效率，逐步完善金融服务体系，开展自由贸易账户、跨境双向人民币融资、外汇管理改革等跨境金融先行试点，南沙还可以在数字人民币应用场景建设领域大有作为，积极推动数字人民币与数字经济产业深度融合。数字人民币是中国人民银行发行的数字形式的法定货币，具有“支付即结算”的特性和便捷安全的特征，在助力我国数字经济发展、提升普惠金融发展水平、提高货币及支付体系运行效率等方面具有重要意义。数字人民币作为国家金融战略和数字经济血液，对于南沙转型升级具有重要作用。南沙在广州市政府、中国人民银行广州分行的支持和指导下先行先试，遵循“先易后难、先内后外、安全可控”的原则，有序推动数字人民币试点工作落地，数字人民币已应用于生态旅游、乡村振兴、商圈购物、便民服务、餐饮住宿、交通出行、文化教育、看病就医、慈善活动、企业经营、湾区特色等场景，基本覆盖常

规民生场景，并形成多个全国、全省首创案例，如全国首创使用数字人民币兑现人才安家补贴、购买平行进口汽车等。截至2023年一季度，南沙参与试点金融机构累计开立个人钱包约30万个，对公钱包约3万个，流通（转账、交易）业务超37万笔，金额超2亿元，落地支持数字人民币支付场景超1.2万个，助力推进粤港澳大湾区经济一体化。南沙还可立足区位优势，进一步探索港澳居民支付便利化的创新应用场景，助力香港、澳门更好融入国家发展大局，加快推动数字人民币与南沙数字经济产业的深度融合发展。不过从广州市范围内看，南沙还需要夯实自身在大湾区的枢纽地位，从根本上解决与其他各区金融平台如何分配项目资源的问题。

2011年开始打造的广州国际金融城仍处于开发起步阶段，起步区规划可供出让的商业地块中还有四分之一留待开发。除了起步区之外，“十四五”期间广州国际金融城还将着力推进116个重大项目建设，涉及总投资超1800亿元[①]。广州国际金融城作为广州人工智能与数字经济试验区的重要组成部分，产业功能同样包括了大湾区金融合作等内容，同时，还承接珠江新城金融资源的辐射和带动优势。广州还有2012年打造的广州民间金融街、2017年选址白鹅潭的新三板广州服务基地、2017年落户花都的绿色金融改革创新试验区。虽然这些金融平台都分别有不同的金融功能，互相之间形成错位发展，但是如何在全市层面统筹分配金融产业资源也成为后续的难点，而南沙的挑战在于：如何克服距离主城区远的劣势，尽可能地把有限的金融资源聚集在南沙以实现规模化、集群化发展。

目前，自贸区内大部分金融制度创新成果仍停留在程序和流程优化层面，含金量和突破性有待提升，基于产业内在瓶颈的供应链金融导向的改革不多，有价值的自主改革更少，尤其是基于全链条的系统集成金融平台不够多，金融产品创新碎片化问题比较突出。那么，南沙金融高水平开放、高质量发展的突破口在哪里？以国际贸易与港航产业为代表的服务业产业是南沙的主导产业，其行业壁垒有待进一步打破，跨境资金调配与外汇收付障碍有待进一步打通，跨境研发物品进出口便利化水平有待进一步提高，公平竞争环境和政府服务尚需进一步改善，国际化人才吸引还存在一定短板等。南沙应该坚定在扩大自贸片区制度型开放方

① 郭苏莹：《“进击”的广州国际金融城：将迎高光时刻》，《南方日报》2022年7月8日第AA7版。

面下更大功夫，扩大基于自身产业需求和面向世界的开放型供应链金融平台，要围绕全产业链和全场景需求推进系统集成式金融平台的建构，通过改革路径创新来满足市场主体的多元化需求，变事项导向为场景导向，探索推出一批“一件事”改革和港航全产业链金融集成式改革举措，逐步提升金融市场主体的获得感。

第二章

Chapter 2

再立潮头：湾区机遇与南沙优势

国家级经济技术开发区、国家级新区、自贸区、粤港澳全面合作示范区多个时代的开放浪潮都拍打着南沙。当时间行进到2022年，“面向世界的粤港澳全面合作示范区”号角终于吹响了，南沙再一次站在中国改革开放之潮头。人们纷纷拭目以待：勇立潮头的南沙，这一次会谱写怎样的精彩篇章？

第一节　南沙迎来湾区建设的大机遇

20世纪90年代初，香港科技大学校长吴家玮先生最早提出了“香港湾区”（“深港湾区”）概念，他曾久居旧金山湾区，对于湾区发展的巨大潜力认识颇深。只是对当时经济发展水平落差大、交通物流不便的珠江口地区而言，“湾区”概念还仅仅停留在学术探讨的层面。建设湾区，源自粤港澳三地的跨区域合作构想。

2005年，广东省政府在《珠江三角洲城镇群协调发展规划（2004—2020）》中提出，要划分“粤港澳跨界合作发展地区”，并且要求把发展“湾区”列入重大行动计划。2008年，国家发改委在《珠江三角洲地区改革发展规划纲要（2008—2020年）》中提出，支持粤港澳三地规划实施环珠江口地区的“湾区”重点行动计划，这被视为粤港澳大湾区的雏形。2015年，“粤港澳大湾区”概念首次在国家文件《推动共建丝绸之路经济带和21世纪海上丝绸之路的愿景与行动》中提出。2016年，“粤港澳大湾区”被写入国家“十三五”规划、国务院《关于深化泛珠三角区域合作的指导意见》等。2017年3月的全国两会期间，“粤港澳大湾区”首次被写入国务院政府工作报告，提出“要推动内地与港澳深化合作，研究制定粤港澳大湾区城市群发展规划”，这被视为建设粤港澳大湾区上升为国家战略的标志性事件。2017年7月1日，香港回归20周年之际，在习近平总书记的见证下，国家发改委及粤港澳三地政府在香港签署《深化粤港澳合作推进大湾区建设框架协议》，由国家拉开了推动大湾区建设的帷幕。

2017年至今，连续8年的政府工作报告都提到粤港澳大湾区建设。2018年，粤港澳大湾区建设领导小组正式设立，负责大湾区建设事宜。2019年2月，《粤港澳大湾区发展规划纲要》正式出台，明确了大湾区建设的战略定位、发展目标、空间布局，提出建设国际科技创新中心、加快基础设施互联互通等7个发展范畴，这是大湾区建设的顶层设计，标志着大湾区建设进入全面实施阶段。《粤港澳大湾区发展规划纲要》明确了广州南沙是大湾区重大合作平台，南沙肩负推动开放、合作、试验、示范的任务。2022年印发的《南沙方案》，被视为大湾区建设新的里程碑，作为“湾区之心”的南沙真正迎来了全面发展的大机遇。

一、湾区港口集群整合机遇

南沙正面临着前所未有的港口集群整合机遇。这一机遇，不仅源于国际贸易的繁荣和国际合作的深化，更源于港口、产业和城市的融合发展，以及大湾区组合港所带来的无限可能。南沙凭借着其独特的地理位置和资源优势，紧抓国际贸易的发展机遇，不断拓展国际贸易航线，加强与世界各地的经济联系。同时，南沙还积极推进港口、产业和城市的融合发展，提升港口的综合服务能力，推动产业结构优化升级，打造宜居宜业的城市环境。在大湾区组合港的框架下，南沙也在加强与其他港口的合作，共同推动湾区港口集群的发展，为湾区的整体繁荣作出积极贡献。南沙在这一进程中面临的机遇，主要体现在以下三个方面。

首先，港航合作的深化，使南沙得以紧抓全球供应链重组机遇。在湾区港口集群的推动下，南沙的国际贸易业务与国际投融资合作实现双提升，加速了港航国际合作的深化。粤港澳大湾区不仅持续发展多式联运和内陆港、组合港，还扩大组合港优势，推动通关环境的提升，并在业务模式上不断创新。从2012年到2023年，广州港南沙港区外贸航线从50条增加到156条，已经成为广州港集团贯彻《南沙方案》、保障全球供应链稳定畅通的重要体现。现在，南沙港区国际贸易航线已经连接全球100多个国家和地区的400多个港口，从南方的深水大港到“一带一路”的出海通道，再到融通世界的门户枢纽，南沙港区的影响范围越来越广，实力也越来越强[①]。

---

① 周可、何漪：《粤港澳大湾区奋力打造世界级港口群》，《上海证券报》2022年12月12日第002版。

其次，港产城融合的新生态，助力南沙腾飞。粤港澳大湾区城市群在扩展的同时，也越来越重视港产城深度融合发展，港产城联动成势，使得这一综合发展机遇更加突显。为推动港产城深度融合，粤港澳大湾区城市群根据自身优势进行错位发展。深圳盐田区探索培育现代航运服务体系，发展离岸贸易业务，构筑港口经济产业生态圈；广州港南沙港区则参考国际先进港口的发展模式，通过港口的带动作用推动腹地产业转型升级。与国际中转枢纽港的发展经验相比，我国港口的发展更注重为实体经济服务，内河港如珠海港、惠州港、中山港等也在培育临港新产业、新业态，聚焦港航、物流、海洋、能源、产城开发、航运金融六大产业[①]。

国际贸易超过80%通过海运实现，绿色、低碳、环保等主题也逐渐成为国际贸易的改革重点。2021年6月，国际海事组织通过船舶温室气体短期减排措施，形成国际航运碳强度规则[②]，由此出现新的航运发展机遇。南沙充分整合航运、金融和绿色技术等优势，逐“绿”而行，推动减污降碳协同增效，抢占绿色金融生态位。2024年4月，南沙推出全国首个“气候融担”贷款产品，获四大行超10亿元授信额度支持，积极探索城市全面绿色低碳转型之路。

南沙紧抓航运业绿色化、智能化变革方向，成立粤港澳大湾区气候投融资中心，并搭建粤港澳大湾区气候投融资平台系统，有效整合产业发展资源，推动“金融+科技+航运+低碳”产业的深度融合。截至2024年5月16日，粤港澳大湾区气候投融资平台已征集粤港澳大湾区绿色、低碳项目达157个，落地总规模1500亿元的广州产业投资母基金[③]。南沙以绿色低碳智慧港口推动经济高质量发展，持续推进能源结构清洁化、集疏运体系低碳化，加快港口设备全电化进程和船舶岸基供电全覆盖工程，并通过绿色金融、气候金融进一步将绿色优势转化为资源优势、融资优势和发展优势。南沙既是城，也是港，大湾区港产城融合的进程，将给位于湾区核心地带的南沙带来诸多机遇。

---

① 曾艳春、李霭莹：《大湾区联手打造临海“朋友圈”》，《南方日报》2023年7月14日第A05版。

② 《交通运输部海事局关于征求〈船舶能耗数据和碳强度管理办法（征求意见稿）〉意见的函》，https://www.msa.gov.cn/msacncms_wap/pages/content.do?articleId=62E28B83-88A1-4E51-B607-FA1A354C799A，2022年5月12日。

③ 《点“碳”成金？广州南沙打造“金融+生态”的“绿色引擎”》，https://news.ycwb.com/2024-05/28/content_52713344.htm，2024年5月28日。

最后，大湾区组合港聚变优势，有助于南沙协同共赢。湾区港口集群显示大湾区组合港的活力，通过“共享代码+水路调拨”，能够统筹港口间监管资源，提升水上运输效能，促进枢纽港的国际航线资源与沿珠江内河码头支线港的制造业货源地优势互补。依托区块链、物联网等技术优化资源配置，实现港口间信息互联互通、海关监管互认，吸引更多货物汇集，辐射至更广阔的海外国家和地区。这将有效推动海运物流运输链条顺畅衔接，大幅压缩企业通关时间和成本，提高贸易便利化水平。例如，为解决珠三角制造业企业面临的物流问题，深圳市交通运输部门与深圳海关等部门联合实施“粤港澳大湾区组合港”项目，将深圳港口货源腹地纵深拓展至珠三角内河沿线码头，简化了转关手续，降低了物流和时间成本①。

南沙抓住湾区港口整合的机遇，深化港航合作，推动港口、产业和城市的融合发展，并创新“大湾区组合港”模式，取得了显著成效。每年有超过8000万标箱从粤港澳大湾区港口群出发，通达全球，南沙港区已成为华南最大的集装箱单体港区，是全国内贸集装箱第一大枢纽港广州港的主力港区，成为大湾区经济发展的重要支撑。此外，南沙汽车口岸已累计开辟了8条外贸出口航线，吸引10余个汽车品牌在此出口。由此可见，南沙在整合港口资源、加强港航合作以及推动港口、产业和城市融合发展方面取得优异成绩。

二、数字湾区强化发展机遇

南沙面临着数字湾区提速发展的历史性机遇，源于南沙独特的优势条件、开放的创新生态和远大的发展战略。南沙是大湾区的地理几何中心，拥有得天独厚的地理位置优势和雄厚的资源基础，是国内外企业和创新资源争相涌入的热土，连接国内外市场，促进人流、物流、资金流和信息流的交汇与融合。同时，南沙还拥有丰富的自然资源和坚实的产业基础，为数字经济的蓬勃发展提供了有力支撑。通过实施创新驱动发展战略、加强国际交流合作、推动产业转型升级，南沙正努力打造全球领先的数字经济高地。在这一过程中，南沙注重数字技术的研发

① 《航线+1！“大湾区组合港”实现内地九市全覆盖！》，https://mp.weixin.qq.com/s/qkp7T3POk8MWrY1q0gdNpg，2023年6月17日。

和应用，积极引进和培养高素质人才，构建完善的创新生态体系，推动数字经济的快速发展。通过加强数字基础设施建设、推动产业数字化转型、提升数字化治理能力、优化数字化营商环境，南沙的发展能够有力支撑将粤港澳大湾区打造成全球领先的数字湾区。这不仅有助于提升湾区的整体竞争力，还将为粤港澳大湾区经济社会发展注入强大动力。

广东正全面推进“湾区通”工程。在“要素通”方面，建设一个大数据中心，搭建数据综合业务网和统一的数据要素交易市场，推动数据这一关键生产要素在粤港澳三地自由、高效流动。在“基座通”方面，重点在于加强湾区网络基础设施建设，尤其是5G（第五代移动通信技术）网络的深度覆盖，包括与国家新型互联网交换中心对接，探索建立网络安全对接机制，推动三地之间的网络安全资质互认，以确保湾区网络基础设施安全，并推动其达到国际先进水平。在“营商通”方面，重点在于通过数字技术优化与香港、澳门的经贸合作，提升市场主体的服务体验。通过“粤商通”平台帮助政府和企业更为精准、高效地进行招商引资，并提高湾区的数字化通关效率，进一步简化跨境贸易流程。在“产业通”方面，将推动粤港澳三地在数字技术方面的联合创新和产业化。通过构建高标准、一体化的数据产业链，提高整个湾区数据产业的竞争力，深化工业互联网示范区的建设，加速产业集群的数字化转型。在“政务通”方面，重点是加强粤港澳三地政务服务一体化。针对湾区居民的多个生活领域，如出入境、交通、教育等，推动统一身份认证。此外，还计划将广东的“粤系列”移动政务服务平台与香港、澳门的政务服务应用进行深度融合。在“治理通”方面，将强化湾区智慧城市的建设合作和平台联通。通过加强三地在数字技术方面的联合创新攻关，提高湾区的治理效率和水平，推动湾区内的数据资源有序跨境流动。在“深度融湾”方面，计划通过提升数字化基础能力，使粤东粤西粤北地区更为紧密地融入大湾区的产业链和供应链。深化公共资源交易平台的共享整合，提高湾区的公共资源交易效率。

数字湾区改革见成效。数字湾区建设的成效不仅体现在政务服务和政府运行的智能化水平提升上，更展现在数字经济、数字社会与数字政府的深度融合中。在数据要素市场体系建设上，广州和深圳的数据交易所相继挂牌成立，并在挂牌当年累计实现了超过17亿元的交易额。此外，广东还进行了数据经纪人试点，并成立了广东数据发展联盟，共同推动数据要素生态的培育和发展。在数据要素应用赋能方面，广东通过个人、法人数字空间探索了多个场景应用，包括基于公共数据开发形成的6个数据产品的资产登记，并推进数据生产要素纳入国民经济核算体系。这些数据产品和应用不仅提升了公共服务水平，还优化了营商环境，为创新创业提供了更多机会。数字湾区建设在政务服务、政府运行、数据要素市场体系建设和数据要素应用赋能等方面均取得了显著成效，这也将加快南沙数字化转型和升级步伐，未来将为湾区经济社会发展注入新的动力[①]。

南沙聚力打造全球领先的数字湾区核心区域，积极引领新阶段的全面数字化发展。香港和澳门是两个经济发达、数字化程度高的城市，它们与南沙的系统性合作为构建具有全球竞争力的数字湾区提供了坚实的基础。通过组合措施，南沙与香港、澳门共同合作，期望在不久的将来成功构建一个具有全球竞争力的数字湾区。

三、港澳密切合作深化机遇

南沙与港澳的合作已经迈入一个全新且密切的阶段，呈现出多领域合作与发展机遇，将为大湾区的整体发展注入新动力，促进南沙与港澳在多个领域的深度互动和协同发展。

一是人才生态优化合作。为了吸引港澳青年，南沙积极出台港澳青年创新创业支持政策，单个在南沙就业的港澳青年3年最高可获51.5万元奖补资金，单个在南沙创办的港澳青创企业3年最高可享受450万元奖补资金，为港澳青年在就业、创业、安居等方面提供全方位保障。南沙现已有超过800个青创团队（企业）入驻13个港澳青创基地。此外，南沙还连续多年举办香港科技大学百万奖金（国际）创业大赛，“百企千人”实习计划累计吸纳超2000名港澳青年学生[②]。

二是国际化法律服务合作。南沙发挥港澳多元化的开放优势，加强“一带一路”沿线国家和地区的法律交流和合作，建立一站式民商事纠纷解决系统平台，

---

① 《广东：展望“数字湾区”新图景，七大方面推进建设》，https://mp.weixin.qq.com/s/riRYPuisY_W7PUkhuTTzHg，2023年4月14日。

② 《“新十条”，创业在南沙！》，https://baijiahao.baidu.com/s?id=1737125385841901984&wfr=spider&for=pc，2022-07-01。

能够查明包括中国、美国、英国以及“一带一路”沿线国家、太平洋岛国等80多个国家和180个地区的法律，为众多案件当事人提供了优质的域外法律查明服务。2021年，南沙国际仲裁中心与粤港澳大湾区仲裁联盟成员实现了仲裁服务窗口、仲裁标准、仲裁员名册、办案庭室“四个共享”，有效助力民商事纠纷案件的处理。同时，南沙与港澳共同建设了电子卷宗数字化信息系统，实现了跨境证据共享和案件材料对接，进一步加强了法律合作和信息共享①。

三是招商合作。2022年，粤港澳三地政府联合举办的首次粤港澳大湾区全球招商大会，吸引众多世界知名企业积极参与，涵盖多个行业龙头企业，如埃克森美孚、强生、沙特阿美、西门子能源等。此次大会现场签约48个重大项目，总投资金额达到1801亿元，其中外资项目30个，占比62.5%，充分展示了粤港澳大湾区的吸引力和优良的营商环境。

四是科技创新合作。南沙积极参与大湾区的科技创新活动，与港澳共同打造国际科技协同创新联合体②。香港科技大学（广州）在南沙开学，与港澳合作的项目占比达到70%，推动产学研深度合作，形成“硅谷效应”。南沙还举办粤港澳大湾区创新合作交流会，推动三地规则对接和创新合作，助力构建粤港澳科创联合体，相关的合作成效包括南沙与港澳联合举办的科技创新活动超过20场，吸引超过10000名参与者和500多家创新企业和研究机构参与。这为南沙创新发展注入了强大动力，加快了大湾区的科技创新合作进程。

五是融资租赁合作。南沙联动港澳共建粤港澳大湾区国际融资租赁中心，支持粤港澳三地租赁企业依法合规跨境互设专业子公司及项目公司。南沙累计聚集了全国20%、全市80%以上的融资租赁企业，注册资金总额超5000亿元，累计业务合同额近6000亿元，显示出南沙在全国范围内的领先地位。飞机船舶租赁业务成为南沙特色亮点，超120家SPV（特殊目的实体）公司在南沙注册，累计交付超270架飞机，合同金额超150亿美元；船舶租赁累计达102艘，船舶交易累计数量超6000艘，交易金额超220亿元③。粤港澳三地租赁企业在南沙互设

① 《【南沙与中国式现代化专栏（六）】刘佳：南沙创新和产业升级亟需三大开放》，https://mp.weixin.qq.com/s/9376rvqV74ye1aVmDDsWWw，2023年6月27日。

② 《〈粤港澳大湾区国际科技协同创新联合体建设战略合作框架协议〉签订》，https://www.gdsta.cn/jckx/gz/gzs/content_36916，2023年2月3日。

③ 《“上天入海”，打造融资租赁的广州南沙样本》，https://news.southcn.com/node_54a44f01a2/5b1fd41389.shtml，2024年3月22日。

的专业子公司及项目公司数量达到20家，这些合作为南沙打造立足湾区、联动港澳、服务全国、辐射全球的融资租赁业发展高地奠定了坚实基础[①]。在金融方面，南沙与港澳金融机构合作，推动金融创新和跨境金融服务的发展，南沙与港澳金融机构合作推出的创新金融产品数量达到20种，跨境金融服务金额超过1000亿元。

六是教育与旅游合作。在教育方面，南沙与港澳高校开展合作，推动教育资源的共享与交流，南沙与港澳高校共同开设的合作项目达到30个，互派交流学生超过1000人。在旅游方面，南沙与港澳共同打造世界级旅游目的地，吸引更多游客前来观光旅游，南沙与港澳协作吸引了超过500万游客前来观光旅游，带来旅游收入超过50亿元。

2019年以来，南沙与港澳的合作不断深化，为南沙与港澳的深度融合提供了有力支撑（见表2-1）。未来，三方将共同打造宜居宜业宜游的生活圈。

表2-1　2019年以来南沙与港澳合作的重大项目和政策

南沙与港澳合作项目和政策		时间
科技创新创业	《发挥广州国家中心城市优势作用支持港澳青年来穗发展行动计划》	2019年5月
	南沙努力建设成广深港澳科技创新走廊枢纽节点	2020年7月
	创享湾TIMETABLE粤港澳青创基地	2020年7月
	《广州南沙深化面向世界的粤港澳全面合作总体方案》	2022年6月
	香港科技大学（广州）正式成立	2022年6月
	国家超级计算广州中心南沙分中心将“天河二号”的算力输送到香港，为港澳及海外200多个科研用户团队提供超过2.1亿核时的超级算力	2022年6月
	港澳青创“新十条”	2022年6月
	粤澳国际产业融合发展青创基地	2022年12月
	粤港澳大湾区国际科技协同创新联合体	2023年2月
	粤港澳数据合作会议专家委员会	2023年12月

① 《粤发布“融资租赁支持制造业15条”联动港澳共建国际融资租赁中心》，https://mp.weixin.qq.com/s/-aSbG6kQr5UaJVhci1iAzw，2023年10月20日。

续表

南沙与港澳合作项目和政策		时间
科技创新创业	粤港澳大湾区数据保护和数据跨境服务平台	2023年12月
民生互联互通	港澳新青寓宣布启用	2021年7月
	广州南沙粤港合作咨询委员会服务中心	2021年10月
	《广州市南沙区办公养老机构入住本区港澳老年人实施方案》	2023年4月
	广州南沙粤澳发展促进会	2023年6月
	劳动争议调解仲裁港澳全流程参调参审模式	2023年12月
金融税收融通	粤港澳大湾区全球招商大会	2022年12月
	广州南沙粤港澳大湾区气候投融资中心	2023年4月
	港澳居民税惠快享“规则转换桥”	2023年6月
	第二十八届澳门国际贸易投资展览会（第28届MIF）举行，在广州南沙粤澳发展促进会的支持下，广州南沙专区在本届澳门国际贸易投资展览会（MIF）亮相	2023年10月

第二节　南沙厚积薄发优势全面凸显

南沙历经几十年建设，特别是近年来的快速成长，已经从一个落后的渔村，逐步发展成为具有现代滨海新城风貌的现代化城区，其交通物流体系逐步完备、产业经济初具规模、社会教育体系日趋完善，具备良好的发展优势与条件。

一、立体交通物流枢纽体系已经成形

南沙立体交通物流枢纽体系已经成形，展现了南沙在综合交通与物流领域的卓越成果。

南沙综合交通网络构建，助力湾区互联互通。南沙正构建以轨道交通、高速

公路为骨干，以综合交通枢纽为支点，以多层次网络为依托的综合交通体系。轨道交通方面，已建成广深港高铁等4条线路，同时在建深江铁路等2条线路，并推进多个项目的前期研究工作。高快速路建设方面，已建成9条线路，同时在建狮子洋通道等5条线路。南沙逐步缩短各组团间的通行时间，推动各产业功能区或组团中心按“10、20、20”布局构建出行时空圈，即区内各产业功能区或组团中心10分钟内能接入高快速路，区内各产业功能区或组团中心至对外交通枢纽20分钟直达，区内各组团中心至南沙中心城区20分钟可达。此外，南沙还将强化乡镇联城带村的节点功能，持续推进区内交通骨架路网建设，加强农村公路与城市路网融合，提升农村道路通达和安全水平①。随着深中通道南沙联络线通车，广州、深圳和中山三座城市以南沙为中心点，打造支撑粤港澳大湾区发展格局的战略支点。

南沙物流枢纽逐渐成形，成为连接世界物流的桥头堡。南沙作为国际航运物流枢纽，在基础设施方面已处于领先地位，南沙四期码头作为全球最大的平行布局全自动化码头，运用了北斗导航、5G通信、人工智能、无人驾驶等前沿技术，实现了厘米级定位和国产化。南沙港区已建成20个深水泊位，可自由进出全球最大的集装箱船和国际邮轮，形成了年通过能力超过200万辆的汽车码头集群，配备了集拼仓、冷链仓等一流水平的国际物流设施。此外，南沙还构建了综合立体运输网络，实现了陆上丝绸之路与海上丝绸之路的无缝衔接。通过南沙港铁路和便捷的铁路进港条件，打造出独具特色的海陆双向物流通道，将“出海口”搬到了内陆企业“家门口”。2023年，南沙海铁联运完成30.6万标箱，以南沙港区为中心的“湾区一港通”模式已覆盖广州黄埔、花都以及佛山、中山等地区的14个码头，其中“中山黄圃站—南沙港南站”海铁联运班列截至2024年7月累计开行超1400列，提高了一体化通关效率。南沙还拥有亚洲最大单体冷库——广州南沙国际物流中心南沙国际冷链，该冷库地理位置优越，可辐射覆盖珠三角主要城市群，最快卸船2小时即可到达市场交易。南沙国际物流中心集拼仓还积极开展出口监管仓和公用型保税仓业务，实现南沙跨境电商货物进出口总额突破千亿元，为南沙打造了一个国际级的冷链物流中心，有力地推动南沙在全球贸易链中的地

① 《打造湾区交通中心，广州南沙纵深推进“百千万工程”》，https://mp.weixin.qq.com/s/twI01r2b-fxvpVn6T1JW-A，2023年10月12日。

位提升[①]。

南沙立体交通物流枢纽体系的成形，标志着南沙在交通和物流领域的发展已经步入全新的阶段。

二、内生增长动力机制逐步成熟

南沙内生增长动力机制逐步成熟，得益于创新、投资、消费和产业规模等多个方面的协同发力，形成了全面驱动经济发展的良好格局。

一是创新成为南沙经济增长的重要引擎。南沙重视科技创新，推进高新技术企业培育工作，加快发展专精特新企业，汇聚一批科技创新市场主体，提升创新主体能级。2023年，南沙共有高新技术企业1114家，增长23.5%，其中国家级专精特新“小巨人”企业18家，入选广州独角兽创新企业榜单31家。集聚4家省级高水平创新研究院和14家省级新型研发机构，累计建成创新平台399个、科技企业孵化器13家；专利授权8192件，其中发明专利授权2008件，增长42.1%；技术合同成交额406.39亿元，增长10.3%。

二是投资在南沙经济增长中发挥着关键作用。南沙通过加强基础设施建设、提升公共服务水平、推动产城融合等举措，不断提升城市品质和投资吸引力，形成了内外资共同参与、多元投资的良好格局。2012年南沙地区生产总值为813.56亿元，2015年突破千亿大关，2021年突破两千亿大关，2022年达2252.58亿元，同比增长4.6%，增速全市第一。

三是消费逐步呈现强劲的拉动力。南沙的人口规模在不断扩大，新居民的涌入为消费市场注入了新的活力，从2021年到2022年，南沙的常住人口和户籍人口分别增长3.22%和4.73%[②]（见表2-2和表2-3），增速均处于广州各区的前列，不断上升的人气为南沙的产业发展带来充足的劳动力储备和消费动能。南沙重视提升消费配套条件，通过建设特色商业街区和商业综合体，为居民提供了更加多样化、高品质的消费选择。同时，南沙还注重提升消费体验和服务

① 《国企要闻丨广州港南沙港区全面增强国际航运物流枢纽功能》，https://mp.weixin.qq.com/s/xp3vmtaLQixPZsBHDx9HLA，2023年6月20日。

② 《常住人口增量第一、GDP增速第四！南沙离百万人口目标还有多远？》，https://mp.weixin.qq.com/s/7j7QgZDC6-bnROgkjiO_Ow，2023年5月16日。

水平，加强商业设施的软硬件建设，为消费者创造舒适、便捷的购物环境，积极参与打造粤港澳优质生活圈，如成功引进万达广场、环宇城、广州健康港星河COCO Park、悦方城等知名商业综合体，形成四大城市商圈，日均客流量高达13万人次。2022年，南沙举办“Young城Yeah市”夜间消费节，发放1000万元数字人民币消费券，覆盖2200个商家，进一步刺激了消费市场。南沙已建成可停靠世界最大邮轮的邮轮母港，年通过能力达150万人次，并已开通9条国际航线。南沙还积极搭建“一带一路”文商旅融合发展平台，通过举办各种文化艺术节活动，推动南沙建设特色型国际消费中心城区，助力商业消费的繁荣发展。

表2-2 2021—2022年广州各区常住人口变动情况

区域	2022年常住人口/万人	2021年常住人口/万人	人口变化/万人	涨跌幅/%
广州市	1873.41	1881.06	–7.65	–0.41
荔湾区	112.37	112.96	–0.59	–0.52
越秀区	102.85	104.90	–2.05	–1.95
海珠区	179.83	182.18	–2.35	–1.29
天河区	222.17	223.86	–1.69	–0.75
白云区	363.70	368.91	–5.21	–1.41
黄埔区	119.18	119.79	–0.61	–0.51
番禺区	280.74	281.83	–1.09	–0.39
花都区	170.62	170.93	–0.31	–0.18
南沙区	92.94	90.04	2.90	3.22
从化区	73.97	72.74	1.23	1.69
增城区	155.04	152.92	2.12	1.39

数据来源：广州市统计局。

表2-3　2021—2022年广州各区户籍人口变动情况

区域	2022年户籍人口/万人	2021年户籍人口/万人	人口变化/万人	涨跌幅/%
广州市	1034.91	1011.53	23.38	2.31
荔湾区	79.58	78.30	1.28	1.63
越秀区	117.43	117.45	–0.02	–0.02
海珠区	110.35	109.52	0.83	0.76
天河区	107.21	104.93	2.28	2.17
白云区	119.44	116.20	3.24	2.79
黄埔区	67.16	63.66	3.50	5.50
番禺区	116.71	112.82	3.89	3.45
花都区	88.42	86.36	2.06	2.39
南沙区	54.20	51.75	2.45	4.73
从化区	65.95	65.54	0.41	0.63
增城区	108.43	105.00	3.43	3.27

数据来源：广州市统计局。

四是南沙在产业规模方面取得显著成就。通过优化产业布局、推动产业集聚、加强产业链上下游合作，南沙逐步形成了一批具有竞争优势和特色的产业集群，先进制造业、现代服务业和高新技术产业等成为南沙经济增长的主要支撑点。南沙还积极发展数字经济、绿色经济等新经济业态，培育经济增长新动能。2022年，南沙产业发展提质增效，汽车产业产值近2000亿元，新增省级以上专精特新企业235家，境内外上市企业达15家。培育发展战略性新兴产业和未来产业，集聚人工智能和生命健康企业1000多家；25家企业入选2022年广州市独角兽创新企业榜单。实现国内首个宽禁带半导体全产业链布局，广东省级数据交易机构广州数据交易所挂牌运行；国内量产最大固体运载火箭的中科空天飞行科技产业化基地建成投产。2022年广州航运交易所交易额居全国第二，飞机船舶融资租赁交易量在国内位居前三[①]。

总体而言，南沙内生增长动力机制源自创新、投资、消费和产业规模等多个方面的共同发力。未来，随着南沙继续深化改革开放、加强创新驱动、优化营商环境，其内生增长动力将进一步释放，为经济高质量发展提供有力支撑。

三、制度型开放成效初显

南沙一系列开放举措确立其高水平制度型开放的前沿地位，助力南沙打造良好的投资环境，提升国际竞争力，加速国际合作和经济发展进程。

一是出入境等政策便利化改革。南沙实施更加便利的出入境管理政策，为商务人员、邮轮游艇提供出入境通关便利，旨在吸引更多高层次人才来南沙投资创业、讲学交流；也放宽了外籍专业技能人员停居留政策，从而推动国际人才流动。

二是在职业资格认可方面，南沙逐步拓展跨境职业资格认可领域及执业范围。现已包括医师、教师、航空人员、注册安全工程师、计量师、审计师、社工、船员、房地产评估师、高端家政服务人员和专业代理人等，率先实现港澳工程专业人才职称评价标准体系、澳门律师内地执业等规则衔接突破。这意味着这些领域的人才可以在南沙更自由地执业，从而推动跨境人才要素的自由流通。

三是在提升金融开放水平方面，南沙探索设立金融开放试验区。规划建设覆盖主要国际货币的金融开放试验区，实现“离岸市场在岸化”，有助于放松外汇管制，实现资本市场主体账户开设、资金流通、货币汇兑等方面的高度开放。同时，也将防止试验区资金套利、风险外溢等对境内区外地区造成冲击。

四是在数据流动及开放方面，南沙探索建立数据服务采集、脱敏、应用、交易、监管等规则和标准，分类制定公共数据、私营部门数据、个人数据的法律规范和开放共享顶层设计。建立统一规范的数据管理机制和数据隐私保护制度，确保数据的安全性和隐私性；还将对标国际高标准数字贸易规则，分层次、分领域

① 《2023中国投资热点城市丨广州南沙区：建设现代都市，展现中国气派》，https://mp.weixin.qq.com/s?__biz=MjM5NDAzOTEyNQ==&mid=2650054965&idx=3&sn=b6cd335132d0e697e899af53b3910f2e&chksm=be8dd50f89fa5c19c18400c3a77b111a3f7299bff4be0a7e96779bfc7339a29558628ff68b9f&scene=27，2023年8月24日。

探索推进跨境数据流动。优先选择低风险业务进行开放数据传输和允许非本地化存储，再逐步扩大到较高风险业务。此外，南沙试点建立企业白名单制度，允许一般商务数据在跨国集团内部跨境流动，并允许高信用、高资质外资资管金融机构等开展数据跨境传输试点[①]。

在过去十年中，国家战略一直在南沙先行先试，推动南沙在贸易自由便利、投资自由便利、要素流动便利、金融服务、竞争政策和绿色发展等6个领域实施了17条领先全国的先行先试措施。高水平开放策略促进了南沙高质量发展，使其成为湾区发展的新引擎。2020年，南沙进出口的整体通关时间比2012年压缩了五成以上。南沙为解决电商出口退货难问题，于2021年在全国创新推出了跨境电商出口退货监管新模式。2021年6月，南沙国际物流中心实现了公路、铁路和海运的无缝衔接和多式联运，从而改变了2012年之前货物从海轮卸载转送铁路运输需要中转两次的状况。2022年5月30日，广州港南沙港区开行首趟中欧班列，意味着广东制造的产品可以从南沙直接到达欧洲和中亚。南沙还率先在2021年实施了“湾区一港通”模式，使得货物在运抵南沙港区后即可装船。此外，南沙全球数源中心已经发布了首批全球商品溯源标准，其全球优品分拨中心模式已在全国多地得到了复制推广。

据第三方评估，南沙2021年度贸易便利化指数和投资自由化指数在全国54个自贸试验（片）区中排名第一，综合创新指数排名第三，在2022—2023年度中国自由贸易试验区制度创新指数排名中位居全国第三。这些充分展示了南沙通过制度型开放与创新所取得的发展成效。

南沙营商环境大幅提升。为了对标高标准经贸规则体系，南沙在国际化营商环境水平的提升上不遗余力。南沙紧紧围绕“至简”“体系”“创新”“开放”四大理念，展开了一系列营商服务改革。无论是投资环境、贸易环境、营智环境、法治环境还是政务服务环境，南沙都致力于达到国际标准，甚至在某些领域力求超越。在简化服务程序方面，南沙大力推行电子化、自动化服务，通过深化审批改革，以“至简”为目标，推出企业开办“一网通办”“一照通行”等新模式，简化企业注册和报批程序，提高审批效率。在强化综合服务方面，加强“体

① 毛艳华、任志宏、叶辅靖、王世福、杨林、钟韵、杨爱平、蔡进兵：《建立高质量城市发展标杆：南沙更高水平对外开放》，《城市观察》2023年第3期。

系化”框架搭建，构建线上线下全面融合的服务体系，精准对接企业需求，形成常态化助企工作机制。在优化监管机制方面，南沙则借鉴国际先进经验，推动监管的公开、公正、公平，为企业创造了一个稳定、可预期的商业环境；以“创新”为引领，深化信用风险分类赋能综合监管，探索包容审慎监管新模式，打造全链条税收管理服务新机制，激励全球顶尖的企业和研究机构深度合作，共同推动技术和产业的创新升级。南沙致力于以“开放”提升国际化营商环境水平，整合国际经贸服务机构等资源，打造世界一流的境外投资综合服务体系，推动规则、规制、管理、标准等制度型开放。

南沙印发《南沙区高水平推进营商环境创新试点建设实施方案》《广州南沙新区（自贸片区）促进金融业高质量发展扶持办法》《广州市南沙区法治化营商环境规划（2023—2025年）》《广州南沙打造面向世界的国际化营商环境先行区促进高质量发展行动方案》等一系列政策。其中，《广州南沙打造面向世界的国际化营商环境先行区 促进高质量发展行动方案》聚焦五大环境建设，即投资环境、贸易环境、营智环境、法治环境和政务服务环境，力求通过22项重点改革任务，打造更加优质的宜商环境，取得了相关成效。

（1）投资环境。通过放宽市场准入和监管体制机制改革，南沙为投资者提供了更加透明、高效、可预期的国际化投资环境，重点围绕制造业企业发展需求，推动土地、资金、技术等各类资源按照产业导向配置，确保要素保障到位。截至2023年8月，南沙金融企业累计注册数量是自贸区挂牌前的56倍，信易贷平台提交融资金额超433亿元，放款金额超212亿元。随着试点政策的深入推进，目前南沙13项试点措施全部顺利落地实施，交易金额超216亿美元[①]。

（2）贸易环境。通过高水平对外开放，立足湾区、协同港澳、面向世界，南沙将外资外贸创新发展为备受瞩目的南沙经验。南沙从湾区链接全球，增强国际航运物流枢纽功能，构建海铁空立体化的货物贸易集疏通道，加强集成口岸监管创新，为企业节省大量时间成本。通过推出“提前申报”“两段准入”“附条件提离”、智能审图等措施，南沙确保RCEP生鲜易腐烂产品“6小时放行”；常态化开展进出口货物的“船边直提”“运抵直装”，实现“7×24小时”快速

---

① 《〈行动方案〉出台！南沙致力打造国际化营商环境先行区》，https://mp.weixin.qq.com/s/jBssW7WOEPRNQ4RgmEdK9g，2023年8月18日。

通关。截至2023年7月，南沙整体通关时间进口为24.38小时、出口为1小时，较2017年分别压缩73.13%、93.31%，口岸通关效率居全国前列。

（3）营智环境。南沙通过实施更加开放多元的人才引进政策，建立“1+3+N”人才政策体系和人才评价体系，提高政务服务效能，打造人才服务保障高地，成功吸引了大量国际一流人才和创新团队。南沙出台多项便利人才跨境流动和执业的政策，率先实施往来港澳人才签注政策，简化审批程序和缩短审批时间，设立移民事务服务中心，实行三级联审联批，外籍人才申请在华永久居留办理时间大幅缩短。

（4）法治环境。南沙积极构建高水平法治环境，通过建立健全多元化解纷机制、深化知识产权保护与运用、构建以信用为基础的新型监管机制等，为各类市场主体稳预期、强信心。在全国首创的“1+1+9+N”行政复议与调解模式下，南沙通过多部门联动、多方配合，引导复议案件当事人以调解、和解的方式解决行政争议。率先出台全省首个区（县）级法治化营商环境规划，推出96项市场主体全生命周期、全链条法治保障措施，在全市复制推广。此外，南沙注重提供涉外法律服务，通过法律服务集聚区提供国际化的法律服务，满足不同国家和地区的法律服务需求，以此营造国际化法治化营商环境，服务大湾区建设，为企业提供稳定、公平、透明、可预期的产业发展环境。

（5）政务服务环境。南沙通过优化办事流程、减少办事材料，充分利用信用承诺简化审批和电子证照平台减免等手段，实现服务事项当场办结、立等可取。围绕企业、个人的重要阶段，南沙改进业务流程，推进系统互联，先后集成30项“一件事”主题服务，覆盖141项政务服务事项，实现跨部门业务整体协同，实践以人为本的服务理念，满足了企业、群众对“一件事一次办”的服务需求①。

① 《〈行动方案〉出台！南沙致力打造国际化营商环境先行区》，https://mp.weixin.qq.com/s/jBssW7WOEPRNQ4RgmEdK9g，2023年8月18日。

第三节　南沙开启枢纽型增长新范式

从1992年至今，南沙逐步发展成为一个基础设施先进、国际往来密切、企业数量可观的滨海新城。若把南沙视为一个开放的网络系统，那么这个网络系统中企业之间的互动可以产生系统性的整合效应，使企业价值创造行为在企业之间的联系更为紧密，从而增加企业价值创造的机会。

一、南沙资源属性再认识

新时代再次赋予南沙加快发展的新机遇，几十年积累的发展优势也到了转化为新动能的阶段，而新一代南沙建设者需要做的就是以新发展理念谱写开放新篇章，把资源禀赋、制度变迁、改革开放转化为高质量发展的开放型新优势。发展新质生产力是推动高质量发展的内在要求和重要着力点，更是实现经济结构优化、产业转型升级、社会可持续发展的重要途径。南沙作为粤港澳大湾区的重要合作平台和科技创新产业合作基地，是面向世界的重大战略性平台，要以科技创新加快培育发展新质生产力，加快颠覆性技术和前沿技术的突破，加快科技创新和产业创新互促双强，加快生产要素创新性配置，赋能高质量发展，这些都需要进一步深化对南沙资源属性的认识。

（一）制度资源

新时代南沙加快发展的关键是以新发展理念塑造开放型新优势，可以尝试从提高现有行政规格、推动体制机制创新、全面激发基层主动性与创造性入手，行政体制改革是推动上层建筑适应经济基础的必然要求。南沙不仅是广东自贸区主体片区，而且是国家级新区、国家级经济技术开发区，在《南沙方案》及国家战略格局下，为适应全球经济、中国经济的转型要求，南沙提高现有行政规格、推动顶层制度创新，以有效市场和有为政府释放高质量发展活力，加速增强产业核心竞争力和自主创新能力。通过顶层制度创新，推进领导体制、职能体系、运行机制、权力资源配置、机构设置等领域的深化改革，建立符合南沙开放型高质量发展要求的“相对独立、集中精简、运行高效、灵活透明、互动发展”的新型管理体制。与此同时，与国际惯例接轨，转变政府职能，优化运行机制，精简机构和人员，提高工作效率，使政府的管理有助于培养企业市场主体，为市场机制的运行创造更自由、更灵活、更有效率的环境。坚持解放和发展社会生产力，激发市场和社会活力。按照“精简、高效”和“小政府、大社会”的原则转变职能与设置机构，坚持走“小政府、大中介”“小管理、大服务”的管理路子，切实转变政府职能，充分发挥市场在资源配置中的决定性作用，充分发挥社会组织作用，推动政府职能向创造良好发展环境、提供优质公共服务、维护社会公平正义转变，以较小的成本获得更大的收益，提高资源使用效率。这正是南沙抢抓湾区机遇、塑造南沙优势、再立发展潮头的关键所在。

（二）数据资源

南沙通过不断推进数字政府改革建设，以集约化、系统化的思路显著提升政务服务、政府运行和区域治理等方面的能力。政务服务的快速办理、政府运行的智能化以及区域治理的数字化等方面，均显示出南沙在数字政府建设上的卓越成果。各政务平台的实名用户的显著增加，高频服务的广泛覆盖，以及泛珠三角区域和粤港澳的政务服务跨境通办等，都是南沙数字政府改革建设2.0阶段的具体表现。

南沙对数据资源的利用并不限于政务服务，而是深入经济社会的各个领域，通过构建两级数据要素市场体系，既保障数据的合规性和安全性，又激发数据的市场活力。一级市场以行政机制为主，注重数据的公共性和合规性，二级市场则以市场竞争机制为主，推动数据的交易和流通，这两个市场的协同运作，使数据真正成为一种可以创造价值的资产。通过建设个人、法人数字空间，南沙为公共数据的授权使用提供有效路径。这不仅提升了数据的可获得性和可利用率，还为数据驱动的创新应用（特别是在普惠金融、电力等场景的应用）提供了广阔空间。南沙充分利用数据资源，提升了公共服务水平，优化了营商环境。

南沙全球数源中心以“共建共享、真实安全、开放便利”为基本原则，汇集商品全生命周期信息，实现商品信息向数据生产资料转化。截至2023年4月，全球数源中心已于国内多地签署推广应用协议，吸引全球15039家企业参与溯源，开展溯源查询约1695万人次[①]。

此外，南沙正积极推动粤港澳数据流动的便利化和跨境应用，通过多项措施促进区域内的数据经济合作与科技创新。这包括实施数据跨境传输安全管理试点，建设国际光缆登陆站，以及探索实施跨境数据流通的白名单制度，为数据跨境传输提供更高效和安全的环境。南沙还鼓励教育机构和科研机构建立专用科研网络，以实现科研数据的依法跨境互联互通，从而加强科研合作和技术交流。为了确保数据流动的安全性和合规性，南沙还鼓励设立专业服务机构，提供数据出境安全评估和个人信息出境标准合同备案等服务，通过建立广州数据交易所，推动数据的合规高效流通与交易，这是数据要素市场化配置改革的关键步骤。同时，南沙正利用跨境大数据中心和数据要素跨境流通应用的资源优势，促进数字经济领域多个产业的升级发展，这标志着南沙在数据资源利用方面的全面战略布局和创新发展。

综上，南沙通过重视和有效利用数据资源，在数字政府建设、数据要素市场体系建设等方面取得了显著成果。这些成果不仅提升了南沙的政务服务水平和社会治理能力，还为经济社会发展注入了新的活力。未来，随着技术的不断进步和应用的深化拓展，相信南沙在数据资源利用和创新应用上将会取得更加辉煌的成就。

（三）人才资源

《南沙方案》提出，要把南沙打造成为立足湾区、协同港澳、面向世界的重大战略性平台。南沙应以服务粤港澳大湾区的胸襟，引育和储备大湾区通才。实际上，《南沙方案》发布之后，南沙已多措并举吸引国际人才。比如，在此前出台的“港澳青创30条”基础上，推出支持港澳青创“新十条”措施，涵盖鼓励港澳青年就业、服务实习、促进职业成长、支持创办企业、发放“港澳青年人才卡”、建立港澳青年服务驿站等十条措施。又如，围绕国际化人才特区建设，南

① 《DSTP的数据资源——南沙全球溯源中心项目获中国管理科学奖助力大湾区数字经济发展》，https://mp.weixin.qq.com/s/vXHl82l2Rr3ZfTdPATsKEQ，2023年4月21日。

沙组建国际人才服务官团队，将“上管老下管小全家无忧”的人才服务体系落到实处，助力南沙打造国际一流营智环境和大湾区高水平人才高地[①]。2021年，南沙新认定区高层次人才150余名，累计集聚高层次和骨干人才大约1.5万人。

（四）平台资源

《南沙方案》最大的亮点是综合性、全方位，强调“城市”整体概念，而非仅仅是一个“功能区”概念，吸引国际高端人才聚集南沙，打造经济社会可持续发展的“南沙样本”。在推进湾区融合发展中，可以南沙为抓手，打造世界级金融平台、世界级科创—制造产业平台和世界级科教平台。

一是世界级金融平台。香港是国际金融中心，深圳在大力发展金融，广州则是华南地区金融监管机构的所在地，新落户广州南沙的广州期货交易所是我国首家混合所有制的交易所。虽然已经有较好的基础，然而粤港澳大湾区仍未真正成为世界级金融平台，应以南沙为牵引，推动香港、深圳、广州合作，共同打造世界级金融平台，进一步优化投融资环境，解决企业发展资金难题。

二是世界级科创—制造产业平台。从大湾区的视角看，广州有基础研究，有强大的制造业基础，也在大力发展科创产业，但缺少真正的风险投资。在这方面粤港澳大湾区内地城市与香港的互补性非常强，可以共同打造世界级科创—制造产业平台，畅通国际风投资本的进入渠道，完善大湾区科创生态，提高科技成果转化效率，加速高新技术产业化，服务壮大湾区的科创与制造产业。

三是世界级科教平台。截至2022年粤港澳大湾区内地城市共有8所“双一流”大学，均在广州、深圳。香港目前有6所世界排名前500的大学，其中4所跻身全球百大。单论大学的教育及科研水平，大湾区内地城市短时间内仍无法超越香港，但广深制造业发达，培育了科研成果转化的土壤。对于香港来说，香港大学的基础研究能力有目共睹，但是它缺乏科研成果转化的空间和企业。因此，粤港澳大湾区应该整合资源，打造世界级科教平台，为经济高质量发展输送高质量人才。

从这三大平台的角度来看，南沙不仅是一个功能区，更是要打造一个涵盖方

---

① 《城市大家谈丨杨爱平：海纳天下人才，打造中国式现代化的南沙样本》，https://mp.weixin.qq.com/s/UQ6QoGv0v3bzUsOSqiJAWw，2023年6月29日。

方面面的具有竞争力的社会体系，这是南沙发展的最大亮点，也是《南沙方案》作为一个综合性发展方案的原因所在。围绕把南沙建设成为粤港澳大湾区国际科技创新中心重要承载区和大湾区综合性国家科学中心主要承载区的目标，南沙正着力构建创新型产业体系、布局重大科研平台、追求科学发现和技术发明，不断完善科研服务体系来培育创新生态。得益于南沙在政策创新上着力，目前南沙“一城（南沙科学城）、一岛（国际金融岛）、一论坛（大湾区科学论坛）、一‘特区’（国际化人才特区）”的科创格局已经初步形成。南沙重点扶持科技创新产业和引留国际化创新人才，2021年已兑现科技创新相关政策奖励、人才政策奖励超过23亿元；而正在布局的科创平台体系，也为南沙原始创新注入源头活水。

二、南沙面向世界发展的底层逻辑

当前，随着全球产业体系和产业链、供应链的多元化布局、区域化合作、绿色化转型和数字化加速，南沙应当继续将实体经济的发展作为重点，推进新型工业化，打造具有强大国际竞争力的数字产业集群。在南沙，资源整合的底层逻辑始终是以供应链优势为核心，供应链的优化和协同是提升产业效率和竞争力的关键，因此在进行资源整合时，应始终注重供应链逻辑的运用，从供应链出发巩固在全球产业链中的地位，进而促进供应链金融发展，最后实现价值链攀升，以确保资源高效利用和产业持续发展。

（一）依托自主创新融入世界产业链、供应链

在全球化的浪潮下，南沙紧密地与世界经济相交融，因为供应链、产业链和价值链的紧密联系，维护产业链、供应链的全球公共品属性，既是责任也是机遇。中国始终坚守国际规则，参与并推动多边贸易体制，与世界各国共同维护公平、开放的贸易环境。但维护并不意味着停滞不前，为了更好地融入全球经济，南沙也在不断地自我革新、开放合作，与世界各地的企业和研究机构建立深入合作关系，引进先进技术和管理经验，推动本地产业转型升级。南沙近年来加大研发投入，鼓励创新创业，努力在高新技术产业领域实现突破。南沙用自己的实际

行动向世界证明：只有坚持开放与合作，同时不断提高自主创新能力，才能真正融入全球产业链供应链，享受全球化带来的红利。

（二）从供应链出发提升在全球产业链中的地位

制造业时代转向服务贸易数字化时代的南沙的发展新机遇、新逻辑在于供应链金融。供应链金融是银行将核心企业和上下游企业联系在一起提供灵活运用的金融产品和服务的一种融资模式。南沙要从供应链出发确立产业链地位，深化金融服务，实现价值链攀升，探索打造“一中心两功能区”特色金融功能承载区，包括携手港澳探索共建全球飞机租赁中心、打造南沙金融科技产业先行区、建设南沙供应链金融示范区。

一是稳步开展供应链金融服务创新。运用互联网、大数据、人工智能等信息技术，推动银行业金融机构创新供应链信贷产品和服务模式，探索推广“互联网+缴税信息”“互联网+交易信息”等供应链金融服务新模式。

二是完善供应链金融管理体系。依托金融机构、供应链核心企业、科技型企业等各类市场主体，推广中征应收账款融资服务平台、动产融资统一登记公示系统，充分利用财政资金引导、激励供应链核心企业使用中征应收账款融资服务平台，探索成立供应链金融研究与交流平台，为供应链金融高质量发展提供专业支撑。

三是增强供应链金融风险防范能力。严禁非持牌金融机构以供应链金融名义设立资金池，督促供应链核心企业、金融机构、第三方数据平台等参与主体严格核查贸易真实性，提高供应链金融事中事后风险管理水平，加强对产业链供应链金融的规范和监管，避免核心大型企业挤占中小企业利益[①]。

（三）以“四链”融合打造亚太产业协同枢纽

加速网络叠加实现资源共振，推动南沙面向世界发展，从“湾区之心”走向亚太产业协同枢纽。南沙以实施《南沙方案》为总牵引，打造全市高质量发展主阵地和新引擎，发力提升门户枢纽能级，奋力跑出高质量发展“加速度”。一方

① 《广州南沙“十四五”金融规划：建设南沙供应链金融示范区》，https://mp.weixin.qq.com/s/hOdMFVCSOZvt82bhq-k6ZQ，2022年1月7日。

面是突出“四链”融合基本路径，以构建现代化产业体系夯实高质量发展根基。坚持聚焦实体经济、制造业当家，推动创新链、产业链、资金链、人才链深度融合，促进城市能级提升。高水平推进南沙科学城、香港科技大学（广州）二期、国际化人才特区等平台建设，建设广州科技创新走廊南部极点。巩固提升两千亿级汽车产业集群，聚焦新能源汽车与新型储能、半导体与集成电路、人工智能、生物医药、创新金融等重点产业，全力以赴争取，新签约、新开工、新建成一批百亿级、50亿级、10亿级大项目、好项目，打造大湾区创新型产业新高地。另一方面是突出面向世界开放导向，以推进全面深化改革，释放高质量发展活力。发挥广州南沙粤港合作咨询委员会和广州南沙粤澳发展促进会等机制作用，率先推动与港澳在更多领域规则衔接、机制对接。深化自贸试验区创新集成，完善企业全生命周期服务体系，把营商环打造成为南沙的“金字招牌”。依托华南最大的综合性枢纽港，建设临港经济区，建设湾区“买全球、卖全球”跨境贸易通道，携手港澳打造链接国内国际双循环重要枢纽节点①。

三、网络深化催生南沙新质生产力

党的二十届三中全会强调，要健全因地制宜发展新质生产力体制机制，推动技术革命性突破、生产要素创新性配置、产业深度转型升级，催生新产业、新模式、新动能，发展以高技术、高效能、高质量为特征的生产力。根据企业网络理论，开放网络系统内，企业获得资源及整合资源的机遇大幅增加。南沙已有五层网络并不断叠加，资源配置效率、范围与优化程度都会不断提升，培育新质生产力将会极大增强南沙在世界产业版图中的竞争力。

一是交通物流网络日臻完善。进入湾区时代，持续的交通基建投入，已经将南沙打造成大湾区陆海空立体交通网络的枢纽，汇聚地铁、高速公路、高速铁路、航运以及过海隧道等，南沙成为大湾区交通运输网络重要节点，可谓真正的湾区地理几何中心。广州港南沙港区年集装箱通过能力超2400万标箱，规模位居全球单一港区前列，外贸航线通达全球100多个国家和地区的400多个港口。未

① 《大气！以高水平规划推动南沙能级之变、格局之变！实施全省首个未来城市建设试点》，https://mp.weixin.qq.com/s/fKbDtxamJODLEmO0WQrX6A，2023年1月29日。

来，整个南沙港区的港口通过能力有望达到3000多万标箱，该体量将在全世界单一港区排名第一。南沙综合交通体系提升了交通通达能力，强化了枢纽辐射能力：轨道交通方面，已建成4条线路，并在建2条线路，同时推进多条线路的前期研究工作；高快速路建设方面，已建成9条线路，目前在建5条，未来珠江两岸的过江通道交通压力将显著降低，深圳到南沙的通达时间也将大幅缩短；同时，按“10、20、20”布局构建出行时空圈，确保各产业功能区或组团中心能够快速接入高快速路，并直达对外交通枢纽和南沙中心城区，有效提升南沙整体的交通效率和便捷性。除此之外，南沙还致力于强化乡镇联城带村的节点功能，推动区内交通骨架路网建设，促进区域间的联系与合作，推动经济、文化等各方面的交流与互动。无论是通江达海还是远涉重洋，无论是海空联运还是保税仓储，无论是湾区通勤还是亚太直达，南沙已经成为亚太区域物流条件最完善的货运枢纽之一，成为泛珠三角区域走向世界的重要门户枢纽。

二是数字贸易网络已经遍及全球。随着物流网络不断发育，南沙跨境电商迅速崛起，贸易网络从原来相对集中的大宗商品交易伙伴延伸到世界各个角落、各种类型的交易伙伴，“贸天下，链全球”成为南沙名副其实的内涵，南沙成为全球互联网经济圈的重要节点。南沙推出“离岸易”综合服务平台、全球数源中心、全球优品分拨中心数字贸易平台，与前述物流体系无缝衔接，两者之间相互赋能，进一步巩固了广州港南沙港区的枢纽地位。

三是规则导向型营商网络逐步成熟。南沙自贸区坚持制度型开放，推动实现规则体系与世界的衔接，通过规则、标准、协议等各种形式与世界衔接，甚至在某些领域，如电商商品溯源以及结算支付等方面，已经开始引领国际经贸规则走势，逐步形成一种开放包容的国际化、法治化的营商环境，与前面两类网络相互融合就形成了便利投资、货畅全球的商业环境。南沙规则创新还能够为粤港澳合作发展提供制度创新供给，全面接轨国际科研管理体制机制，促进南沙开放型创新兴起，使得科技与金融、研发与市场、科学家和企业家深度对接交流，推动技术创新和财富创造双轮驱动。

《南沙方案》提出，打造规则衔接机制对接高地，打造国际一流营商环境，有序推进金融市场互联互通，提升公共服务和社会管理相互衔接水平。这对于消除国际贸易壁垒，促进经济社会高质量发展，构建新发展格局具有重要意义。如全球数源中心标准化建设就是南沙具有前瞻性、战略性的重大谋划，旨在以标准化手段实现理论规则到应用工具的建设，推动其复制推广与应用，这是南沙打造规则衔接机制对接高地的重要举措。可以预见，在硬件与数字网络之上，通过一系列高质量的规则软联结形成品牌化的国际营商环境，营商环境逐步成熟，就会演化成一种营商网络与营商品牌，吸引全球投资者的关注。

四是科技创新网络正在兴起。随着南沙大科学装置与科学城建设推进，科研人才的研发与居住环境日益完善，尤其是深中通道通车后，深圳到南沙仅需20分钟车程。南沙会成为湾区创新要素的流动通道和汇聚点，成为人才聚集高地，形成一种面向港澳、联结世界高端人才的网络，并在这种人才网络基础上形成一种动态创新网络机制，有利于南沙成为未来全球性的产业创新策源地。创新网络一旦发挥作用，将促使整个南沙的生产力进入质变阶段。上述四个网络叠加后，南沙就拥有了“半小时科研圈”（深圳、广州）与“一小时产业圈”（佛山、东莞），具备集成大湾区优势产业资源、汇聚全球科技创新要素、联动国际国内市场的特殊优势。南沙可借鉴《河套深港科技创新合作区深圳园区发展规划》，深化国际化人才特区建设，构建具有国际竞争力的引才、用才机制，集聚一批具有国际视野的科技领军人才。建设国际科技人才综合服务平台，提供国际人才引进一站式服务，为经备案的境外人士在南沙自贸区停居留及工作提供便利。建立起“基础研究+技术攻关+成果产业化+科技金融+人才支撑”的全过程创新生态链，成为科技创新策源地和转化地、产业与金融深度融合地和全球人才向往的集聚地①。

五是文化交流网络开始发育。随着经济社会发展环境日益成熟，粤港澳大湾区世界级旅游目的地建设全面展开，南沙以其独特的区位优势、交通优势、文旅资源优势，以及实施的境外旅客购物离境退税政策，必将成为世界游客来湾区旅游“一程多站”的中转枢纽，最终就会形成一个面向世界、开放包容的文化交流网络，这就是第五层网络。得益于南沙逐步塑造国际化高品质生活社区，引入国际一流的教育、健康、文体资源，建设多元优质的生活配套设施，完善服务标准体系，提升对国际科研人员的吸引力和凝聚力，凝结成创新型文化，扩展与世界

① 《国务院关于印发〈河套深港科技创新合作区深圳园区发展规划〉的通知》，《人民日报》2023年8月30日第10版。

文明交流和互鉴的半径，南沙在“一带一路”建设和文化“走出去”进程中，逐步强化作为21世纪海上丝绸之路的重要出发点，打造与以往不同的文化链接，在世界上逐步树立自身的品牌影响力，成为中国文化“走出去”的平台。

通过几十年积淀，南沙五层网络逐步成形，每一层网络形成就会释放出相应生产力，如交通物流网络的运输能力、数字贸易网络的贸易能力、规则导向型营商网络的招商能力、科技创新网络的创新能力、文化交流网络的品牌影响力，尤其在一层层网络成熟且叠加的过程中，生产力会发生新裂变，出现网络间的同频共振，产生规模经济及范围经济，降低交易成本和边际成本，取得“1+1>2”的效果，进而会使得生产力呈现几何式增长（见图2-1）。可以想象，一旦南沙的第四层、第五层网络成熟，依托其803平方公里的巨大空间优势，将会对亚太区域旧的生产力格局产生震撼性的冲击力。南沙独具特色的发展过程，阐释了湾区新质生产力的形成过程，这是一种以开放创新为内核的影响全球产业链、供应链格局的综合生产力，也是南沙未来成为亚太区域重要增长源的底蕴所在。

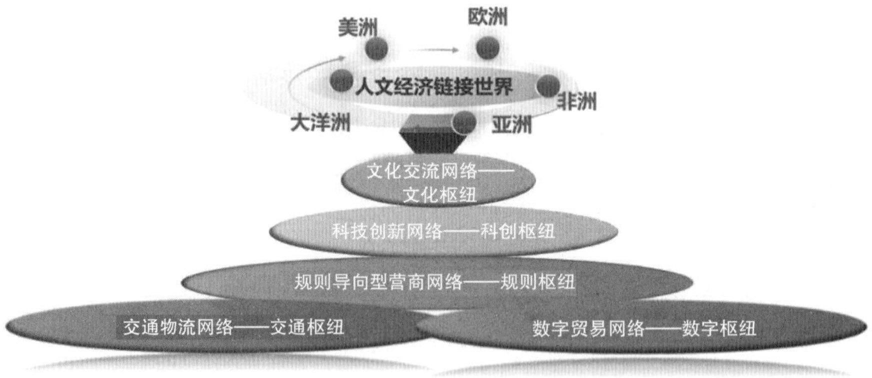

图2-1　南沙五层网络同频共振、链接世界

新经济正是新质生产力的集中体现，是以科技创新为核心、以全面创新为引领和支撑、以体制机制改革和制度创新为根本保障、代表新质生产力的“新产业、新业态和新商业模式”的“三新”经济。新经济不仅仅是一种经济现象，也不完全是一种技术现象，更是一种资本与技术深度融合、科技创新与制度创新相互作用的经济形态。新质生产力进入数字化时代后，资源属性及其整合机制、路

径与方式都发生了不同程度的变化。通过打造枢纽，在诸多领域促进历史性变革（如跨境电商崛起）、系统性重塑（如陆海空联运体系建构）、整体性重构（如供应链重组），为发展新质生产力奠定深厚的技术、物质、制度基础。通过体制机制创新实现区域产业协同发展，正是迸发新质生产力的关键因素，而南沙由港航物流枢纽逐步成为科技创新与产业协同枢纽的过程，正是其演化为亚太区生产力巨大爆发点的过程，也正是亚太经济新引擎的诞生过程。

四、网络叠加共振形成产业协同枢纽

南沙每一层网络都有其独到优势与价值创造功能，但在当前国际产业格局下还存在不足与短板，需要创造条件强化产业协同功能。比如，就港航物流网络而言，近年来，受内部经济发展和外部环境变化影响，各国外贸、航运均面临巨大下行压力，对于国内港口特别是广州港南沙港区而言，要尽快推进港口服务和业务多元化，以提升金融服务功能为突破口，布局贸易、金融、结算等高端产业和现代服务业，加快由传统物流货运港向现代金融结算港的转型升级，实现港口由“搬箱子”到“数票子”的转变、由产品仓库到产业配送的转变，推动港口高质量发展，向产业链高端化迈进。而在数字贸易网络层面，尽管南沙有瞬间链接世界的便利性，但是，客户的可靠性与黏度并不高，还需要通过科技创新进一步夯实贸易基础。多层网络相互叠加，相互赋能，就会催生出无数可能的资源配置优化方案，而当所有网络汇聚时，网络中心就会演化为综合型枢纽。这是枢纽形成机理，也是各层网络中心功能的集中体现，它超越了一般枢纽意义的中心调度之义，演化出巨大的价值创造效果与价值分配话语权，实现价值链攀升。

（一）产业协同枢纽演化进程

由网络共振走向产业协同枢纽的过程会历经三个阶段：首先是结算平台大幅提升产业集聚度（物流与资金流枢纽），其次是科技创新平台（科学城）大幅提高产业化能力（科技与人才枢纽），最后是文化交流平台赋能宜居宜业宜游生活圈（人流与商务信息流枢纽）。物流、人流、信息流、资金流相互交融，必将激发出巨大的产业创新能力，其机理如下。

一是携手港澳发挥港航优势向供应链枢纽转型。南沙港航一体化发展历程折射了多元化和全球化的过程。广州港南沙港区的集装箱班轮航线已超过百条，辐射全球主要贸易区，包括欧美、中东、拉美、非洲以及RCEP主要国家，成为华南地区通往“一带一路”沿线国家海运航线最多的港口之一，从而推动广州港南沙港区逐步从“世界工厂”的运输码头成长为融通世界的配送枢纽。在开拓新航线的同时，广州港南沙港区也致力于携手港澳整合客户与供应链金融资源，发展多式联运与内陆港、组合港，这不仅提升了通关环境，也扩大了港口的影响力。这种在业务模式上的创新突破，将持续为跨境电商品牌出海提供有力的供应链保障。回溯至2012年，广州港南沙港区外贸航线尚不足50条，而现今，这个数字已经超过150，航线覆盖了泰国、越南、澳大利亚、俄罗斯等国家。外贸航线的迅速增长和扩张，体现了南沙顺应全球化新趋势，保障全球供应链稳定畅通的重要能力，体现了广州港集团全球化、多元化战略下全方位、多角度的发展模式，进一步巩固了广州（南沙）港在全球航运界的地位。未来，如果人民币跨境结算平台能够在南沙落地，拥有自贸区体制优势的南沙将会成为跨国公司亚太区调拨中心的首选之地，转型为国际供应链配送枢纽。

二是从创新共同体迈向亚太区域供应链关键高地。南沙以创新科技推动产业结构优化，进一步增强经济增长内生动力，深化与港澳的合作，共同打造国际高端科技服务枢纽，承担科技创业综合服务和高端科技交易服务功能。集聚国际知名风投机构，仲裁、调解组织以及法律、会计、人力资源等高端专业服务机构，为科研活动提供高质量服务，探索建立项目与资本对接平台，引入国内外创业投资企业参与推动科技成果转化。发挥南沙科学城作用，加快构建科研基础设施、科技创新平台，共同构建更加开放的创新体系，推动科技资源共享和技术标准合作，吸引全球顶尖人才来南沙开展科研合作。通过链接国际科技创新网络，南沙能够更广泛地开展国际科技合作，形成创新产业生态圈与关键零部件供应商聚集地。联动粤港澳高校、科创园区，着力为科学城原始创新提供国际化科研环境和平台，推动设施互联、服务共享、创新协作，实现科技创新要素高效便捷流动，有效融合粤港澳创新技术和高新技术产业优势，打造世界级科创湾区。

三是从供应链关键高地迈向亚太区域产业协同枢纽。南沙着力建设国际供应链金融及配送中心、世界级科研枢纽、中国企业“走出去”综合服务基地、大湾区宜居宜业宜游生活圈，推动南沙成为21世纪亚太区域产业资源调度与整合枢纽，创新体制，携手港澳，顺应国际产业融合发展趋势，坚持开放、创新、共享的发展理念，打造亚太区域产业协同枢纽。从网络迈向枢纽的过程，就是不断改革、创新、开放的过程，加快推动南沙培育出全新的新质生产力。

（二）发展新逻辑：能级提升、枢纽为王

珠江东西两岸融合发展驱动地区资源重构，顺应和美发展的逻辑，南沙作为未来之城引领新质生产力的整合愿景：坚持以人民为中心，实现生产、生活、生态“三生”融合，加速各路人才汇聚，实现创新引领高质量发展。突出人民城市的重要理念，建设现代化都市，打造高质量城市发展标杆。本着能级提升、枢纽为王的原则，加快开展新一轮经济社会发展规划和国土空间总体规划编制，实施全省首个未来城市建设试点。

1. 能级提升

能级提升是南沙高质量发展的重要路径之一，需要在多个方面实现高水平的发展和提升。通过推进招商引资、提高创新质量、扩大外贸规模和各类平台建设等，推动南沙经济实现高质量发展，为南沙长期发展奠定坚实基础。

（1）面向全球招商，突显制造业能级提升。粤港澳三地政府在2022年联合举办首次粤港澳大湾区全球招商大会，吸引了众多世界知名企业积极参与，共达成合作项目853个，投资总额达2.5万亿元，南沙依托中国超大规模市场，与全球投资者共享投资机遇和发展红利，南沙招商成效显著。

南沙在招商方面的能级提升体现在多个方面。首先，广东以粤港澳规则相互衔接为重点，不断提升口岸通关效率、促进金融互联互通，推动资金跨境流动更加便捷。这为投资者营造了更优质的环境。其次，广东积极发展人工智能、基因技术等未来产业，打造万亿级产业集群，培育壮大新兴产业集群，不断提升产业集群配套能力。南沙作为广东的重要区域，受益于这些产业集群的发展，进一步提升了自身的能级。此外，南沙还拥有先进制造业集群和服务行业，吸引了全球投资者在南沙投资。

（2）高质量创新推动能级跨越式提升。南沙作为科技创新的重要区域，创新质量高，成果丰硕，突显了其在科技创新方面的实力，更展示了其能级的提

升。南沙地区生产总值已经突破2000亿元，进出口总体平衡，开放程度高，促进高质量创新的经济基础已经具备，为推动能级提升提供了创新活力。

首先，南沙注重通过持续增加研发经费，吸引和培育更多的科研人才，开展前沿科技研究，从而产出具有国际影响力的创新成果。2021年南沙研发经费投入突破100亿元，同比增长71.5%，增速全市第一，投入强度为5.45%。企业投入占比超七成，政府属研究机构投入增速达162.5%。其次，南沙在高新技术企业培育方面成效显著，创新成果得以快速转化为新质生产力。截至2023年，南沙推进高新技术企业培育工作，拥有1114家高新技术企业，增速位居全市前列，并集聚了18家国家级专精特新“小巨人”企业，入选广州独角兽创新企业榜单的有31家。通过支持专精特新企业的发展，南沙汇聚了一批科技创新市场主体，从而加速了科学技术的迭代升级。再次，南沙不断完善创新平台体系，为高质量创新提供有力支撑。中国科学院明珠科学园等高端创新平台的引入和建设，为南沙吸引了更多的科研机构和人才，促进科研资源的优化配置和协同创新，从而提升南沙在全球创新网络中的地位。最后，南沙注重加强知识产权保护和管理，保障创新者权益，激发创新活力。南沙的创新成果在经济社会发展中得到了广泛应用，为区域经济增长和产业升级作出了积极贡献。南沙创新成果丰硕，2023年全年全区专利授权8192件，其中发明专利授权2008件，增长42.1%。

（3）外贸规模扩张与能级提升互促共进。南沙以高水平的开放姿态融入全球经济，凭借其独特的地理位置和政策优势，成功打造成国内外贸的重要节点。广州港南沙港区集装箱吞吐量连续多年保持稳健增长，与世界各地的贸易往来日益频繁。南沙的外贸结构也在不断优化。从传统的加工贸易向高技术、高附加值产品转型，这种变化既反映了南沙创新能力的提升，也体现了全球市场对南沙高质量产品的认可，尤其是高科技产品出口的快速增长，更是为南沙赢得了“智造之都”的美誉。南沙的外贸规模扩张与能级提升相辅相成，互为因果。近年来，依托政策叠加优势，南沙外贸快速发展，2022年南沙全区外贸进出口总值2988.19亿元，增长14.9%，实现“十连增”。

（4）高端平台助力南沙能级提升。高端平台的聚集和发展，为南沙带来了资金、技术、人才等优质资源，推动了产业结构的优化和升级。更重要的是，这些平台为南沙创新链、产业链、价值链的融合提供了有力支撑，加速了南沙在全球经济体系中的地位攀升。科技创新平台包括粤港澳大湾区国际科技协同创新联合体、粤港澳大湾区创新合作交流会、香港科技大学（广州）、大湾区科学论坛等；金融平台包括广州期货交易所、粤港澳大湾区气候投融资中心、国际金融论坛（IFF）全球年会等；招商平台包括粤港澳大湾区全球招商大会等；对外贸易的数字贸易平台包括“离岸易”综合服务平台、全球数源中心、全球优品分拨中心等；国际交往平台包括第二十届亚洲科学理事会大会、中国企业“走出去”综合服务基地等。

2. 枢纽为王

“枢纽为王”战略是南沙高质量发展的关键。通过不断强化物流枢纽、数字贸易结算枢纽和人流中转枢纽的地位和功能，南沙可逐步成为全球产业链、供应链的重要节点，不仅提升了自身的经济实力和国际影响力，更奠定了长远发展的坚实基础。

（1）物流枢纽。粤港澳大湾区港口群作为全球最大规模的港口群之一，每年超过8000万标箱的吞吐量，奠定了其在全球航运经济中的重要地位。南沙港区自2004年开港以来，经历了从小规模到大型化、从单一化到多元化的高速发展。总体来看，珠三角地区作为中国重要的制造业基地，长期受水网水深和桥梁等限制因素影响，导致大型国际货轮无法直接停靠，货物需通过驳船转运至深圳港区，并需办理烦琐的转关手续，这不仅增加了物流和时间成本，也制约了该地区与全球的贸易往来。因此，为优化大湾区物流流转，“粤港澳大湾区组合港”被提出，该项目通过创新实施“枢纽港+珠江沿线支线港”模式，将枢纽港口的货源腹地纵深拓展至珠三角内河沿线码头。这种新模式简化了传统的转关模式，实现了“一次申报、一次查验、一次放行”[①]，极大地提高了物流效率。“大湾区组合港”模式通过“共享代码+水路调拨”方式，打破了以往大湾区港口间的空间壁垒，促进了港口间的监管资源整合，以及水上运输效能的提升。这使得南沙的枢纽港能够与沿珠江内河码头的支线港实现优势互补，将南沙150多条国际航线资源与沿珠江内河码头的制造业货源地有效连接。随着南沙港区四期全自动化

---

① 深圳蛇口港和江门高新港是该模式的先行者。两港通过区块链、物联网等先进技术，实现了信息互联互通和海关监管互认。这意味着出口货物在江门高新港完成所有通关手续后，通过驳船运至深圳蛇口港直接换装船出口，全程只需“一次申报、一次查验、一次放行”。

码头的投运，南沙港区建成中国第二大集装箱枢纽港，同时也是国内最大的内贸港口，而且，其多元化发展也同样引人注目。

无论是海港、空港还是陆路交通，南沙都实现与全球的无缝连接，为国内外企业和贸易商提供高效、便捷的物流服务。南沙港区四期全自动化码头投入使用，运用前沿技术，实现厘米级定位和国产化，增强了南沙的国际航运物流枢纽承载力。此外，南沙还形成年通过能力超过200万辆的汽车码头集群和32万平方米的集拼仓，使其国际航运物流枢纽基础设施达到行业一流水平。南沙港区与南沙港铁路共同构建了海陆双向物流通道，实现了陆上丝绸之路与海上丝绸之路的无缝衔接。2022年10月31日，南沙港南站成为华南地区首个铁路货场交由港口运营的铁路场站，打开了海陆双向物流通道的新格局，海铁联运量也呈高速增长态势。同时，广州港南沙港区还积极推广“湾区一港通”模式，提高一体化通关效率，进一步增强广州港南沙港区的枢纽功能。

（2）数字贸易结算枢纽。南沙港区港航的发展和成功，使其能继续在全球航运经济中发挥更大作用，推动自身港口经济向更高层次发展，打造数字贸易平台推动南沙成为国际结算中心便是其理性选择。通过数字技术的运用，南沙的数字贸易平台为全球贸易提供高效、安全的结算服务，使得大量的资金在南沙流动，从而推动南沙成为国际结算的重要节点。其中，“离岸易”综合服务平台不仅整合了多个部门提高工作效率，还利用数字技术加强国际合作，使贸易更为真实、完整。而全球数源中心则以数字合约技术为基础，成功将商品信息转化为数据生产资料，服务于产业数字化、数字产业化和区域数字治理，至今已吸引全球上万家企业参与，赋码超亿个，查询次数达到千万人次，得到了多个国家的积极响应。全球优品分拨中心则是集服务贸易和货物贸易于一体的新型服务体系平台。该平台利用先进的大数据、物联网、AI和5G技术，为全球贸易提供一站式服务，包括但不限于全球运营决策、供需智能合约、国际贸易合规等服务，从而极大地促进国际贸易的便利化和高质量发展。总之，南沙通过重点打造这些数字贸易平台，不仅展现其在数字贸易领域的领先地位和创新能力，更为其成为结算枢纽奠定坚实的基础。

（3）人流中转枢纽。世界级旅游目的地是南沙的战略发展规划，南沙通过精细化打造和多元化发展，不仅吸引了大量的游客到南沙观光，也成为国内外人流中转的核心枢纽。南沙拥有得天独厚的自然资源，其丰富的生态景观和历史文化遗迹为旅游业提供无尽的宝藏。为了将这些资源转化为具有全球吸引力的旅游产品，南沙进行精心规划和开发，通过建设生态公园、历史文化街区等，打造独具特色的旅游品牌，吸引世界各地的游客前来观光旅游。同时，南沙还注重提升旅游服务质量和游客体验。在交通方面，南沙建设高效的公共交通系统和通用机场、港口等设施，确保游客能够便捷到达。在住宿方面，南沙引入国际知名的酒店品牌和精品民宿，满足了不同类型游客的需求。在文化娱乐方面，南沙举办各类国际性的文化活动和节日庆典，为游客提供了丰富多彩的娱乐选择。此外，南沙还积极开展国际旅游合作，与世界各地著名的旅游目的地建立友好合作关系，共同开发旅游线路和产品，实现资源共享和市场互动。南沙还加大在国际旅游市场的宣传力度，通过举办旅游推介会、参与国际旅游展览等方式，提高知名度和扩大影响力。经过精心打造和不断创新，南沙已经逐步崛起为世界级旅游目的地，成功吸引并中转了庞大的国际人流。展望未来，南沙将继续巩固这一地位，为全球游客创造更加优质、丰富的旅游体验，维持世界各地人流中转枢纽的核心位置。

五、探索枢纽型增长新范式

世界进入百年未有之大变局后，全球经济格局的巨大改变就是产业链、供应链重塑，未来能够在世界经济版图拥有发言权的必然是供应链的关键角色，而配送与金融服务融合发展的枢纽正是成为全球供应链关键一环的前提。依托五层网络，可以逐步形成具有国际影响力的要素枢纽，继而打造要素流动、优化配置与创新创业枢纽。南沙将从航运价值链低端的港口仓储行业延展到价值链高端的供应链金融，甚至可以进一步迈向航运企业总部经济模式，全面提升南沙在全球供应链中的地位，实现价值链的大幅跃升。这一探索将会突破深圳“制度+钱”、浦东“制度+人”以及厦门“人+钱”的成功路径，走出一条“枢纽+供应链”的新路径，顺应打造新质生产力的大趋势，使南沙成为国际化可持续增长范式的开拓者。南沙在从供应链枢纽到供应链关键高地，再到亚太区域产业协同枢纽的演进过程中，需要建构金融结算平台功能，提升科技原创能力和制度创新能力，借此才能打造出“枢纽+供应链”的增长新范式。这一范式的内涵包括开放、创新、共享的发展理念，致力面向世界拓展产业，促进产业转型升级，共享产业价值，能够充分发挥内外循环战略支点的优势，汇聚世界优质资源，实现资源优化重组，促进产业集群协同发展。实践这一范式本质就是在新发展格局视野下，实现港产城融合发展。

（一）南沙是双循环的重要枢纽节点

中国以高水平开放推动全球共同发展，为全球经济增长注入强劲动力，体现在对全球资源和市场的深度整合上。通过构建公平、公正、透明的市场环境，吸引全球投资者，不仅加速了中国自身经济的发展，更为全球经济带来了共享的发展机遇，推动全球的共同发展。南沙作为中国对外开放的重要窗口，高水平对外开放的优势凸显，交通物流枢纽体系已经成形，成为新发展格局重要战略支点。

从2014年到2022年，南沙跨境电商进出口值从0.2亿元到接近1000亿元规模，且继续保持强劲增长势头。南沙国际物流中心作为南沙物流枢纽的核心组成部分，积极推动出口监管仓和公用型保税仓业务的开展，建设亚洲最大单体冷库——南沙冷链设施，通过提升查验效率和处理能力，为进口冷链食品的快速、安全流通提供了坚实保障。此外，南沙冷链还陆续获批进境水果、冻肉等进口资质，助力南沙口岸成为全国最大车厘子和榴莲进口口岸。随着进境肉类查验功能的启动，南沙冷链将继续为丰富湾区百姓的“肉案子”“果盘子”“菜篮子”贡献力量，展现其在全球物流和供应链体系中的重要作用。综合来看，南沙国际物流中心及南沙冷链设施在促进跨境电商发展、提升进口食品流通效率、保障食品安全等方面发挥着不可替代的作用，推动南沙的经济繁荣，也为广州港集团打造国际航运物流枢纽和国际冷链分拨中心提供了有力支持。

南沙是中国面向全球开放的前沿，大力推动综合交通枢纽和国际航运物流枢纽重大项目建设，集聚全球高端资源要素，携手港澳共建高水平开放门户，在国际供应链关键枢纽的地位日益凸显，为南沙新发展提供了坚实基础。具体而言，南沙的国际航运物流枢纽基础设施全国领先，为高效、便捷的物流服务提供了有力保障。同时，海陆双向物流通道格局的打开，使南沙成为连接海内外的重要枢纽，有效促进了国际贸易的发展。南沙还打造了亚洲最大单体冷库，提升了湾区的全球竞争力，同时也推动了湾区在全球贸易中以“鲜”取胜。此外，南沙进一步优化交通布局，抓住国际发展机遇，创新“大湾区组合港”模式，提升物流效率，为国际贸易提供了更大的便利，催生港产城融合新生态，彰显出南沙高质量发展的新实践。

（二）建成智慧化、国际化海陆联动物流枢纽

南沙四期码头于2022年7月正式投入运行，成为《南沙方案》发布以来首批投产重点工程之一。该码头是粤港澳大湾区首个全自动化码头，并且是全球最大的平行布局全自动化码头，拥有完全自主知识产权，标志着中国港口技术已经进入全球领先行列。南沙四期码头集成了北斗导航、5G通信、人工智能、无人驾驶等前沿技术。其中，全球最大的无人驾驶智能导引车（IGV）的应用尤为突出，其无须借助磁钉就可以实现厘米级定位，这一创新为全自动化码头建设和传统码头自动化改造提供了可推广、可复制的“南沙样板”。在知识产权与创新方面，南沙四期码头共创造了70多项专利，其中发明专利超过30项。从设备制造到系统开发都实现了国产化，这体现了南沙在高端装备制造和技术创新上的实力与决心。此外，南沙四期码头的投入运行与一二三期码头形成了协同联动效应，不仅彰显了南沙在港口自动化领域的领先地位，同时也为粤港澳大湾区乃至全球的贸易和物流体系注入了新的活力。南沙四期码头先进的技术集成和创新能力，将为未来的港口发展和全球贸易格局带来深远的影响。南沙凭借专业化、规模化、一体化、智能化的码头集群，极大地提升了国际航运物流枢纽的承载力，强化了高水平对外开放门户枢纽的地位，并为广州入围国家综合货运枢纽补链强链首批城市提供了有力支撑。

海陆双向物流通道格局已打开。广州港南沙港区依托南沙港铁路打造的海陆双向物流通道，实现了陆上丝绸之路与海上丝绸之路的无缝衔接，为全球物流运输注入了新的活力。凭借便捷的铁路进港条件、发达的国铁运输网络，以及与船运、港口及铁路等多方的深度合作，广州港南沙港区成功打造了一个高效的海铁联运公共平台。该平台已设立了30余个内陆港办事处，常态化运行36条中欧中亚班列和海铁联运班列线路，将南沙“出海口”的功能延伸到了内陆企业的“家门口”，切实提高了物流效率，降低了物流成本。南沙港海陆双向物流通道格局

有助于南沙在区域发展中发挥引擎带动作用，加强“湾区之心、联动世界”的功能。同时，南沙还积极推广“湾区一港通”模式，以广州港南沙港区为中心，覆盖广州、佛山、中山等地的14个码头，有效提高一体化通关效率，进一步增强南沙港区的枢纽功能。2023年5月，贵阳、株洲与南沙海铁联运“一港通”模式的正式实施落地，更是实现了外贸货物运抵南沙港口后直接装船出口的高效运作，提升了南沙的国际竞争力，也为全球物流运输体系的发展提供了新的动力。南沙依托南沙港铁路打造的海陆双向物流通道，以及在此基础上构建的海铁联运公共平台，将在全球范围内引领物流运输的新方向，进一步推动国际贸易的发展和全球经济的融合。

（三）践行增长新范式的着力点

区域国际化趋势的加强以及全球自由贸易协议的持续增长，体现了全球化冲击下地区间国家合作的密切趋势。而港口作为国内外贸易的重要桥梁，促进了进出口货物的装卸和转运，为商品的流通和交换提供了便利，为国家经济创造了巨大的贸易价值，港口作为链接国内外的关键枢纽，对于推动地区间国家合作起到了不可或缺的作用。中国港口群在设施、服务、网络等方面具有显著优势，与全球航运业的格局变革紧密相连，正通过共享资源、优化流程、提升服务品质等方式，推动国际供应链向更高效、更可靠、更可持续的方向发展，为国际供应链注入新活力，体现了中国经济的崛起与全球影响力的增强。港口关系国家竞争力与国家形象，对产业竞争力以及城市品牌产生深远影响。高效率的港口成为国际供应链优化和升级的重要推动力，可有效促进全球经济、区域经济的全面融合。

（1）强化港澳合作，共建世界级航运联合交易中心。《共建大湾区航运联合交易中心战略合作协议》提出，香港、澳门、广州等各合作方在“平等自愿、互利互惠、诚实守信、长期合作”原则的基础上，主动导入业务资源、市场资源，创新开展各类航运要素交易，共同拓展新业务、新模式，将大湾区航运联合交易中心打造成为世界级航运要素资源市场化配置平台[①]。这一战略合作协议有助于吸引更多港澳航运企业参与，进一步推进名称使用核准及交易场所资质申

① 《联通丨大湾区航运联合交易中心启动建设，粤港澳携手推进航运资源跨境跨区域整合》，https://mp.weixin.qq.com/s/G_fYG--OfxotRqxZic6MjA，2023年5月22日。

请的工作，加快南沙建设粤港澳重大合作平台的步伐，助力港澳融入国家发展大局，不断提升大湾区港口群的总体服务能级和竞争力。根据《2022年亚太港口发展报告》，2022年亚太地区15个主要经济体中，有8个经济体的港口吞吐量呈现负增长态势。2022年，亚太经济体主要港口共完成货物吞吐量165.6亿吨，同比上升1.0%，但增速较2021年下跌2.8%。其中，新加坡的新加坡港、韩国的釜山港、日本的名古屋港的货物吞吐量从2020年到2022年的跌幅分别为–4.3%、–5.6%、–9.0%，中国的香港港货物吞吐量从2020年到2022年的跌幅更是达到–18.8%，唯有广州港南沙港区的货物吞吐量从2020年到2022年增长2.9%。面对亚太地区港口吞吐量整体低迷的现实，需要进一步提高港口的运营效率和管理水平，挖掘现有设施的潜力，优化资源配置，也需要加强区域间的合作与协调，共同推动供应链的优化和升级，以应对全球经济的不确定性和复杂性。大湾区航运联合交易中心的建设正是提升我国在全球航运市场的话语权和影响力的应对之策，为在此基础上建构跨境人民币交易平台，巩固南沙的航运物流枢纽地位提供了历史性机遇。

（2）强化“四链”融合，打造南沙科学城。南沙近年来先后引进20多所高水平科研院所，这些新型研发机构结合地方产业需求，走独特的研究孵化并行之路。同时，贯彻《南沙方案》，积极建设公共创新平台，累计建成13家科技企业孵化器及14家众创空间[①]，营造集人才、企业、园区、产业于一体的生态环境，走独具产业特色、平台与企业互动发展的创新之路。目前，南沙智能网联新能源汽车、新一代信息技术与人工智能、商业航天、新能源、新材料等战略性新兴产业蓬勃发展，为南沙科学城沿着创新链、产业链、资金链、人才链融合方向发展提供了扎实的基础，而“四链”融合又恰恰是新时代南沙科学城建设的最大特色，是创新生态圈的内在需求，是形成新质生产力的重要前提。

（3）强化协同能力，培育港产城融合新生态。南沙致力于打造全国最大综合性港航物流枢纽，若要在大湾区港口群激烈竞争中脱颖而出，提升国际竞争力，就需要充分考虑自身优势、错位发展，探索新的融合模式，不仅要构筑港口经济产业生态圈，更要让这一产业生态圈融入整个城市的大趋势中。要积极借鉴

① 广东医谷（南沙）产业孵化器、乐天云谷入选国家级科技企业孵化器名单，深圳优创社区被确定为国家备案众创空间。

国际港口的发展经验，航运不仅仅是物流通道，更是潜在产业、出口推动力和金融活力。通过培育临港新产业、新业态，加快港口配套基础设施建设，可以促进城市相关产业链的建立和发展，推动港产城深度融合发展，有利于提升南沙的辐射力、服务力和资源配置力，为珠三角乃至粤港澳大湾区的制造业企业带来更大的竞争优势，也为全球贸易往来创造更为便捷的条件，进一步迈向以供应链价值拓展为导向的融合化发展。推动自身科技创新与腹地产业转型及进出口的紧密结合，实现港产城高质量发展。

第三章 Chapter 3

引领未来：打造亚太增长新引擎

步入湾区时代后，南沙逐步成为世界多层次经贸交往的重要节点。随着南沙不断强化自身的网络密织能力，其对全球资源的吸纳与调度能力也在不断提升，南沙展现出打造亚太发展新引擎的巨大潜力。当前，全球经济处于动荡期，20世纪80年代享誉全球的“亚洲四小龙”虽然仍保持着一定的增长势头，但其对周边地区的带动能力已经大为逊色，亚太区域迫切需要新的增长引擎。《南沙方案》的出台犹如给珠江这条巨龙之首的粤港澳大湾区点睛，整个泛珠三角经济带也将随之起舞。在区域经济国际化[①]趋势下，RCEP框架下的各国新增长不仅需要制造业支撑，更需要在数字时代对供应链资源进行有效的枢纽调动，而历经10多年大规模基础设施投资建设的南沙已经具备了数字化枢纽型服务能力，有望成为亚太地区科技创新与产业协同枢纽，引领区域经济开创赋能亚太经济增长的崭新模式。

第一节　百年未有之大变局下亚太经贸新态势

进入21世纪以来，亚太地区经济迅速崛起，成为全球经济增长的核心地带。这不仅是经济全球化的必然结果，更是亚太各国共同努力、合作发展的成果。G20（二十国集团）作为全球经济治理的重要机制，通过政策协调与合作，为亚太地区提供了稳定、开放和包容的经济发展环境，而金砖国家的崛起则进一步促进了亚太经贸增长，推动了全球经济格局的变化。2022年RCEP的生效实施标志着全球最大自由贸易区的诞生，这将为亚太区域的贸易与投资发展带来新的机遇，促进成员国之间的合作与经济发展。南沙作为我国与RCEP其他主要成员国的经贸枢纽，正充分发挥自身优势，积极推动融入全球产业链、供应链、价值链，以助力亚太经贸合作向更高水平迈进。这些因素共同构建了亚太经贸合作的

① 进入21世纪以来，经济全球化进程受到严重冲击，全球产业链布局开始呈现区域化特征，即区域经济国际化。这是指特定区域（一国或多国）经济发展与世界经济发生交融互动的过程，该区域通过生产、投资、金融、贸易关系，使得资本、信息、技术、劳动等要素组合成为国际化的产业链供应链，并成为世界经济的一部分。这是经济全球化曲折前进的表现，是对资本主义全球化的一种调整。

新框架，深入剖析这一框架中的关键因素，有利于推出更有效的政策，共同推动亚太区域的可持续发展与繁荣。

一、亚太经济崛起：南沙在全球化中的新机遇

亚太经济在21世纪的迅速崛起得益于G20和金砖国家的协作与推动。

（一）G20为亚太地区经济繁荣提供助力

作为全球经济合作的龙头，G20包括美国、英国、中国、印度、巴西等19个国家以及欧盟，人口数量约占世界总人口的67%，GDP更是占全球的85%，而贸易总额占全球的80%。如表3–1所示，2022年，在全球GDP总量排名前20的国家中，G20成员占据了17席，只有阿根廷和南非未能进入前20；虽然西班牙、荷兰、瑞士这3个欧洲国家并非G20成员，但均是欧盟成员。

G20成员中，中国、印度、俄罗斯、巴西、墨西哥、土耳其、印度尼西亚、南非、阿根廷、沙特阿拉伯这10个国家被认定为发展中国家。中国作为全球最大的发展中国家，在组织中扮演着重要角色，更是积极推动全球经济合作与发展、维护世界经济繁荣与稳定的强大动力。根据《国际统计年鉴》，2021年，按市场汇率计算，中国GDP总量17.8万亿美元，相当于美国GDP的76%，该比重打破了日本1995年创造的占美国GDP比重72%的纪录，成为过去百年来第二大经济体占美国经济总量比例的最高值。中国GDP总量自2010年超过日本成为第二大经济体后，2014年达到日本GDP总量的2倍以上，2021年达到日本GDP总量的3.6倍。作为一个发展中大国，中国的经济增速始终位居主要经济体前列，近10年的经济平均增速超过6.2%。

2022年，G20成员中有10个国家的人均GDP超过3万美元；印度和印度尼西亚的人均GDP不足5000美元，但这两个国家的人口众多，发展潜力巨大，尤其是印度，已经成功超越英国成为世界第五大经济体，有望在10年内超过德国和日本，成为全球经济第三大国。同时，中国、俄罗斯、墨西哥和土耳其的人均GDP已经超过1万美元，超过或接近世界平均水平1.2万美元（见表3–1）。

表3-1 2021—2022年世界国家和地区GDP总量及相关变量

序号	国家	2022年GDP/亿美元	2021年GDP/亿美元	2022年GDP增长率	2022年年中人口/万人	2022年人均GDP/美元
1	美国（G20）	254397	233151	1.90%	33328.8	76399
2	中国（G20）	179632	178205	3%	141217.5	12720
3	日本（G20）	42322	50055	1%	12512.5	33824
4	德国（G20）	40825	42785	1.80%	8408	48718
5	印度（G20）	34166	31503	7.20%	141717.3	2411
6	英国（G20）	30891	31415	4.30%	6797.1	45850
7	法国（G20）	27791	29574	2.50%	6793.6	40886
8	俄罗斯（G20）	22404	18369	−2.10%	14355.6	15271
9	加拿大（G20）	21379	20015	3.40%	3893	54918
10	意大利（G20）	20497	21554	3.70%	5885.7	34776
11	巴西（G20）	19201	16496	2.90%	21531.3	8918
12	澳大利亚（G20）	16930	15590	4.30%	2597.9	65100
13	韩国（G20）	16739	18184	2.60%	5162.8	32423
14	墨西哥（G20）	14659	13126	3.90%	12750.4	11497
15	西班牙	14178	14457	5.80%	4761.5	29350
16	印度尼西亚（G20）	13191	11865	5.30%	27550.1	4788
17	沙特阿拉伯（G20）	11086	8742	8.70%	3640.9	30436
18	荷兰	10094	10297	4.30%	1770.3	57025
19	土耳其（G20）	9071	8199	5.50%	8534.1	10616
20	瑞士	8184	8134	2.60%	877	92101

数据来源：《国际统计年鉴》。

总的来说，G20在全球经济治理中的作用不容小觑，全球经济格局和亚太地区经济能否走向更加开放、包容和繁荣的未来，取决于这些大国能否共同努力和通力合作。而南沙作为中国开放合作的前沿阵地，其经济发展势头和潜力所带来的作用更是令世人期待。

（二）金砖国家崛起提高了亚太地区在全球经济中的影响力

当前，金砖国家包括巴西、俄罗斯、印度、中国、南非、沙特阿拉伯、埃及、阿联酋、伊朗和埃塞俄比亚。2017年以来，金砖五国①对世界经济增长的贡献率超过50%，这个数值不仅超过了G7（七国集团），也超过了所有发达经济体的总和。新加入的金砖国家在2022年的经济平均增速更是高达6%，实力令人瞩目；其经济规模也在不断扩大，从21世纪初占全球经济的8%提升到2022年的25.77%，如按购买力平价计算，占比更是超过31.5%，超过了G7总和。此外，金砖国家的外汇储备雄厚，吸引外资的能力也日益增强，人口资源的优势更是明显。扩员后的金砖10国，其人口总数约为35亿，占全球人口的45%，2023年经济份额约占全球经济份额的37%，超过了G7和欧盟，这无疑提高了其在全球的影响力。金砖10国代表着广大发展中国家的利益，其广阔的国土面积、众多的人口、快速增长的经济（见表3-2、表3-3）以及日益增长的政治影响力（金砖国家中，亚太区域国家占了6个），将进一步改变西方长期主导的世界格局。

表3-2　2000年金砖10国与西方7国主要指标对比

大洲	类别	国家	2000年 年中人口/万人	2000年 GDP/亿美元	2000年人均 GDP/美元	2000年制造业产值/亿美元
美洲	G7	美国	28217.2	97648	34410	15494
亚洲	G7	日本	12687	46674	34620	11155
欧洲	G7	德国	8221	19002	25510	4002
欧洲	G7	英国	5889.3	14776	25910	2207
欧洲	G7	法国	5889.6	13280	24450	1977
欧洲	G7	意大利	5694.9	10973	20890	2015
美洲	G7	加拿大	3077	7249	22130	1268
G7小计			69676	209602	26845.7	38118

① 2001年，西方学者提出“金砖四国”概念，即巴西、俄罗斯、印度和中国，2011年增加了南非，这5个新兴市场国家组成的团体，以其占世界领土总面积26%的庞大国土和占全球42%的众多人口，成为世界经济增长的主要推动力之一。2023年8月的约翰内斯堡峰会，作出金砖扩员的决定。2024年1月1日，沙特阿拉伯、埃及、阿联酋、伊朗和埃塞俄比亚成为金砖国家正式成员，使金砖国家的队伍扩大到10国。金砖国家已经成为改变亚太乃至全球格局的重要力量。

续表

大洲	类别	国家	2000年年中人口/万人	2000年GDP/亿美元	2000年人均GDP/美元	2000年制造业产值/亿美元
亚洲	B10	中国	126264.5	11985	930	3852
美洲	B10	巴西	17417.4	6447	3870	861
亚洲	B10	印度	101592.3	4602	450	746
亚洲	B10	伊朗	6393.9	1013	1670	182
欧洲	B10	俄罗斯	14630.3	2597	1710	525
亚洲	B10	沙特阿拉伯	2064.4	1884	8150	175
非洲	B10	南非	4400	1329	3050	288
非洲	B10	埃及	7017.4	998	1390	180
亚洲	B10	阿联酋	323.8	706	19330	95
非洲	B10	埃塞俄比亚	6551.5	82	130	5
金砖10国小计			296349.4	3445	4376.4	7378

数据来源：《国际统计年鉴》，国际货币基金组织。

表3–3　2022年金砖10国与西方7国主要指标对比

大洲	类别	国家	2022年年中人口/万人	2022年GDP/亿美元	2022年人均GDP/美元	2022年制造业产值/亿美元
美洲	G7	美国	33328.8	254397	76399	27937
亚洲	G7	日本	12512.5	42322	33824	8262
欧洲	G7	德国	8408	40825	48718	7513
欧洲	G7	英国	6797.1	30891	45850	2593
欧洲	G7	法国	6793.6	27791	40886	2594
欧洲	G7	意大利	5885.7	20497	34776	2839
美洲	G7	加拿大	3893	21379	54918	1622
G7小计			7718.7	438102	47910.1	53361
亚洲	B10	中国	141217.5	179632	12720	49756
美洲	B10	巴西	16496	19201	8918	2136

续表

大洲	类别	国家	2022年 年中人口/万人	2022年GDP/ 亿美元	2022年人均 GDP/美元	2022年制造业产 值/亿美元
亚洲	B10	印度	141717.3	34166	2411	4509
亚洲	B10	伊朗	8855.1	4135	4670	762
欧洲	B10	俄罗斯	14355.6	22404	15271	2877
亚洲	B10	沙特阿拉伯	3640.9	11086	30436	1627
非洲	B10	南非	5989.4	4053	6776	489
非洲	B10	埃及	11099	4767	4295	761
亚洲	B10	阿联酋	944.1	5071	53758	430
非洲	B10	埃塞俄比亚	12338	1268	1028	54
金砖10国小计			361276.4	292094	13994	64375

数据来源：《国际统计年鉴》，国际货币基金组织。

从资源禀赋看，金砖国家既有丰富的矿产“原材料”，又有发达的制造业“加工厂”，实现了从原材料到产品的完整经济链条。尽管金砖10国的人均GDP在2000年不到世界均值的1/4，但到了2022年已接近世界均值的2/3（见表3-3），显示出充足的发展后劲。金砖国家拥有庞大的市场规模、丰富的人力资源和创新驱动的发展战略，不断推动消费升级和产业转型，为世界经济增长提供了强劲动力。同时，它们也重视人力资源开发，通过教育和培训提升劳动力素质，为经济增长提供源源不断的人才支持。在创新方面，加快技术进步和产业升级，为经济可持续发展注入了新的活力。这些举措显著提升了金砖国家在全球经济中的地位，也为亚太经贸增长注入了强大的动力。尤其是中印两国的人口红利和高素质的劳动力，使得这两国在经济增长中保持领先地位，对亚太区域的贸易与投资起到了积极的促进作用。

（三）中国与“一带一路”沿线国家的经贸互动将赋能亚太经济增长

“一带一路”倡议助力广大发展中国家以自己的区域经济国际化应对美国主导的霸权资本全球化。中国倡议创建的亚投行（亚洲基础设施投资银行）始终坚持开放包容、合作共享，积极拓展伙伴关系。目前，亚投行已由57个创始成员发展到来自全球六大洲的110个成员，成为全球第二大国际多边开发机构。截至2022年底，亚投行共批准202个项目，融资总额近389亿美元，撬动总投资超1000亿美元，惠及全球33个国家，有力推动相关国家能源、交通、水务、通信、教育、公共卫生等领域的基础设施建设与经济复苏。2022年，中国同中东国家的贸易额达5071亿美元，同比增长27.1%，中国保持中东第一大贸易伙伴关系，其中出口2289亿美元，进口2782亿美元，仅沙特阿拉伯就从中国进口了1.2GW的光伏组件，相比2021年不到100MW的需求剧增12倍。中东六国主权财富基金规模达到4万亿美元，超过全球总量1/3，与中国合作前景广阔。

根据《亚太地区经济展望报告》，亚太地区2023年经济增长预期有所上升，从2022年的3.8%增长至4.6%；全球经济增量的70%预计将由亚太地区贡献。在全球经济面临多重挑战的背景下，亚太地区经济增长前景相对乐观。这主要得益于亚太地区的经济多样性和活力，尤其是中国和印度两大经济体的强劲表现。

南沙的未来国际化网络拓展必将与“一带一路”共建国家实现共同增长，尤其是与东南亚、中东、非洲区域的紧密合作。而东南亚与中东正是亚太经济的重要组成部分，其与南沙的深度融合将为区域经济注入源源不断的新活力。南沙凭借其独特的地理优势和开放的经济政策，必将在世界经贸活动中大显身手，为亚太经贸发展注入新活力，推动区域经济不断向前发展，成为全球经济发展的新热点。

二、RCEP实施下的南沙：拓展贸易与经济增长新篇章

RCEP区域的国际贸易与投资呈现出强劲的发展态势，深刻影响着全球经济的格局。RCEP已对15个签署国全面生效，进一步扩大了原产地区域累积范围，促进了区域经济一体化的深入发展，为企业创造更为便利的环境，活跃了区域内贸易往来，加强了各国经济交往紧密度。同时，RCEP深化了伙伴国之间的产业链供应链合作，助力企业高效配置资源，提升供应链稳定性。各成员国正努力争取更大程度释放协定潜力，为全球贸易与投资增长贡献力量，最终形成更为开放、包容、均衡与普惠的区域经济新秩序。在此趋势下，RCEP有望成为全球经

济复苏与繁荣的最重要引擎。

（一）RCEP贸易与投资红利逐步释放

随着RCEP落地生效，关税减让和贸易投资便利化等措施带来积极效应，区域一体化进程得以加速推进。2022年1月1日，中国与东盟、澳大利亚、新西兰之间的立即零关税比例超过65%，与韩国相互立即零关税比例达到39%和50%，与日本相互立即零关税比例达到25%和57%。这些关税减让措施有效降低了企业成本，提升了产品竞争力，进一步促进了区域贸易的增长。

自协定生效以来，RCEP成员国之间的关税减免、非关税壁垒削减等举措为企业创造了更为便利和优惠的贸易环境，促进了贸易和投资活动的增长，不仅推动了RCEP区域的经济增长，也为全球经济的复苏注入了强劲动力。2022年前10个月，中国与RCEP其他成员国的进出口额同比增长8.4%，超过了同期中国与美国的贸易增幅。中国与东盟国家的贸易表现尤为突出，其中与印度尼西亚、老挝、柬埔寨、新加坡、马来西亚等国的贸易额增长均超过20%，与缅甸的贸易额增长甚至超过40%，充分体现了RCEP对区域内贸易的促进效应。此外，RCEP对中、日、韩三国经贸合作起到了推动作用，2022年前三季度，中韩、中日、日韩双边贸易同比均实现了增长，增幅约为5%，为三国间经济合作注入了新活力，也为RCEP区域整体的经济增长贡献了重要力量。

在吸引外资方面，RCEP各成员国也取得了显著进展。以东盟为主体的RCEP经济体在我国稳外资、稳供应链方面发挥着积极作用。2022年前10个月，韩国、日本实际对华投资同比分别增长106.2%、36.8%，明显高于同期全国14.4%的外资增速，显示出RCEP为中国与其他成员国之间的相互投资提供了更广阔的空间。

RCEP的生效实施为区域经济增长带来了新的机遇和动力。通过促进贸易往来、深化产业链供应链合作、降低关税水平以及提高贸易投资便利化水平，RCEP正在助力各成员国共同应对全球经济的衰退风险。随着中国与其他成员国在RCEP框架下的合作不断深入，RCEP将继续为全球经济复苏和繁荣作出重要贡献。

（二）紧抓RCEP机遇充分释放协定潜力

多边贸易体制和区域贸易协定是经济全球化的关键组成要素。尽管我国企业对RCEP优惠税率的利用意识有所增强，但在对协定的认知和利用水平上仍然存在差异。自贸协定的优惠政策为企业提供了极大的机遇，能够显著改善企业的市场准入条件，降低经营成本，并增强产品、服务和投资的国际竞争力。中国应继续高质量实施RCEP，加强与其他成员国的经贸合作，进一步释放协定潜力，推动全球经济复苏，鼓励企业积极参与RCEP，充分利用政策红利，拓展市场和资金来源，以实现更高质量的发展。

为确保更多企业能够充分利用RCEP带来的机遇，加强宣传推介和培训显得尤为重要。面对世界经济下行的压力和外部不确定性的增多，我国更需要持续推进与RCEP其他成员国的区域经贸合作，更大程度释放RCEP潜在的增长红利，尤其要引导企业结合RCEP成员的资源禀赋优势，利用原产地累积规则，参与区域产业链供应链的合作，并拓展服务贸易、数字经济、绿色经济等领域的合作。商务部等6部门联合印发《关于高质量实施〈区域全面经济伙伴关系协定〉（RCEP）的指导意见》，通过多种方式引导企业抓住RCEP带来的机遇，参与区域贸易投资与产业合作。各地的海关也在持续优化通关流程，提升通关效率，降低通关成本，为RCEP的实施提供有力的支持。RCEP在促进贸易便利化、整合产业链、增强区域发展吸引力等方面带来了显著的变化，作为RCEP中的重要角色，中国无疑将为RCEP带来更广阔的发展空间。

中国将持续扩大面向全球的高标准自由贸易区网络，努力塑造新的国际竞争合作优势，提高货物贸易、服务贸易和投资市场的开放水平，同时积极参与新规则议题的谈判。总体而言，随着RCEP的深入实施，我国将继续在推动全球化、促进区域经济一体化中发挥关键作用。为确保企业能够充分把握这一机遇，更大程度释放协定潜力，不仅需要政府的指导和支持，也需要企业不断提高对RCEP等自贸协定的认知和利用水平，积极参与全球经济合作与竞争，为构建新发展格局、推动高质量发展作出更大贡献。

（三）RCEP框架下港口城市的新角色与新机遇

亚太区域不少经济体拥有具有全球影响力的大港口且周边有大规模制造业的优势，在国际供应链的优化和升级中发挥着至关重要的作用，例如中国东部沿海地区的港口群及其产业腹地为中国改革开放贡献着巨大的力量。

2022年，亚太前30大港口货物吞吐量排名中，中国港口占据22席，韩国占2席，美国占3席，澳大利亚、新加坡和马来西亚各占1席，各港口排名虽然略有变化，但整体上反映了国家在全球贸易中的地位和影响力。上海港受煤炭、粮食和机械设备贸易影响，货物吞吐量出现5.4%的明显下跌，货物吞吐量排名下滑至第3位。而环渤海地区的唐山港、烟台港、日照港等港口因内贸煤炭与矿石下水规模扩大，货物吞吐量增速均超过5%，排名均实现提升，其中唐山港排名继续上升，成为亚太第二大港口。釜山港、光阳港等国际煤炭产销港吞吐量均出现明显下跌，排名下滑。美国港口依托能源出口和粮食贸易，大部分保持较好增幅，排名有所提升（见表3-4）。亚太区域排名前30位港口累计完成货物吞吐量128.9亿吨，同比增长2%。

表3-4　2021—2022年亚太前30大港口货物吞吐量排名

排名		港口	国家	2022年货物吞吐量/万吨	2021年货物吞吐量/万吨
2022年	2021年				
1	1	宁波舟山港	中国	126134	122405
2	3	唐山港	中国	76887	72240
3	2	上海港	中国	72777	76970
4	4	青岛港	中国	65754	63029
5	5	广州港	中国	65592	62367
6	6	新加坡港	新加坡	57819	59964
7	7	苏州港	中国	57276	56590
8	9	日照港	中国	57057	54117
9	8	黑德兰港	澳大利亚	56621	55327
10	10	天津港	中国	54902	52954
11	12	烟台港	中国	46257	42337
12	11	釜山港	韩国	42492	44228
13	13	北部湾港	中国	37134	35822
14	14	泰州港	中国	36444	35291
15	15	江阴港	中国	35062	33757

续表

排名		港口	国家	2022年货物吞吐量/万吨	2021年货物吞吐量/万吨
2022年	2021年				
16	17	黄骅港	中国	31510	31134
17	16	大连港	中国	30613	31553
18	21	福州港	中国	30164	27352
19	22	连云港港	中国	30111	26918
20	23	休斯敦港	美国	29735	25789
21	18	南通港	中国	28508	30851
22	20	深圳港	中国	27243	27838
23	22	南京港	中国	27155	26855
24	19	光阳港	韩国	26932	29206
25	24	湛江港	中国	25376	25555
26	31	洛杉矶港	美国	24420	22200
27	26	巴生港	马来西亚	22614	23786
28	27	镇江港	中国	22542	23706
29	30	厦门港	中国	21940	22756
30	33	南路易斯安那港	美国	21705	20847

数据来源：APSN。

如表3-5所示，在东南亚地区，2022年越南和印度尼西亚货物吞吐量保持了较好的增长，增速分别达到4.3%和10.6%，较2021年进一步扩大。然而，新加坡港等国际中转枢纽港受国际集装箱海运量增速下滑的影响，货物吞吐量均有所下滑。日本主要港口的货物吞吐量下降幅度较大，韩国主要港口货物吞吐量也增长乏力，反映了两国在全球产业链重构过程中逐渐丧失发展优势。

表3-5　2021—2022年亚太经济体主要港口货物吞吐量及增速

港口	2022年		2021年	
	货物吞吐量/万吨	增速%	货物吞吐量/万吨	增速%
中国大陆主要港口	829816	2.2	811813	4.4
中国香港主要港口	19210	−10.1	21373	−14.3
中国台北主要港口	23117	−5.2	24391	7.6
日本主要港口	61042	−3.0	62923	6.6
韩国主要港口	158072	0	158071	4.7
越南主要港口	79983	4.3	76695	1.6
印度尼西亚主要港口	7430	10.6	6715	8.6
泰国主要港口	11886	5.4	11277	11.4
马来西亚主要港口	56677	−4.0	59034	4.3
菲律宾主要港口	26162	−1.9	26676	9.3
新加坡港	57819	−3.6	59964	1.5
美国主要港口	91920	5.6	87059	5.6
加拿大主要港口	17769	−7.3	19173	3.8
澳大利亚主要港口	131284	−0.5	131900	−0.2
俄罗斯主要港口	84150	0.8	83520	1.8

数据来源：APSN。

表3-5数据表现了全球经济格局变化背景下，全球供应链重构以及各经济体如何应对全球贸易的不确定性和挑战。中国港口吞吐量增速减缓反映了中国经济正在从以出口导向为主转向更为平衡的增长模式。同时，美国港口的吞吐量增长受益于国内消费需求的强劲，而东南亚地区的增长则得益于全球制造业向该地区转移的倾向。

港口作为连接全球经济网络的关键节点，其运营效率、连通性和适应性，都将直接影响一个地区乃至全球的贸易流动和经济表现。这是对全球经济贸易发展趋势的反映，也是对各国和地区应对全球经济变化能力的考验。随着全球经济格局变化，亚太地区的港口也迎来助力亚太地区供应链重构的机遇，更好地发挥其在全球经济贸易中的作用，推动亚太地区的经济繁荣和发展。

三、南沙拥抱RCEP机遇，助推亚太经贸新格局

南沙是一片充满活力的土地，一直在积极招商引资，大力发展制造业，努力扩大出口。同时，在《南沙方案》出台后，南沙以开放的姿态面向世界，其港口战略在对外经贸发展中发挥了重要作用。在全球化和区域经济国际化趋势下，港口作为物流体系关键节点，对于提升国家和城市的连通性、促进贸易和投资作用巨大，一个高效的、现代化的港口能够吸引更多的国际航线和物流资源，从而推动经济增长和发展，另外，也有助于区域产业国际竞争力和品牌影响力提升。通过港口，企业能够更便捷地参与国际贸易，拓展海外市场，从而提升产业国际竞争力。随着国际班轮航线网络布局的不断扩大，一个繁忙的国际大港将成为该地区全球商贸网络的重要支撑，为地区的繁荣发展注入源源不断的动力。南沙，正以其独特的区位优势和前瞻性的发展战略，积极打造高效的、现代化的港口，为区域经济的腾飞和国家的对外开放贡献力量。

（一）南沙外经贸发展新态势

2023年，南沙外贸进出口总值达到2912.09亿元，其中进口值为1344.56亿元，出口值则达到1567.53亿元。南沙港区是国内非洲及地中海航线的核心枢纽港，在华南地区集装箱枢纽港中拥有到非洲国家的海运航线最多、班次最密、船东最多。汽车外贸是南沙2023年的亮点，上半年南沙汽车口岸出口汽车7.51万台，同比增长22.5%。多家航企在南沙汽车口岸开展汽车滚装外贸业务，开通的外贸航线涵盖中东、墨西哥、欧洲、东南亚、南美等国家和地区。

（二）RCEP助力南沙：与主要成员国经贸往来呈现积极趋势

随着RCEP的正式实施，南沙与主要成员国的经贸往来呈现出积极趋势。通过降低关税、提升贸易便利化水平等方式，南沙与RCEP主要成员国的进出口活

动得到了有效促进，实现了外贸提速发展。同时，南沙还积极对标RCEP，深入研究和把握协定中的各项制度和规则，努力提升自贸协定综合利用效率，把握好这一制度型开放的大机遇，深度拓展与相关成员国产业链供应链的合作。

2023年以来，南沙与“一带一路”沿线国家和地区的进出口业务展现出强劲的增长势头，特别是在与东南亚、非洲等地区合作方面表现尤为出色。南沙口岸汇聚了大量来自东南亚地区的热带水果，如榴莲、山竹、椰子等，通过远洋航线进口并分销到全国各地。2023年上半年，南沙海关累计监管进口水果约27万吨。南沙口岸进口冷链货物（包括冻肉、水产品、鲜水果等）货值超138亿元，同比增长超8%。其中，进口水果货值近80亿元，同比增长近4%；进口肉类货值超38亿元，同比增长超15%；进口水产品货值超10亿元，同比增长超17%。RCEP是进出口贸易的推动力，在广州港集团2022年全年净增的13条外贸班轮航线中，RCEP航线占比达到了七成。随着RCEP各项协定税率的落地执行，广州港与RCEP主要成员国的进出口贸易往来将实现快速增长，南沙通过推广“提前申报”“两段准入”“附条件提离”“智能审图”等措施，推动RCEP贸易便利化。

2022年，广州与亚太区域（RCEP主要成员国及中东、印度）的贸易额占全世界贸易总额的比例为0.37%，同时，新加坡全年贸易总额占全世界贸易总额的比例为3.18%，这表明广州与亚太区域的贸易增长空间很大。2022年，广州与RCEP主要国家贸易规模（进出口额）为6268亿元，其中东南亚地区为3443.2亿元，日本为1323.9亿元，韩国为774.1亿元，澳大利亚为624.5亿元，新西兰为102.2亿元。南沙在与RCEP主要成员国的经贸往来中表现出了强劲的增长势头。南沙凭借高效的口岸通关服务、广泛的国际班轮航线网络以及丰富的进出口商品种类，成功促进了与RCEP成员国的贸易增长。

（三）面向未来：南沙积极把握RCEP提供的制度型开放机遇

通过出台《南沙自贸片区对标RCEP CPTPP进一步深化改革扩大开放试点措施》，聚焦六大领域，提出17条先行先试措施，南沙在创新海关监管模式、探索外资服务业准入、推动数据人才要素流动、发展离岸贸易、推动竞争中立和探索低碳经济等方面，取得了显著成效（见表3-6）。

表3-6 广东自贸试验区2022年最佳制度创新案例

序号	制度创新	作用
1	全方位构建“一件事”审批服务体系	构建“一件事”审批服务体系，使群众需求侧和政务服务供给侧无缝衔接，为系统破解“进”多扇门、“排”多次队、“上”多张网、“报”多次材料等问题提供了一个全新路径；强化线上线下融合支撑，推动主题服务场景精准落地，实现“一件事”导办渠道选择多元差异化、服务精准高效智慧化
2	全国首创保护中小投资者全过程法律服务机制	出台18项系统性措施保护中小投资者合法权益，构建了中小投资者合法权益综合保障机制；建立南沙区优化营商环境企业家法治联合体，搭建政企交流平台；建立涉外法律查明、涉外法律服务、涉外公证服务等集中服务机制，为中小投资者提供综合涉外法律服务
3	活用“两张清单”落实“三个区分开来”激励广大干部在落实《南沙方案》主战场担当作为	运用负面清单倒逼责任落实，为执纪问责提供依据，同时运用正面清单明确符合容错纠错具体情形，激发创新活力
4	南沙大胆探索粤港澳大湾区气候投融资发展路径	研究编制全国首份促进气候投融资发展若干措施及配套实施细则，并将节能环保、绿色金融等产业纳入企业所得税优惠产业目录；与港澳合作共建粤港澳大湾区气候投融资中心，畅通联络境外城市，引导国际资本配置到气候友好领域
5	全国率先打造劳动争议调解仲裁港澳全流程参调参审模式	全国率先打造劳动争议调解仲裁港澳调解员+港澳仲裁员全流程参调参审模式，提振港澳企业在南沙落户的信心，增强港澳对内地司法认同感；通过劳动调解仲裁“小切口”打造以南沙为辐射中心的港澳规则衔接高地
6	港澳居民税惠快享“规则转换桥”	与香港税务部门、香港驻粤办等建立沟通联系机制，制定港澳税负计算规则，最大限度贴近还原港澳税负；全面摸查1000多名港澳居民政策受惠情况和需求，建设港澳居民优惠减免测算系统；率先全面衔接香港薪俸税、利得税以及澳门职业税、所得补充税，同时免除先征后返的程序

资料来源：《一图读懂 | 广东自贸试验区2022年最佳制度创新案例》，https://mp.weixin.qq.com/s/sMn5IK334IMuJ0zhfS9LqQ，2023年6月8日。

RCEP为南沙乃至整个广东相关产业带来了巨大的机遇。从强化区域制造业竞争力，到提升国际知名度，再到推动更高水平的对外开放，南沙都展现出了极大的决心和极强的行动力。南沙全方位对标RCEP，通过货物、服务、投资开放承诺叠加，促进了区域经济一体化，从而极大地拉动了区域贸易投资增长，不仅加强了国内产业向高附加值环节的升级，更促进了与东南亚国家的产业链垂直分工协作，形成了优势互补，进一步扩大了中间产品的进出口。RCEP的关税减让和原产地累积规则为企业提供了更大的灵活性和便利性，使得区域内的产业链、供应链、价值链更加稳定、畅通和深度融合。

RCEP的实施不仅意味着更大的市场和更多的机遇，更意味着需要南沙在更高层次上参与国际合作与竞争。为此，继续深化与RCEP主要成员国的合作，加强与国际组织的沟通和交流，提高自身的国际知名度和影响力，吸引具有全球视野和国际品牌运作能力的国内外商业投资商、运营商来南沙投资运营，成为国际组织机构进驻、国际消费者游购、国际性会展会议举办、国际性赛事组织的首选地，推动区域经济持续、稳定和繁荣发展。

南沙的高质量发展有赖多方面因素共同作用，既包括创新海关监管模式、探索外资服务业准入等制度层面的改革，也包括与东南亚国家产业链的深度协作、国际知名度的提升等实践层面的努力。面向未来，南沙仍需不断深化改革开放，提高贸易投资自由化便利化水平，以更好地推动区域经济持续、健康、稳定发展。

第二节　中国高水平开放赋能亚太区域新增长

对外开放是国家繁荣发展的必由之路，是推动经济社会发展的重要动力。百年未有之大变局下，逆全球化思潮泛起，区域国际化兴起，世界各地的自贸协定频出，原有的WTO规则受到挑战，区域性自贸协定规则尚在实践中，这是以中美经贸领域的激烈竞争为代表的新旧世界的博弈，国际经贸规则竞争倒逼中国必须以“一带一路”高质量发展携手广大伙伴国，凭借更高标准的自贸协定维护开放型世界经济。

2013年9月，中国（上海）自由贸易试验区挂牌成立。10年多来，我国先后在全国范围内设立了22个自贸试验区，形成了覆盖东西南北中，统筹沿海、内陆、沿边的高水平改革开放新格局。党的二十大以来，中国实行更加积极主动的开放战略，形成更大范围、更宽领域、更深层次对外开放格局，为探索制度型开放奠定了基础，为有效应对全球产业链供应链加速重构带来的对外经贸合作新挑战提供了体制基础，有利于化解逆全球化带来的“脱钩断链”风险。在区域国际化趋势下，亚太区域各国大港发挥着日益重要的作用，决定着本国在区域供应链中的角色与地位。中国实施高水平开放有助于南沙夯实其国际贸易关键节点和全球供应链重要组成部分的地位，也将孕育亚太区域新的增长动力源。

一、中国高水平开放激发亚太市场活力

中国维护开放型世界经济，持续营造市场化、法治化、国际化营商环境，为市场主体投资兴业创造更好条件，为世界带来更大机遇。中国将更加积极地参与国际分工，更加有效地融入全球产业链、供应链、价值链，更加主动地扩大对外交流合作。中国已成为140多个国家和地区的主要贸易伙伴，货物贸易总额居世界第一，吸引外资和对外投资居世界前列。根据中国社会科学院世界经济与政治研究所和虹桥国际经济论坛研究中心共同编写的《世界开放报告2022》，中国的开放指数从2012年的0.7107提升至2020年的0.7507，提高了5.6%，中国成为全球共同开放的重要推动力量。

中国还探索了一批突破性、引领性改革和高水平开放举措。截至2023年，中国已设立22个自贸试验区。《市场准入负面清单（2022年版）》列有禁止准入事项6项和许可准入事项111项，与2016年《市场准入负面清单草案（试点版）》相比缩减比例高达64%。中国还实现了自贸试验区负面清单制造业条目清零，并在海南自贸港推出全国第一张跨境服务贸易负面清单。2022年1–11月，中国对外非金融类直接投资6878.6亿元，同比增长7.4%（折合1026.6亿美元，同比增长3.6%）。南沙自贸区为国际企业提供了独特的发展机遇，南沙自贸区的设立进一步加大了对外开放力度，允许企业更加灵活地开展国际贸易和投资，降低了进出口手续的复杂性和成本；同时，跨国企业可以加速进入中国市场，并在南沙享受更加宽松的监管环境。这些政策吸引了众多国际企业将南沙作为它们在中国的战略发展基地，促进了南沙区经济发展和科技创新。

纵观亚太地区近20年来经济合作的历程，亚太各国各地区为实现稳定和发展而选择了互利共赢的道路。在百年未有之大变局下，中国高水平对外开放为亚太地区的繁荣发展提供着最大的助推力。中国作为亚太地区乃至全球的经济增长引擎，其经济策略与行动对区域及全球产生深远的影响。中国的高水平对外开放政策成为推动亚太地区繁荣的重要力量，促进了中国与世界的深度经济交流，加强了与国际供应链的融合，为亚太地区乃至全球的经济增长提供了新的动力源。经济增长离不开市场、资本与政策的互动，中国庞大的内需市场和不断升级的消费需求，为自身和亚太地区其他出口导向的经济体创造了增长空间。与此同时，高水平开放更是为资本、技术和人才的跨国流动提供了便利，进一步加深了亚太地区的经济整合；尤其重要的是，“一带一路”倡议不仅促进了沿线国家的互联互通，还助推了贸易和投资的便利化。这一宏大的经济策略，加深了中国与亚太地区的经济联系，也为整个区域的经济增长注入了新的活力。

亚太地区经济增长前景是充满机遇与挑战的，作为该地区的经济巨头，中国的经济表现和政策走向将对整个区域产生深远的影响。当前，全球需求走弱、通货膨胀率居高不下以及欧美银行业动荡等因素都可能对亚太地区经济产生负面影响。作为亚太地区最大的经济体，中国在推动区域经济增长方面发挥着重要作用。根据IMF预测，中国经济的快速复苏将对亚洲地区产生明显的正向溢出效应，中国经济增速的上调将带动亚太地区经济整体增长率提高。与过去主要由投资需求带动不同，这次溢出效应将更多地体现为消费和服务业方面的需求增加，将为亚洲其他经济体提供更多的增长机会和动力。

中国采取了一系列高水平开放政策与举措[①]，成效显著，已成为百年来经济总量最接近美国的国家。2012—2023年，中国国内生产总值从51.93万亿元增长到126.06万亿元，稳居世界第二位。在逆全球化背景下，庞大的市场规模是核心优势，这一优势在数字经济时代被进一步放大，因为规模经济在数字经济中更为重要和显著。中国要通过深化改革、促进消费和挖掘市场规模潜力，继续保持强劲的增长势头，并带领亚太地区实现更加繁荣和可持续的发展。中国创办了全球首个国家级进口博览会，为向世界分享中国机遇、推动全球共同发展提供了新

① 这包括构建面向全球的高标准自由贸易区网络，加快推进自由贸易试验区、海南自由贸易港建设，共建“一带一路”国际公共产品和国际合作平台。

机遇。

中国具备强大的国内经济循环体系和稳固的基本盘，在线教育、在线医疗等服务消费蓬勃发展，经济韧性强，开放水平高，可以发挥超大规模的市场优势，带动世界经济。中国国际进口博览会（简称“进博会”）自2018年举办以来，发挥国际采购、投资促进、人文交流、开发合作平台功能，成为世界上首个以进口为主题的国家级博览会，规模和影响力逐年提升，在疫情防控期间仍能实现成交额稳步增长，充分证明了进博会的韧性和吸引力。如图3-1所示，2018—2023年，进博会的意向成交额由578.3亿美元提升至784.1亿美元，6届进博会的累计意向成交额接近4300亿美元，这种持续增长的态势充分展现了进博会作为国际贸易平台的强大活力和效能。第六届进博会有69个国家和3个国际组织参展，国别覆盖五大洲，涵盖发达国家、发展中国家和最不发达国家，其中有64个“一带一路”共建国家参展，11国首次参展，34国首次线下参展，这无疑进一步丰富了进博会的内容，提升了其国际影响力。在企业商业展方面，第六届进博会的参展企业和规模也实现了新的突破，共有128个国家和地区的3486家企业参展，其中世界500强企业和行业龙头企业达289家，这一数字为历届之最，显示出进博会对全球企业的强大吸引力和对推动全球经济复苏的重要作用。

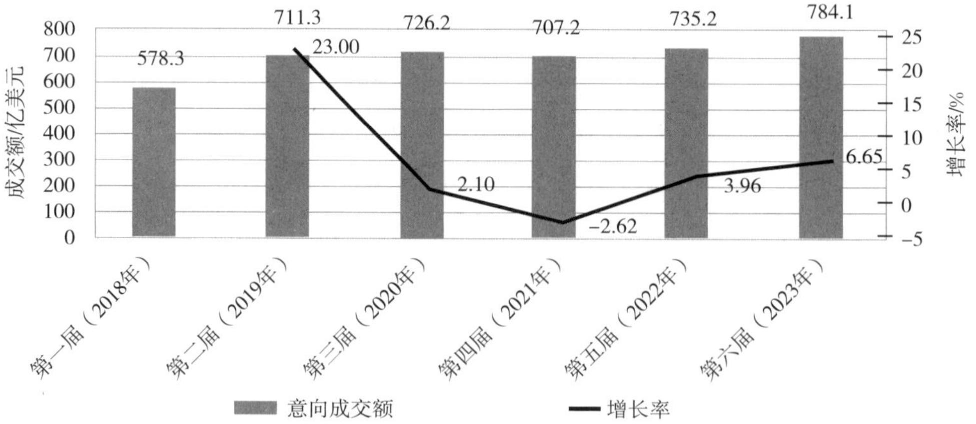

图3-1　中国国际进口博览会意向成交额情况

数据来源：中国国际进口博览会官网。

进博会还持续引领新产品、新技术和新服务的全球展示潮流。数据显示，自第二届进博会以来，展示的新产品、新技术、新服务累计数量已超过2100项（见图3-2），而且历届数量呈现出逐年增长的态势。同时，参展产品、技术和服务也不断迭代升级，多种先进医疗器械、创新药、能源低碳设备、智能工业装备、新能源汽车等在进博会上进行全球首发、亚洲首秀、中国首展，增强进博会在推动全球技术创新和产品升级中的引领作用。

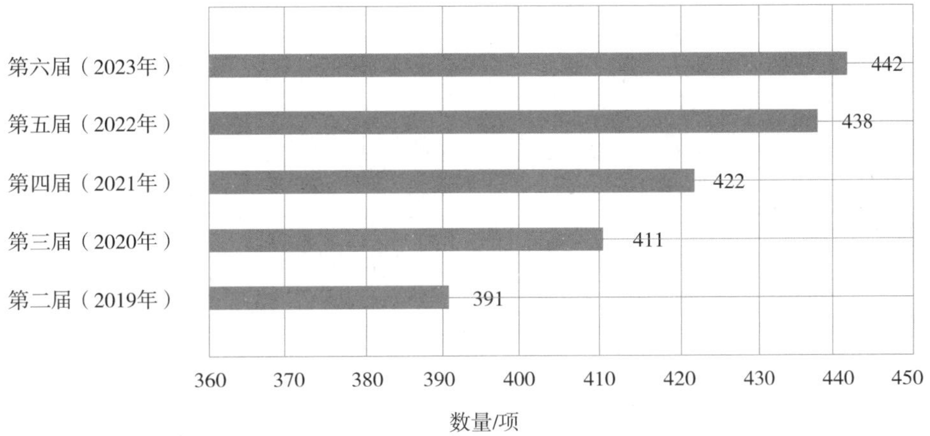

图3-2 中国国际进口博览会新产品、新技术、新服务展示情况

数据来源：中国国际进口博览会官网。

广交会（中国进出口商品交易会）作为中国历史最悠久的综合性国际贸易盛会，是中国对外贸易的重要渠道和对外开放的重要窗口，有力促进国际贸易合作、拓展市场份额和推动产业升级。2024年第135届广交会在展览规模、参展企业、展品特色、采购商数量、交易额等方面均取得显著的成绩（见表3-7）。

我国未来10年商品进口额累计有望超过22万亿美元，市场成长性好，中等收入群体将不断扩大，消费结构将持续升级，为经济发展开辟新空间，为推动高水平对外开放提供坚实基础。

表3-7 2024年第135届广交会数据

指标	数据
境外采购商到会人数	215个国家和地区的24.6万名境外采购商线下参会，比上届增长24.5%
	“一带一路”共建国家采购商16万人，增长25.1%；RCEP成员国采购商6.1万人，增长25.5%；金砖国家采购商5.2万人，增长27.6%；欧美采购商5万人，增长10.7%
出口成交额	线下出口成交247亿美元，比上届增长10.7%。新兴市场客商成交积极，与“一带一路”共建国家成交138.6亿美元，比上届增长13%
进口展	50个国家和地区的680家企业参展，其中“一带一路”共建国家参展企业占比64%
线上平台	线上参会境外采购商40.8万人，来自全球229个国家和地区。参展企业店铺累计访问量341.2万次

资料来源：《线下出口成交247亿美元！第135届广交会圆满落幕》，https://news.ycwb.com/2024-05/05/content_52666909.htm，2024年5月5日。

二、中国高水平开放顺应亚太供应链重构

2018年美国挑起中美贸易摩擦，新冠疫情冲击国际贸易链。2022年俄乌冲突爆发，疫情后美国大肆宣扬“脱钩断链”，2023年巴以冲突升级，随即全球经济“大动脉”红海—苏伊士运河航运中断，全球六大航运公司①首次齐齐绕行好望角，这意味着全球12%②的货物运输航道受阻。这一系列变化表明，地缘局势对全球供应链的影响正在从事件型驱动转变为基本面的变化，对全球供应链造成扰动，对世界贸易产生巨大冲击。美国当下正在推行所谓供应链“中国+1”策略，即将20世纪末以来集中投资于中国的各项产业转移到越南、印度等“新兴经济体”，希望通过这个方式来避免供应链过于依赖中国而带来的潜在风险。因此，预计未来几年，在美国高关税壁垒、产业链转移到东南亚与印度、逼迫人民币升值的三重压力下，国际产业链供应链区域化布局会成为显著特征，很可能会出现三大国际供应链片区：以美国为首的G7加印度的供应链、以中国为主导以RCEP

① 地中海航运公司、马士基航运、达飞海运集团、中远海运、赫伯罗特、长荣海运。

② 超过1万亿美元的货物，即45%的集装箱运力、60%的汽车运输船、10%的液化天然气运输船、9%的油轮、7%的液化石油气船以及4%的散货船。

为核心延伸到“一带一路”沿线国家的供应链、以欧盟内循环为特征的供应链。全球供应链格局的重大变化与百年未有之大变局密切相关，是经济全球化进程的阶段性调整，是以市场化导向为主的全球产业链布局受地缘政治冲突影响所作出的应激反应，反映出效率主导的供应链格局逐步向稳定性安全性导向转变，全球产业链供应链区域化、本土化、短链化趋势明显，朝着运输距离缩短、经贸规则趋同的方向发展。

中国实施高水平开放正是顺应全球尤其亚太区域供应链重构的趋势，积极融入全球产业链供应链，规模优势、配套优势和部分领域的领先优势日益凸显，为供应链更稳定更安全更低成本创造条件。我国已是世界上工业体系最为健全的国家，规模优势、配套优势可大大降低企业成本，提高效率，从纺织服装等传统产业，到人工智能、生物医药和高端装备制造等新兴产业的国际竞争力均不断增强。在百年未有之大变局下，全产业链优势具有“抗风险效应”，可汇聚全球要素资源，形成具有更强创新力、更高附加值、更安全可靠的产业链，为推动高水平对外开放筑牢安全屏障。发展中国家正逐渐成为世界经济、科技发展的增长极，以中国为代表的金砖国家正逐步加大创新投入，显示出其在科技领域的追赶态势，推动金砖国家在科技、人文、产业等领域的开放合作。

全球经济增量中与中国相关的份额进一步增长，全球供应链新格局中以中国为主导的“一带一路”供应链正成为全球最稳定高效的三大供应链之一。“一带一路”倡议实施10年来，成就非凡，中老铁路、以色列海法新港等重大基础设施项目顺利竣工，中巴经济走廊、比雷埃夫斯港、雅万高铁、匈塞铁路等建设运营稳步开展，中欧班列开行量和货运量再创历史新高。形成了覆盖广泛的基础设施网络和基于产业链供应链融合的经贸格局，打造了一批标志性民生工程，极大提升了“一带一路”共建国家民众的获得感和幸福感。这一包容性发展战略的生命力已经显现出来，为各国经济复苏提供了强劲动力，也展示了后疫情时代全球供应链的新前景。

中国开放政策不仅带动自身经济增长，更助力亚太地区的繁荣与发展。围绕构建新发展格局，要增强国内大循环内生动力和可靠性，提升国际循环质量和水平，就必须高度重视国际化大港口对促进国际贸易和优化全球供应链的作用。中国港口有强大的基础设施、先进的运营管理模式和良好的连通性，其有效运作对保障全球供应链的稳定、促进国际贸易的顺畅发挥了至关重要的作用，也助推国际供应链的优化和升级，顺应了国际产业链供应链融合发展趋势。随着中国经济持续增长和高水平开放的推进，中国港口不仅将为中国与世界的贸易交流提供更加便捷的通道，更将为全球供应链重构注入新的活力和动力。广州港加大了投资力度，推动港口高水平发展，为推动RCEP国家间合作、促进亚太区域供应链优化提供了基础。

当下，面对发达经济体试图与中国“脱钩断链”的严峻形势，中国扩大开放的决心不变。2023年8月，《国务院关于进一步优化外商投资环境　加大吸引外商投资力度的意见》发布，相关部门研究进一步缩减外资准入负面清单；9月，中国人民银行、国家外汇管理局召开外资金融机构和外资企业座谈会等，稳外资政策支持力度持续加大；10月，习近平主席宣布了中国支持高质量共建“一带一路”的八项行动，其中在“支持建设开放型世界经济”行动方面，宣布“全面取消制造业领域外资准入限制措施”，表明了我国将推动与“一带一路”共建国家在制造领域更紧密的合作。这些举措意味着中国在吸引外资方面的开放程度更高，对外资的限制更少，为外资提供更多的投资机会和更好的营商环境，推动中国经济发展和结构优化；同时，也鼓励中国企业进一步“走出去”，在RCEP伙伴国投资布局，优化亚太区域产业链供应链。国际分工体系加速演变，经济的区域化与全球化促使各国在规则、标准和管理等方面实现兼容。中国也需要在扩大商品和要素流动型开放的基础上，稳步推进制度型开放，以超大规模市场优势吸引全球高质量要素资源，大力提升在全球供应链格局中的话语权。

第三节　对标世界一流锻造亚太增长新引擎

《广州面向2049的城市发展战略规划》提出面向湾区的十六字空间发展方针——“两洋南拓、两江东进、老城提质、极点示范”，开展城市全域规划，拉开城市空间格局；提出建设开放之城、海洋之城、枢纽之城、创新之城、宜居之城、人文之城和韧性之城。从2000年《广州城市建设总体战略概念规划纲要》

中的“南拓、北优、东进、西联”八字方针到现在“两洋南拓、两江东进、老城提质、极点示范”十六字空间发展方针，南拓都处于首要位置。广州将把南沙打造成向海而立、创新而强、链湾而兴的未来综合性新城。伴随着南沙自贸区建设不断取得新成就，制度创新不断取得新突破，南沙可以与港澳地区共同发展成为事实上的自由贸易区，还可以与海南自由贸易港实现更大空间的开放互动与产业协作。我们参考中国香港与新加坡的发展轨迹，可以畅想到2035年，南沙地区生产总值可达1万亿元；2049年，新中国成立百年之际，我国实现中华民族伟大复兴并成为世界强国，南沙地区生产总值有望比肩香港，南沙终将成为亚太增长新引擎。

一、中国香港与新加坡发展模式的比较与启示

中国香港与新加坡都是“亚洲四小龙”的佼佼者，二战后，这两个城市崛起为亚太乃至世界的经济中心，基本历经25年左右的发展期。从土地面积、港口、产业选择、贸易政策、科技政策、金融产业、人才政策等方面出发，我们看到，南沙完全可以达到两者的发展高度，成为亚太地区新引擎。通过对比分析中国香港和新加坡的经济总量、人口数量、制造业增加值、服务业增加值和港口集装箱吞吐量等核心数据，探讨中国香港和新加坡的发展轨迹，为南沙的发展规划提供建设性的参考（见表3-8）。

表3-8 中国香港、新加坡的发展轨迹

指标	中国香港（1978年）	新加坡（1978年）	中国香港（2000年）	新加坡（2000年）
GDP/亿美元	183.15	75.17	1716.69	960.77
土地面积/千米^2	1070	670	1100	670
人口数量/万人	467	235	667	403
人均GDP/万美元	0.39	0.32	2.58	2.39
进出口总额/亿美元	248.5	232.0	4167.3	2723.5
进口额/亿美元	133.9	130.6	2140.5	1345.5
出口额/亿美元	114.6	101.4	2026.8	1378.0

续表

指标	中国香港（1978年）	新加坡（1978年）	中国香港（2000年）	新加坡（2000年）
制造业占GDP比重/%	31.20	23.34	4.59	25.86
服务业占GDP比重/%	69.50（1985年）	63.14（1985年）	83.76	60.66
港口集装箱吞吐量/万标箱	122.6	53.9	1810.0	1708.7

数据来源：中国香港特别行政区政府统计处和新加坡统计局。

（一）中国香港经济发展轨迹

（1）经济基石在于金融与贸易协同发展。香港经济实力主要体现在金融和贸易两大行业。2000—2021年，以美元不变价计算，香港实现了3.1%的年均复合增速，明显高于同期发达经济体的平均增速1.7%。尽管在2019年和2020年香港遭遇经济衰退，但其金融保险业在2021年占本地生产总值比重仍高达22.1%，显示了其金融业的韧性。同时，香港贸易总额在2021年达到约13165亿美元，全球排名第六，且实现了5.6%以上的年均复合增速，体现了其在全球贸易中的重要地位。从产业结构的角度看，香港经历了从转口贸易到工业化再到后工业化的转变。在这个过程中，服务业，特别是金融业和保险业，逐渐成为经济的主导力量。

（2）商业制度的基础在于稳定的汇率与低税负环境。香港的商业制度为其保持国际金融中心地位提供了坚实基础。自1983年起实施的联系汇率制度，确保了港币汇率稳定，香港成为国际资本的安全港。此外，香港作为全球最低税率地区之一，16.5%的企业所得税税率和广泛的税收优惠政策吸引了大量企业入驻。这种低税负环境，结合其无外汇管制的特性，进一步增强了香港作为国际金融中心的吸引力。

（3）产业政策导向在于巩固国际金融中心地位与提高创科能力。在产业政策方面，香港积极应对全球化挑战，通过灵活的政策调整推动产业多元化。香港特区政府针对金融、创科等关键领域实施了一系列税收优惠和财政激励措施。特别是在打造金融中心新兴竞争优势方面，香港通过降低企业财资中心的税率、引入有限合伙基金制度等措施，推动了本地私募基金产业的发展。同时，香港还致力于打造绿色金融中心，通过发行绿色债券和提供资金支持，推动了绿色和可持续金融的发展。在打造非金融多元竞争力方面，香港提出了“南金融、北创科”的经济转型战略，通过投入大量资金支持创科产业发展，推动了本地研发开支的大幅增长和初创企业数量的快速增加。

（4）宜居宜业策略促进高效行政与优质生活的融合。香港特区政府的高效行政和城市的优质居住环境是其保持竞争力的关键因素。香港在“政府效率”和“营商效率”方面的国际排名均位居前列，这得益于其精简的政府机构和高效的行政流程。同时，香港拥有丰富的教育资源和高度绿化的城市环境，为居民提供了优质的生活条件。尽管香港面临着高房价负担的问题，但它通过提高公屋比重、填海造田、推动北部都会区建设和大湾区一体化发展等措施，努力为居民提供更多的住房选择和政策支持。

（二）新加坡经济发展轨迹

新加坡作为世界增长最快的经济体之一，拥有高效的政府、宜商的环境、优越的地理位置，并具有熟练且形成规模的劳动力，持续关注技术创新和对外贸易对推动新加坡经济增长的卓越贡献。

（1）经济基石在于稳健增长与现代产业结构的持续优化。新加坡经济在近些年展现出强劲的增长势头，其GDP总量已赶超中国香港，这主要得益于其坚实的经济基础和产业结构的优化。2000—2021年，新加坡以年均4.8%的复合增速显著领先于同期发达经济体的平均增速1.7%。2021年，新加坡GDP总量达到4237.97亿美元，较中国香港高出约15%（见图3-3）。此增长得益于新加坡制造业的高占比和港口作业的领先地位。新加坡的贸易和航运业持续繁荣，2021年贸易总额达8628亿美元，且港口集装箱吞吐量实现年均3.1%的增长（见图3-4）。此外，在产业结构上，新加坡经历了从转口贸易到工业化再到后工业化的转变，服务业占比达到65.9%，其中金融及保险业占13.8%。值得注意的是，新加坡的制造业仍维持约20%的占比，这为其经济增长提供了稳定的动力。

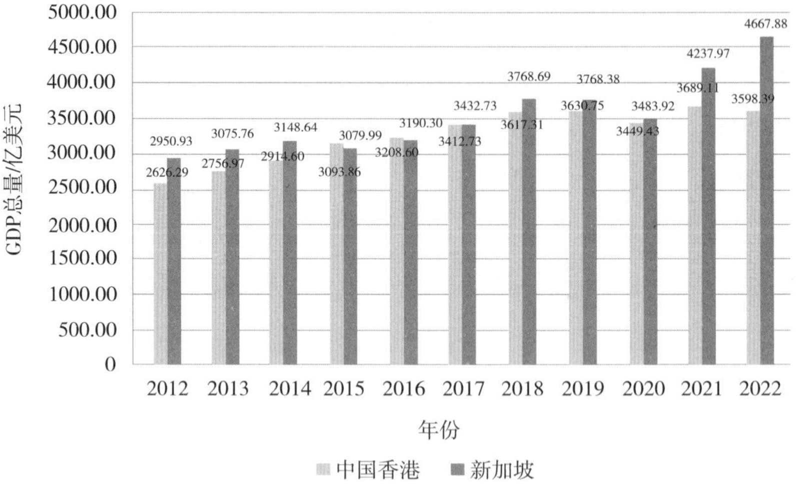

图3-3 中国香港与新加坡GDP总量对比

数据来源：中国香港特别行政区政府统计处和新加坡统计局。

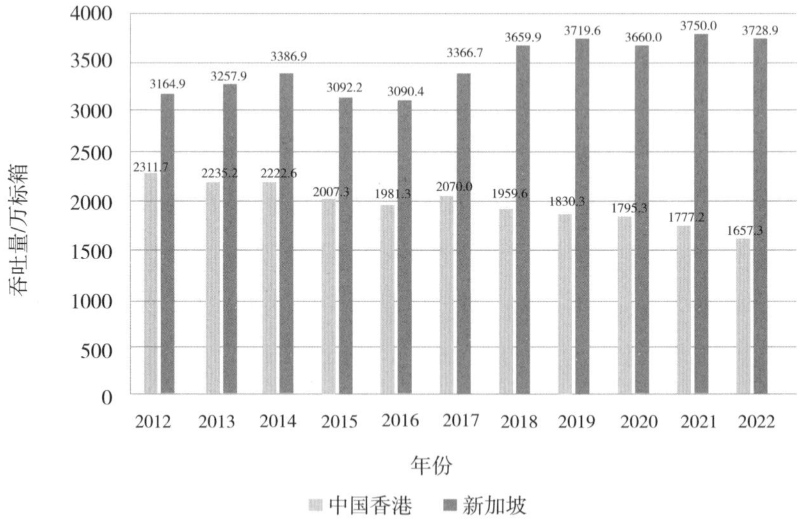

图3-4 中国香港与新加坡港口集装箱吞吐量对比

数据来源：中国香港特别行政区政府统计处和新加坡统计局。

（2）商业制度取胜于稳定的汇率环境与税收优惠策略。新加坡在商业制度方面采取了一系列措施，为其保持国际金融中心地位提供了有力支撑。1981年实施的管理浮动汇率制度确保了新元汇率稳定，促进了国际贸易和投资。税制设计上，新加坡提供广泛的税收优惠，吸引跨国公司。新加坡企业所得税税率为17%，具有竞争力，部分企业还享有税收优惠。此外，新加坡法制健全，商业环境透明，以英国普通法为基础，结合本地实际调整。政府打击非法活动，维护市场秩序，并强化知识产权保护，支持创新和技术转让。这些制度增强了投资者的信心，促进了商业合作，推动经济持续发展。

（3）发展策略方向在于灵活的产业政策与创新驱动。新加坡作为资源有限的小型经济体，其产业政策的核心在于灵活性和前瞻性。近年来，新加坡着重提升金融中心的竞争优势，并致力于打造创科产业链。为此，政府推出了一系列支持政策，如金融与财资管理中心的税收优惠、私募基金产业的税收优惠计划以及绿色债券框架等。此外，“制造业2030愿景”计划和“智慧国家2025”计划进一步彰显了新加坡在制造业和科技创新领域的战略决心。

（4）城市形象塑造为高效行政与宜居城市。新加坡政府的高效行政和宜居环境是其保持竞争力的关键因素。在行政效率方面，新加坡在国际排名中处于前列。同时，新加坡拥有丰富的教育资源及高度智慧化和绿色化的城市环境，是全球优质生活的典范。新加坡住房负担没有中国香港严重，且新加坡政府已出台多项政策缓解住房负担问题。

在经济总量方面，中国香港本地生产总值稳定在3500亿美元左右，新加坡GDP则从2012年的2950.93亿美元增加至2022年的4667.88亿美元（见图3–3）。在劳动力人口方面，2012—2023年，中国香港的劳动力人口总量稳定在380万人左右，新加坡劳动力人口总量从2012年的约319万人增加至2023年的约362万人（见图3–5）。中国香港和新加坡的一个主要差异点表现在产业结构上，中国香港的工业增加值2012—2021年只有200亿美元左右，2021年中国香港的服务业增加值已经达到3307.5亿美元；新加坡的工业增加值2021年已经达到988.62亿美元，2021年服务业增加值则为2757亿美元（见图3–6、图3–7），新加坡的产业布局更为全面，发展动力源也更多元。

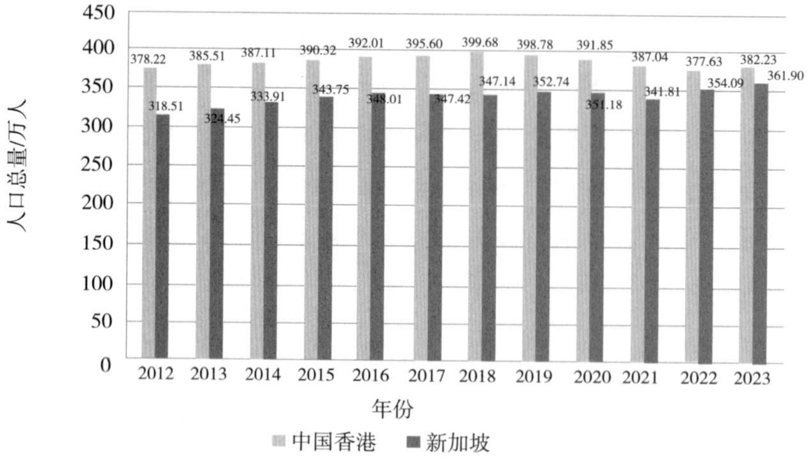

图3-5　中国香港与新加坡劳动力人口总量对比

数据来源：中国香港特别行政区政府统计处和新加坡统计局。

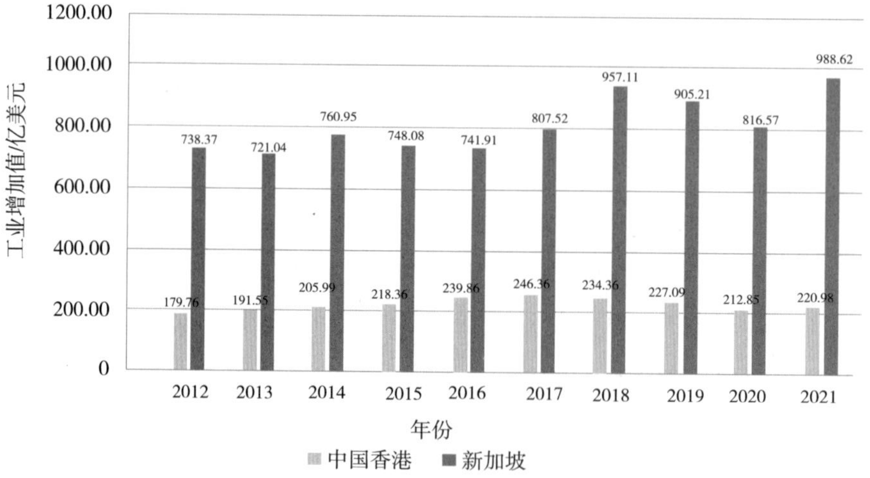

图3-6　中国香港与新加坡工业增加值对比

数据来源：中国香港特别行政区政府统计处和新加坡统计局。

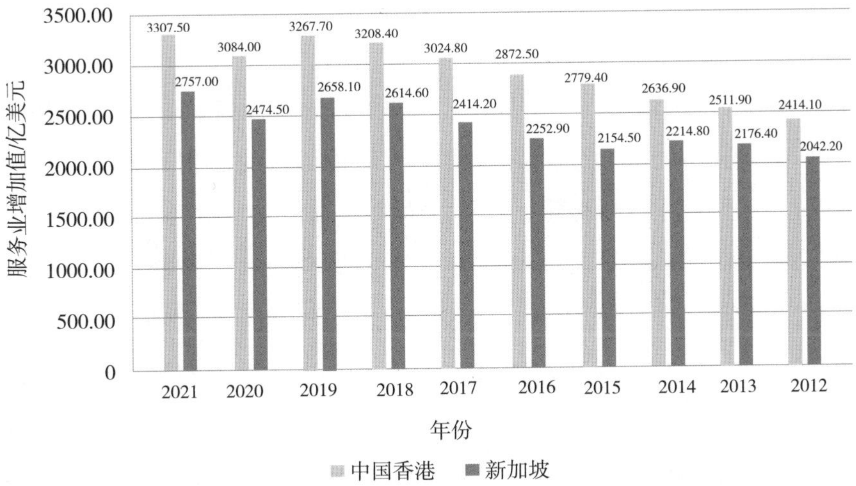

图3-7　中国香港与新加坡服务业增加值对比

数据来源：中国香港特别行政区政府统计处和新加坡统计局。

（三）中国香港与新加坡发展历程的启示

中国香港与新加坡均实施自由港政策，吸引大量集装箱在两个城市中转，奠定了两个城市世界集装箱中心枢纽的地位，为促进转口贸易及后来的航运业发展创造了条件。这两个城市崛起的源头是港航业，进而形成国际贸易中心，随后大力发展产业园[①]，并进入金融发展高峰期，最后狠抓科技制造业。如果制造业萎缩，创新能力也会下降。如从2013年以来短短10年，中国香港全球创新指数排名从领先新加坡到落后其10多名[②]，而南沙正在大力发展高端制造业与生产性服务业，可以借鉴中国香港及新加坡的发展经验，融合这两个世界级城市的发展战略，形成具有南沙特色的产业发展战略，如此，则南沙塑造现代产业结构的愿景可期。

比较而言，从产业升级发展和国际金融枢纽建设两个维度看，南沙前景乐观。一是南沙拥有更优越及现代的深水码头、前景广阔的临港经济区，而且背靠泛珠市场腹地与“世界工厂”的优势，作为贸易中心条件成熟，为金融发展打下

① 香港代表性产业园：大埔工业园、元朗工业园、将军澳工业园、香港科学园。新加坡代表性产业园：新加坡科技园、裕廊工业园。

② 2013年：香港排名第七、新加坡排名第八。2023年：香港排名第十七，新加坡排名第五。

了基础。二是南沙自贸区挂牌以来，金融业从零起步、迅猛发展，成为南沙重点产业之一。

南沙还拥有比前两者更大的优势，803平方公里土地面积为其发展高端制造业奠定了基础，国际金融岛政策为在数字人民币国际化趋势下在南沙建构庞大服务规模的跨境贸易结算平台提供了不可或缺的基础。

所以，对照中国香港及新加坡的发展轨迹与产业演进逻辑，进入湾区时代的南沙具有更大的优势与机遇，完全有可能在2049年成为亚太地区新引擎。同时，可以畅想，到2025年，临港产业综合实力雄厚、生产要素高效自由流动、宜居宜业宜游的临港经济区基本形成，以港口为核心的基础设施进一步完善，粤港澳产业合作和服务接轨取得实质进展，实现地区生产总值3000亿元；到2035年，临港经济区全面建成，现代化基础设施体系建设完成，临港产业实力大幅提升，对周边地区的引领带动能力进一步提升，国际竞争力、影响力进一步增强，成为广州市新的经济增长极，实现地区生产总值6000亿元，以龙穴岛等区域为核心争取设立自由贸易港；到2050年，临港经济区发展成熟完善，形成世界级枢纽门户和产业高地、粤港澳大湾区核心引擎，有效辐射带动区域发展，实现地区生产总值超万亿元，成为具备全球影响力的国际领先的临港经济区。

二、南沙深化开放的突破方向

南沙面向世界的发展要求南沙自贸区政策开放与创新有新高度。《南沙深化面向世界的粤港澳全面合作条例》（简称《南沙条例》）经广东省第十四届人民代表大会常务委员会第八次会议审议通过，自2024年3月1日起施行。《南沙条例》通过立法破除改革发展障碍，明确对南沙放权赋能的制度路径，赋予南沙更大的管理权限，按照“能放则放”的原则，将省、市有关管理职权依法调整为由南沙区人民政府及有关部门行使。《南沙条例》从南沙的实际情况和具体需要出发，立足广东省事权，赋予南沙更大自主权，通过立法破解南沙管理体制机制与建设发展需求不相匹配、与港澳和国际民商事规则衔接机制对接不够紧密、跨境要素流动不够顺畅等问题。推动粤港澳在科技创新、深化开放合作、支持港澳参与建设等方面积累的经验上升为地方性法规，为南沙高质量发展提供有力法治保障。

首先，强化放权赋能，立足南沙建设发展、开放合作的实际需要，赋予南沙相关管理权限。《南沙条例》明确了对南沙放权赋能的制度路径，在符合法律、行政法规或者国家规定的前提下，按照有关程序报经国家同意后，可以将承接的国家管理权限依法调整为由南沙区人民政府及有关部门行使。《南沙条例》鼓励和支持南沙结合实际情况，在法治框架内率先在改革开放重要领域和关键环节大胆探索、先行先试；对探索中出现失误或者偏差，符合规定条件的，可以予以免责或者减轻责任。

其次，完善开放型创新生态，增强科技创新能力。《南沙条例》提出支持南沙与港澳及国际科研机构、高新技术企业加强科技联合创新，共同组织实施科技创新项目，开展关键核心技术攻关；支持南沙实施财政科研资金跨境使用便利化措施，按照国家有关规定将财政科研资金直接拨付至香港、澳门地区牵头或者参与科研项目的科研单位。跨境科研物资自由流动方面，《南沙条例》提出开展跨境科研用的物资正面清单、生物医药研发用物品进口白名单制度试点，港澳科研机构因科研、测试、认证检查所需的产品和样品可以按照国家有关规定免于办理强制性产品认证。支持南沙按照国家和省的有关规定引入港澳地区城市规划专业企业、专业人士参与规划编制、设计研究。支持南沙创新与港澳对接的工程建设管理模式，实行建筑师负责制、全过程工程咨询项目试点，在监管制度、标准规范等方面探索制定粤港澳三地相互融合的工程建设管理规则等。

最后，打造面向世界的制度型开放高地。从流动型开放到制度型开放，为加快打造对外开放新高地，南沙要营造市场化、法治化、国际化一流营商环境，加强规则衔接、机制对接，推动制度型开放。《南沙条例》支持南沙探索试行商事登记确认制，探索建立与港澳、国际接轨的市场主体登记管理制度。推动南沙建设粤港澳大湾区市民服务中心，拓展跨境政务服务，建立跨境信用合作机制等。在加强人才制度创新方面，推动南沙与港澳建立职称与专业资格比照对应机制，符合比照对应关系或者取得相应职称证书的港澳专业人才，在高层次人才认定、人才和科研项目申报等方面享受同等待遇。支持南沙对重要产学研合作平台引进的专业技术人才开展不定期的特殊评审，将其在境外的专业工作经历、学术成果、专业技术贡献等作为职称评价依据。进一步深化粤港澳全面合作，重点探索与港澳及世界的规则对接与融通，这是南沙未来构建新发展格局的重要使命。南沙要统筹谋划物流设施建设、服务体系构建、业态模式创新，促进南沙现代流通体系高质量发展，增强核心引擎功能。现代流通供应链涉及上下游企业群、多个环节，高效顺畅运转的难度大、要求高，亟须协同港澳促进制度规则衔接，推动要素资源流动。因此，南沙自贸区要深化开放，制定系统的现代化管理制度规则衔接体系，不断破除内外贸一体化发展面临的制度障碍，优化现代流通体系融合发展环境，实现资金流、技术流、信息流、人才流自由流动，才能进一步提升南沙在亚太区域的产业链供应链的稳定性和竞争力。

三、南沙打造新型自由贸易港愿景前瞻

南沙发挥自贸区优势可以更好地与湾区内各大港口形成组合港功能，密切与亚太区域城市经贸关系。进一步推动政策创新，优化营商环境，扩大临港经济区对外开放和发展自主权，优化临港产业与科技创新发展环境，建设更具吸引力的人才集聚高地，加大用地政策支持力度，有利于南沙成为亚太区域投资便利化的新标杆。南沙应在服务贸易开放、货物监管制度、金融开放创新、粤港澳深度合作、全面风险管控等方面进一步探索，创造更便利、更优越的营商环境。自由贸易港通常被视为开放程度最高的自由贸易试验区，往往能成为一个地区乃至全球开放高地和贸易枢纽中心。南沙可以尝试在自由贸易试验区基础上，探索建立新型自由贸易港，推动实施新一轮高水平对外开放，在服务业等领域促进更高层次、更大力度开放，对接国际贸易投资新规则，形成更优化的资源配置结构。

（一）先行一步加快与港澳经贸一体化

南沙可以发挥与港澳合作的密切优势，解决港澳腹地不足的问题。港澳地区由于面积狭窄，本土市场规模有限，缺乏制造业支撑的经济总量难以大幅提升；南沙起步晚，国际经贸网络相对薄弱，缺乏高端服务业支撑的经济规模难以快速扩张。随着南沙开放度的进一步提高，与港澳之间的规则差异日益减小，三地之间经贸活动无缝连接，就会形成一个放大版的港澳或者说是国际化的南沙，这一组合体将会在全球经济格局中大放异彩。

（二）成为亚太区域投资便利化的新标杆

南沙自贸区将继续加强国际规则的对接，以集聚全球先进生产要素，从而成为亚太区域投资便利化的新标杆。在推进高水平对外开放的过程中，南沙自贸区注重稳步扩大规则、规制、管理、标准等制度型开放，还积极推动金融创新政策落地，为投资者提供清晰、稳定的预期环境。通过推动投贷联动、自由贸易账户等金融创新政策在南沙落地实施，为装备、技术、标准等提供全方位的融资解决方案。这些创新举措，提高了各类要素资源的配置效率，降低了企业融资成本，提高了融资效率，为企业拓展国际市场提供了强有力的资金保障，推动与国际规则对接，加强与国际市场的深度融合。南沙推动投资便利化、金融创新以及国际市场拓展，打造亚太区域投资便利化的新标杆，便于南沙重点引入战略性新兴产业、数字产业、智能制造、智能网联汽车产业、海洋产业和绿色产业方面的国际投资。未来，南沙自贸区可以进一步发挥自身优势，积极探索创新路径，为推动全球贸易与投资便利化、促进经济持续增长作出更大贡献。

（三）与海南自由贸易港形成联动，更好推进亚太地区供应链重组

南沙自贸区与海南自由贸易港在历史、人文、地理及经济等方面联系紧密，为两者协同发展提供了坚实的基础。这种联动不仅有助于优化资源配置，还能促进产业转型升级，提高整体竞争力。南沙自贸区依托国内最发达的区域经济体，紧临香港与澳门。而海南自由贸易港独特的制度与政策体系，为南沙自贸区进一步开拓国内市场、吸引高端要素提供了宝贵机遇。两者协同发展，将形成强大的合力，推动亚太地区供应链优化与重组。这种联动效应有助于提升两者的经济发展水平，更能加强中国与“一带一路”沿线国家和地区的经贸合作，深化区域经济一体化。南沙自贸区与海南自由贸易港的协同发展，将成为亚太地区供应链重组的重要引擎，为推动全球贸易与投资便利化、促进经济持续增长作出积极贡献。

南沙自贸区与海南自由贸易港形成联动，在税收优惠、人才政策、金融开放、国际合作与贸易等领域具有协同发展的基础，实现传统产业互补发展、合作共赢，更好优化亚太地区供应链重组（见表3-9）。南沙自贸区所在的珠三角地

区发展重心聚焦于制造业，优先发展高端制造业与相关现代服务业。海南自由贸易港重点发展旅游与航运产业，加快国际离岸金融中心与大宗商品交易市场的建设。南沙自贸区和海南自由贸易港实现产业融通。

表3-9　南沙自贸区和海南自由贸易港政策比较

政策内容	南沙自贸区	海南自由贸易港
税收优惠	企业所得税：对先行启动区鼓励类产业企业减按15%税率征收企业所得税，并按程序制定优惠产业目录。支持符合条件的一站式创新创业平台按规定享受科技企业孵化器税收优惠政策。 个人所得税：对在南沙工作的港澳居民免征其个人所得税税负超过港澳税负的部分	企业所得税：对注册在海南自由贸易港并实质性运营的鼓励类产业企业，减按15%税率征收企业所得税。 个人所得税：对在海南自由贸易港工作的高端人才和紧缺人才，其个人所得税实际税负超过15%的部分，予以免征
人才政策	创建青年创业就业合作平台：符合条件的港澳居民到南沙创业的，纳入当地创业补贴扶持范围，可同等享受创业担保贷款和贴息等当地扶持政策；探索推动南沙事业单位、法定机构、国有企业引进符合条件的港澳青年人才；加强就业配套服务保障，在住宿公寓、通勤、子女入托入学等方面提供便利条件，帮助港澳居民解决到南沙工作的后顾之忧；规划建设粤港澳青少年交流活动总部基地。 创新人才政策体系：在股权激励、技术入股、职业资格认可、子女教育、商业医疗保险等方面率先突破；给予国际高端人才入境、停居留便利；大力发展国际化人力资源服务，允许国际人才创办科技企业、担任科研机构法人代表	一方面，在出入境管理方面更大范围适用免签入境政策，逐步延长免签停留时间，优化出入境边防检查管理，为商务人员、邮轮游艇提供通关便利。 另一方面，对外籍高层次人才实施出入境便利，主要包括实现工作许可、签证与居留信息共享和联审联检，推进建立人才服务中心、国际人才评价机制，对外籍人员赴海南自由贸易港的工作许可实行负面清单管理，放宽外籍专业技术技能人员停居留政策，允许符合条件的境外人员担任海南自由贸易港内法定机构、事业单位、国有企业的法定代表人，实行宽松的商务人员临时出入境政策

续表

政策内容	南沙自贸区	海南自由贸易港
金融开放	有序推进金融市场互联互通。支持符合条件的港澳投资者依法申请设立证券公司、期货公司、基金公司等持牌金融机构。支持南沙参与粤港澳大湾区保险服务中心设立。支持跨境机动车保险、跨境商业医疗保险先行先试。支持开展移动支付创新应用。 加快研究按程序在南沙设立粤港澳大湾区国际商业银行。支持推进外汇管理改革，探索开展合格境内有限合伙人（QDLP）境外投资等政策试点，支持粤港澳三地机构合作设立人民币海外投贷基金。加强金融监管合作，提升风险监测、预警、处置能力	注重建立多功能自由贸易账户体系。以国内现有本外币账户和自由贸易账户为基础，构建海南金融对外开放基础平台，通过金融账户隔离，建立资金“电子围网”。 通过银行真实性审核从事前审查转为事后核查，实现跨境贸易投资资金流动的结算便利化。支持建设国际能源、航运、产权、股权等交易场所，加快发展结算中心，落实金融业对内对外的扩大开放。 加快金融改革创新，支持住房租赁金融业务创新和规范发展，支持发展房地产投资信托基金（REITs）
国际合作与贸易	加强国际经济合作：支持南沙高质量实施《区域全面经济伙伴关系协定》（RCEP），率先积累经验。对标《全面与进步跨太平洋伙伴关系协定》（CPTPP）、《数字经济伙伴关系协定》（DEPA）等国际高水平自贸协定规则，加大压力测试力度。加强与欧盟和北美发达经济体合作，推动在金融、科技创新等领域对接，打造成为国际经济合作前沿地。 构建国际交往新平台：鼓励引导港澳商会协会在南沙设立代表处；促进与“一带一路”沿线国家和地区以及全球主要自贸区、自贸港区和商会协会建立务实交流合作，探索举办“一带一路”相关主题展会，构筑大湾区对接“一带一路”建设的国际经济合作新平台。办好国际金融论坛（IFF）全球年会，积极承办国际重要论坛、大型文体赛事等对外交流活动	对外贸易是海南自由贸易港的首要发展重点，目的是对标国际最高开放水平，且分别涉及与境外和内地的对接，有关税收方面的优惠及简化政策是海南自由贸易港的重要设计，这一点明显区别于大湾区。海南还针对货物贸易，提出“一线”（海南与境外之间）放开、“二线”（海南与内地之间）管住、岛内自由的发展策略并制定管理细节；针对服务贸易，采取“既准入又准营”的策略，即实行服务贸易负面清单，同时给予境外服务提供者国民待遇

续表

政策内容	南沙自贸区	海南自由贸易港
产业方向	科技创新产业合作基地：承接香港科技创新成果转移转化，推动海洋科技力量集聚，高水平建设南沙科学城，打造智能制造产业链，建设专业化机器人创新中心，建设国际光缆登陆站和数据服务试验区。 青年创业就业合作平台：开辟拓展面向港澳青年的创新创业空间；构建全链条创业服务体系和全方位多层次政策支撑体系。 高水平对外开放门户：构建中国企业“走出去”综合服务基地，建设线上线下一体化国际投融资综合服务体系，建设粤港澳湾区印刷业对外开放连接平台，打造国际海事服务产业集聚区、大湾区航运联合交易中心，设立期货交割仓等	旅游业方面：建设文化旅游产业园，发展特色旅游产业集群。 现代服务业方面：吸引跨国公司设立区域总部，创新港口管理体制机制，提高全球供应链服务管理能力，打造国际航运枢纽。 海洋经济层面：完善海洋服务基础设施，积极发展海洋服务体系，包括海洋物流、海洋旅游、海洋信息服务、海洋工程咨询、涉海金融、涉海商务等。 通信业方面：开放增值电信业务，逐步取消外资股权比例等限制，安全有序开放基础电信业务，开展国际互联网数据交互试点，建设国际海底光缆及登陆点，设立国际通信出入口局
发展目标	2025年：粤港澳联合科技创新体制机制更加完善，产业合作不断深化，区域创新和产业转化体系初步构建；教育、医疗等优质公共资源加速集聚，市场化、法治化、国际化营商环境基本形成，携手参与“一带一路”建设取得明显成效；先行启动区建设取得重大进展。 2035年：区域创新和产业转化体系更趋成熟，国际科技成果转移转化能力明显提升；公共服务达到世界先进水平；国际一流的营商环境进一步完善，在粤港澳大湾区参与国际合作竞争中发挥引领作用，携手港澳建成高水平对外开放门户，成为粤港澳全面合作的重要平台	2025年：初步建立以贸易自由便利和投资自由便利为重点的自由贸易港政策制度体系。营商环境总体达到国内一流水平。 2035年：自由贸易港制度体系和运作模式更加成熟，成为我国开放型经济新高地。 21世纪中叶：全面建成具有较强国际影响力的高水平自由贸易港，成为综合竞争力和文化影响力领先的地区

资料来源：南沙自贸区和海南自由贸易港相关政策文件。

未来，南沙可与海南密切合作，布局深海、深空、深地等新兴领域产业集群，科学谋划未来产业，推进产业向数字化、网络化、智能化、绿色化发展。利用海南发展现代服务业的基础与政策优势，建设与南沙互联互通的商贸物流、服务外包、跨境电商与金融服务枢纽，打造两大自贸区商贸物流协作链。加强海南自由贸易港与粤港澳大湾区的旅游合作，充分发挥大湾区旅游业的资金与经验优势，构建面向世界的旅游生态圈。

新发展格局下南沙发展临港经济，应持续推动要素市场和规则、规制、管理、标准领域的开放，引进高端人才、技术，打造双循环枢纽，服务好大湾区和海南产业发展，共同打造世界级先进产业集群。

第四章

Chapter 4

平台赋能：建设湾区世界级港航金融高地

共建“一带一路”倡议促进了全球开放合作，维护了世界繁荣发展。广东要写好21世纪海上丝绸之路新篇章，港口建设和港口经济非常重要。2023年4月，习近平总书记在广东考察时指出，“要加强陆海统筹、山海互济，强化港产城整体布局”①。南沙作为海上丝绸之路新起点之一，应积极发挥自身独特区位优势与港航协同优势，围绕高质量发展这个首要任务和构建新发展格局这个战略任务，勇担打造粤港澳大湾区面向世界的科技创新与产业协同枢纽新使命，提高自身在全球产业链供应链价值链中的影响力。在建设“数字湾区”的大背景下，南沙要抓住打造世界级港航金融服务生态圈的历史机遇，抢占蓝海，携手港澳推动航运产业链供应链金融链融合发展，加快传统港口转型升级，实现港产城深度融合，努力建设航运金融中心，为广州扛起习近平总书记赋予的领头羊和火车头新使命新任务提供强大支撑。

第一节　粤港澳大湾区港口群竞争格局与南沙使命

当今世界百年未有之大变局加速演进，新冠疫情冲击了全球贸易链与供应链，贸易保护主义加剧，世界经济增长乏力。2020年，中国提出加快构建以国内大循环为主体、国内国际双循环相互促进的新发展格局，实施更高水平的对外开放，促进世界经济合作共赢，推动世界贸易复苏。中国以粤港澳大湾区为重要抓手推进高水平对外开放，促进我国超大规模市场经济深度融合，为世界经济提供新动能。南沙作为双循环战略节点、高水平开放枢纽门户，在推动RCEP区域内贸易自由化进程中，其港航产业发展将担负加快构建新发展格局服务对外贸易、促进内外联动的重要使命。

① 《坚定不移全面深化改革扩大高水平对外开放 在推进中国式现代化建设中走在前列》，《人民日报》2023年4月14日第1版。

一、粤港澳大湾区港口群发展态势

2023年，粤港澳大湾区内地9市的地区生产总值总额超过11万亿元，加上港澳地区，经济总量超14万亿元，各项经济指标位居全国前列，巨大的经济规模带动大湾区港口群①快速发展。这些港口群在国际上有较高的知名度和影响力。其中，广州港、深圳港、香港港三大港口享有“世界级港口”之名，是国际航运市场的重要组成部分。粤港澳大湾区也凭借优越的区位条件和港航基础，具有较大的潜力和较高的可持续性，11个城市因地制宜发展对外经济，粤港澳大湾区港口群的货物进出口总额稳步上升并形成港口群梯度建设，2021年已有4个港口的货物进出口值超千亿美元（见表4-1）。可见，粤港澳大湾区港口群是全球港口群发展的重要风向标。

表4-1　粤港澳大湾区各港口的货物进出口值

单位：亿美元

年份	广州港	深圳港	珠海港	佛山港	惠州港	东莞港	中山港	江门港	肇庆港	香港港	澳门港
2021	1674.53	5485.77	513.58	952.20	472.95	2359.97	417.03	276.93	62.75	13208.71	208.40
2020	1376.12	4409.01	394.98	732.39	359.81	1921.00	318.99	206.48	59.87	10567.58	129.39
2019	1460.45	4350.67	420.56	712.80	395.79	2003.57	348.23	204.76	59.20	10865.32	127.95
2018	1484.35	4536.34	496.64	698.78	508.63	2030.97	356.11	224.20	58.95	11352.56	125.84
2017	1428.46	4139.78	441.89	643.58	503.45	1815.48	382.33	205.47	53.68	10579.56	109.69
2016	1292.12	3983.25	415.20	632.53	462.60	1722.45	335.21	189.75	65.24	9787.46	100.76
2015	1336.52	4423.45	475.28	655.52	542.66	1673.24	353.12	196.42	81.12	9868.52	118.32

数据来源：中华人民共和国交通运输部官网、广东省统计局官网、香港特别行政区政府统计处和澳门特别行政区政府统计暨普查局。

① 大湾区港口群包括香港港、广州港、深圳港、东莞港、珠海港、惠州港、佛山港、中山港、江门港、肇庆港十大港口。

二、粤港澳大湾区港口群竞争态势

20世纪80年代初，随着“深圳模式”的成功和沿海各港口城市的逐步开放，环珠江口港口群格局形成。20世纪90年代，港口群发展步入全面竞争阶段，各港口纷纷开辟新航线、引进新设备、运用新技术等，以提高自身综合实力。2000年以后，随着珠三角地区经济的高速发展和国际贸易的持续增长，各港口不断强化协调合作、拓展港口业务、提高港口服务水平，共同打造珠三角地区港口群的核心竞争力。2006年，《全国沿海港口布局规划》将珠三角地区港口群列为我国五大沿海港口群之一。2019年，《粤港澳大湾区发展规划纲要》明确提出要提升珠三角港口群国际竞争力。但迄今统一、详细的整体性规划尚未出台，各港口定位存在一定程度的功能重叠，部分港口的规划延续性不强。

总体来看，广州港、深圳港、香港港三大港呈三足鼎立格局，国家在《全国沿海港口布局规划》《粤港澳大湾区发展规划纲要》中都作了框架性规划。现行的《广东省港口管理条例》于2007年3月开始实施，但在省级层面对于大湾区港口群还缺乏实质性工作机制；未能对大湾区内各港口发展进行统一协调与规划；对港口群内部各港口岸线、临港土地等资源的利用不充分，在一定程度上造成了资源浪费。在港口管理中，港务局负责港口资源的保护和合理利用，海关负责货物进出口监管，海事局负责海上船舶巡行和安全管理，发改委、边检、公安等相关部门也承担着部分职能，部门间存在职能交叉、协调不足等问题。从整个湾区看，南沙港航业涉及跨境协调，还需要考量“一国两制”背景下三地航运监管、跨境结算与物流信息化等规则协同问题。

此外，粤港澳大湾区港口群内部存在协同不足的问题。目前，广州港、深圳港、香港港无论是在货物吞吐量还是集装箱吞吐量方面都处于领先地位，均属于世界性大港。深圳港和香港港以集装箱业务为主，广州港的业务综合性更强，各大港口运营缺乏协同合作，给航道、锚地等公共资源带来较大的使用压力。粤港澳大湾区其他港口多为喂给港，暂时不具备大型船舶停靠条件，且存在腹地和货源竞争。随着“粤港澳大湾区组合港”项目以及“湾区一港通”模式的实施，港口群之间的合作空间又呈现出逐步增大的趋势。

从表4-2、表4-3可以看出，随着全国海关通关一体化的实施，大湾区内河的中小港口集装箱吞吐量整体呈现下降趋势，粤港澳大湾区的海运需求向三大港集中。为进一步推动粤港澳大湾区高质量发展，粤港澳大湾区需要推进协同发展，推动各地港口进一步深化资源整合，进一步组织实施好港口服务能力提升工程。

表4-2 粤港澳大湾区各港口货物吞吐量统计

单位：万吨

港口	2023年	2022年	2021年	2020年	2019年
广州港（海港）	64293	62906	62367	61239	60616
深圳港（海港）	28664	27243	27838	26506	25785
香港港（海港）	17487	19210	21373	18795	26332
珠海港（海港）	11886	10237	12826	13367	13838
惠州港（海港）	—	8458	8983	8834	8353
东莞港（海港）	—	16540	18235	19070	19032
中山港（海港）	—	1469	1397	1272	1269
江门港（海港）	—	5821	7804	7717	4479
广州港（内河港）	—	2686	1814	1448	1048
佛山港（内河港）	10203	8559	9341	9285	9636
江门港（内河港）	—	3807	2706	2982	2353
肇庆港（内河港）	5050	4982	4657	4789	4057
东莞港（海港）	—	480	661	787	776
惠州港（内河港）	—	547	661	803	602
中山港（内河港）	—	170	37	40	279

数据来源：中华人民共和国交通运输部官网、港口网。

表4-3 粤港澳大湾区各港口集装箱吞吐量统计

单位：万标箱

港口	2023年	2022年	2021年	2020年	2019年
广州港（海港）	2511	2418	2460	2317	2283
深圳港（海港）	2988	2877	3004	2655	2577
香港港（海港）	1103	1668	1779	1796	1830
珠海港（海港）	123	204	110	184	256
惠州港（海港）	—	31	25	27	24

续表

港口	2023年	2022年	2021年	2020年	2019年
东莞港（海港）	—	340	341	342	368
中山港（海港）	—	137	133	138	141
江门港（海港）	—	69	56	75	67
广州港（内河港）	—	6	26	10	10
佛山港（内河港）	347	371	322	405	444
江门港（内河港）	—	104	98	92	91
肇庆港（内河港）	61	56	49	58	67
东莞港（海港）	—	29	20	38	37
惠州港（内河港）	—	20	17	19	17
中山港（内河港）	—	3	3	4	3

数据来源：中华人民共和国交通运输部官网、港口网。

粤港澳大湾区应当共建大湾区国际航运中心，以巩固提升香港国际航运中心的地位，增强广州、深圳的国际航运综合服务功能，提升珠三角港口群、机场群的国际竞争力，推进粤港澳大湾区港口群、机场群错位发展和良性互动，以大湾区国际航运中心向全球推广，而南沙将会是这一中心最具代表性且不可或缺的枢纽。

三、南沙肩负提升港航服务能级的重要使命

改革开放以来，我国主动融入全球化进程，积极参与全球经济分工，嵌入国际产业链，实现进出口贸易额不断上升以及外商直接投资持续增长，推动港航产业大发展。近年来，南沙在航运物流、港口建设等方面成效显著，但相较世界一流航运物流枢纽仍有差距，其航运国际化发展能力有待加强，应当着力拓展大通道、打造大枢纽、搭建大平台，以打造全球效率最高、成本最低、最具竞争力的国际物流中心为导向，加快发展以成为国内国际双循环战略链接的港口。

第一，发挥南沙港航优势，支撑湾区产业群联动发展。广州市政府积极谋划高水平建设国际航空枢纽、国际航运枢纽、世界级铁路枢纽，加快推进数字港与

空港、海港、铁路港联动赋能，着力构建“通道+枢纽+网络”交通物流体系。南沙可以充分发挥自身港航优势产业对其他产业的支撑作用，推动产业、行业、区域联动发展。南沙还可成为清远、云浮、梅州等大湾区“菜篮子”在湾区的配送中心，推动岭南特色农产品经由南沙枢纽“走出去”，培育广东现代农业国际供应链。为进一步推进南沙农业高质量发展，应加快广州（南沙）农业对外开放合作试验区建设，构建农业对外开放合作体系。

随着“粤港澳大湾区组合港”项目以及“湾区一港通”模式的实施，南沙可以服务先进装备制造、汽车、新一代信息技术、生物医药与健康4个万亿级产业集群，升级制造业供应链。此外，可以依托广州国际商贸中心、国际消费中心城市建设，实现供销对接、集中采购、统管库存、支付结算、物流配送等功能，建立覆盖湾区链接世界的商贸流通供应链。海铁联运模式的发展已经让南沙港区的物流服务腹地深入中南、西南地区。

第二，全面打造陆海空联动的南沙综合物流枢纽。根据《广州市交通运输“十四五”规划》，南沙将成为湾区陆海空联动的多式联运体系核心节点，助力粤港澳大湾区深度融合与协同发展。

广州市政府谋划推动珠三角枢纽机场建设，构建以白云国际机场为核心的多机场体系，结合城市应急、旅游等需求，规划建设南沙（还有黄埔、从化）通用机场，提升通用航空服务能力。南沙—中山高速公路南沙联络线通车将显著缩短南沙到深圳的时间，15分钟可从南沙南部快速抵达深圳宝安国际机场。

全面增强国际航运综合服务功能，推动广州港由国际大港向世界强港发展，形成以南沙港区为核心，黄埔港区和新沙港区为辅，内港港区和内河港区为补充，分工合理、功能分明的港口发展格局。南沙港区航运枢纽能级稳步提升，建成全球首个江海铁多式联运全自动化码头——南沙港区四期全自动化码头。同时，港区重大平台建设起步成势，南沙国际物流中心、粮食及通用码头筒仓二期等一批仓储项目投产。

未来，南沙港区将加快基础设施配套建设。一是推进港航重点项目建设。南沙港区重点推进南沙港区五期、南沙港区国际通用码头、广东智能无人系统研究院龙穴岛总装试验基地码头、南沙国际港航中心、广州港南沙港区粮食及通用码头筒仓三期工程建设。二是加快物流仓储设施建设。南沙港区加快推动南沙综合保税区加工区骏德二期、AA冷链物流基地建成投用，以及南沙综合保税区物流区9号仓开工建设，加快广州海新冷冻仓储有限公司6号综合冷库建设。三是提升港内集疏运能力。南沙港区加快龙穴岛路网建设，优化现有进出港道路布局，加快岛内拖车服务区建设，进而提升拖车进出闸作业效率。推动万龙大桥施工，加快龙穴大道南延线、扬帆路南延线规划建设，实施万环西路快速化改造，持续提升进出港路网通过能效。

海铁联运体系方面，推进南沙港铁路及配套站场建设，完善江海联运网络布局，拓展“一港通”覆盖范围，加快建设南沙海铁联运枢纽，以此巩固南沙港区在江海联运的枢纽地位，优化现代物流枢纽网络。

第三，拓展与国内外港口的合作，实现陆上丝绸之路与海上丝绸之路的交会。深化大湾区港航合作，积极探索与大湾区各城市合建大型深水港区，加强与深圳在港口物流、航运服务领域的优势互补，深化与香港在海事法律服务仲裁、航运金融、航运人才培育等领域的合作。还可以依托广州港的资源优势和条件以及国内旅游市场蓬勃发展趋势，深度开发“海上看南沙”等南沙游船观光业务，大力发展邮轮旅游和港澳客运，发展培育水上休闲产业的港口经济。形成以南沙港区为龙头港，湾区内较大型港口为干线港或支线港，佛山港、肇庆港等中小港口为喂给港的湾区组合港升级版。

以南沙港区为核心的广州港是全国四大汽车进出口业务枢纽港之一，是华南最大的能源、粮食和散杂货枢纽港，是中国最大的内贸集装箱枢纽港，在上海、湖南、云南、贵州、广西、江西、安徽等地建设了32个内陆港及办事处，在美国、欧洲、新加坡、泰国、越南、柬埔寨等国家和地区设立了多个境外办事处。以广州港集团为运营主体的“广州港口型国家物流枢纽”项目成功入选第一批国家物流枢纽建设名单，广州港股份有限公司被评为全国5A级综合服务型物流企业。广州港运输网线拓展辐射广，沿珠江两岸至出海口依次分布内港、黄埔、新沙、南沙四大港区，建立了覆盖省内，辐射泛珠三角区域省区及沪、皖等腹地内陆港口的交通网线，实现了陆上丝绸之路与海上丝绸之路的交会。

截至2024年10月，以南沙港区为核心的广州港集装箱航线已达275条，开通海铁联运班列38条，国际友好港口数量达60个，位居全国第一。广州港集团在珠三角投资运营中山港、佛山高明港，在粤东、粤西投资建设潮州亚太码头、茂名广港码头，沿珠江—西江流域布点，投资建设韶关港、揭阳港、佛山港、云浮港，现已形成以广州港为核心，粤东、粤西沿海经济带港口为两翼，珠江—西江内河港口为支撑的“一核两翼多支撑”的港口群联动协同发展新格局。区域港口联动协同度高，协同推进集装箱运输、航运服务、岸线资源开发、基础设施建设、物流网络和产业发展等，构建起面向世界、对接港澳、联动西江、服务泛珠的港口网络服务体系。

第四，建设面向RCEP的亚太区域综合交通枢纽。中共中央、国务院印发的《粤港澳大湾区发展规划纲要》明确，要增强广州“国际航运综合服务功能”，“充分发挥国家中心城市和综合性门户城市引领作用”，为航运业发展与合作带来新的契机。《南沙方案》提出，共建高水平对外开放门户，增强国际航运物流枢纽功能，包括推动粤港澳大湾区内航运服务资源跨境跨区域整合，提升大湾区港口群总体服务能级，支持粤港澳三地在南沙携手共建大湾区航运联合交易中心，打造国际海事服务产业集聚区等。这意味着南沙在中国建设具有全球影响力的综合交通枢纽进程中具有重要地位。广州市国际航运物流枢纽建设领导小组提出，要从全市层面布局广州国际航运物流枢纽建设的总体发展规划，“强化港澳协同、坚持规划先行，加快世界一流国际航运物流枢纽建设，为实现老城市新活力、‘四个出新出彩’，加快提升粤港澳大湾区港口群总体服务能级提供有力支撑”①。

RCEP于2022年正式实施，南沙恰恰居于全球最快增速的亚太地区航运枢纽关键节点，其港航产业生态圈功能也迫切需要完善，以助力广州产业高质量发展，保障实体经济稳定运行。为此，南沙需在中国新一轮改革开放中担负重要的使命：一是以数字化平台提高流通体系效率和安全性，建构海上丝绸之路的新起点；二是以大宗商品与跨境电商以及世界级旅游目的地客流中转（服务贸易）量为支撑，构建数字人民币“走出去”的新平台；三是以提升RCEP规则话语权为导向，构建中国企业“走出去”的桥头堡。南沙历经多年努力已经基本具备这三个使命所需要的软硬件，一段奋发有为的新征程即将开启。

---

① 《广州市召开国际航运物流枢纽建设领导小组会议》，https://www.gz.gov.cn/xw/gzyw/content/post_8388224.html，2022年7月3日。

第二节　南沙港航业瓶颈与突破方向

建设国际性综合交通枢纽港，是南沙在建设海洋强国和交通强国、推进“一带一路”倡议、实施RCEP等背景下的发展方向。南沙港区助力广州港集装箱吞吐量排名全球前六，成绩来之不易，但对照世界一线城市战略定位和世界一流港口目标仍有较大差距。

因此，南沙可从完善现代化的湾区港口集疏运体系出发，按“自由贸易港”“智慧数字港口”标准，打造一批数字平台，积极提升自身在多功能高级别组合港、世界级港口群中的地位，集聚全球高端资源要素，以数字平台链接世界，以国际航运规模的增长促进港航产业生态圈不断完善。

一、南沙港航业发展面临的短板

加速建设世界一流港口，更好地服务国家建设，是新时代南沙的重要使命。《2024新华·波罗的海国际航运中心发展指数报告》显示，广州位列第13名（见表4–4），南沙作为广州航运物流业核心业务区，还需要保持奋起直追的态势。

表4–4　2024年新华·波罗的海国际航运中心发展指数排名

序号	城市	与2023年排名对比
1	新加坡	不变
2	伦敦	不变
3	上海	不变
4	香港	不变
5	迪拜	不变
6	鹿特丹	不变
7	雅典—比雷埃夫斯	上升一位

续表

序号	城市	与2023年排名对比
8	宁波舟山	上升一位
9	汉堡	下降两位
10	纽约—新泽西	不变
11	休斯敦	不变
12	东京	不变
13	广州	不变
14	釜山	不变
15	青岛	不变
16	安特卫普-布鲁日	不变
17	深圳	不变
18	奥斯陆	不变
19	天津	新上榜
20	墨尔本	下降一位

数据来源：《2024新华·波罗的海国际航运中心发展指数报告》《2023新华·波罗的海国际航运中心发展指数报告》。

港航与高科技制造业是南沙发展的重要支撑。随着港口的迭代发展，世界各大港口从提供传统的仓储装卸为主的港口服务，逐步延伸至提供物流、金融、保险等高端生产性服务，南沙加快港航产业转型升级迫在眉睫，需正视港航业发展面临的四大短板。

一是港口衍生服务功能亟待拓展。相较其他世界大港，南沙港区需要进一步拓展供应链服务、保险服务、金融服务、结算服务、海事法律仲裁等高端航运服务功能。例如，鹿特丹港、香港港是以智能航运为主的知识密集型产业集聚中心（第三代航运中心），提供大量航运信息处理、金融证券交易等现代服务，具备较强的金融属性；新加坡港基于做强贸易的货值结算和货品交割业务，催生了大量涉及授信、保险、租赁交易等方面的金融服务，并逐步从物流金融服务拓展到金融服务平台，再延伸至供应链金融，形成了丰富的金融业态；迪拜港提供多元化经济服务，吸引资本集聚，已成为贸易、航运、金融、物流和科技中心；宁波舟山港运用仓单质押模式、保兑仓模式、“1+N”模式，积极推进创新金融服务，为上下游中小企业提供短期资金融通方式，已成为全球第一大贸易港。对比世界先进港口，南沙港区尚未形成成熟的航运金融服务生态。

港口产业链未充分延伸。纵观世界主要港口，其经营范围越来越广（见表4–5），业务体系逐渐完善，关联产业服务能力越来越强。例如，迪拜港、新加坡港等在保证自由港主体功能区的基础上，设立承载不同产业功能的主—副产业园区，形成联动多个产业园区的综合布局，港口在布局工贸、物流等产业核心区之外，同时布局海事、金融、科技、媒体等专业园区，使产业的空间布局在更大尺度上得以延展，并形成港口区域产业互动体系。香港港业务以服务业为主，金融、保险、仓库、批发、零售以及运输产业分工合理，优势互补，成功实现了港口与产业的协调发展，加速了港口与区域产业互动。对标粤港澳大湾区核心引擎功能的定位，南沙港区现有产业与外部相关产业联动不足，临港产业规模不大，尚未有效与制造业、对外贸易业、物流服务业、金融业等领域深度链接与融合，在提升服务水平、降低经营成本、创新业务产品方面还有很大提升空间。

表4–5　世界主要港口经营范围对比

序号	港口	经营范围
1	鹿特丹港	以转口贸易为主，保税、转运和转售相结合
2	香港港	以服务业为主，兼金融、保险、仓库、批发、零售以及运输产业
3	新加坡港	以转口贸易为主，集仓储、贸易、加工和金融等功能于一体
4	迪拜港	以转口贸易为主

港口资源聚集能力不足。第四次工业革命改变了现有的生产方式，流通效率更深刻地影响生产和消费的各个环节，这也意味着现代港口要实现由单纯运输或者储存资源向集聚并配置资源方向的转变，也就是要将国际航运优势转化为配置全球产业资源的能力。港口依赖于广阔的经济腹地，通过多式联运、业务合作不断扩大其腹地辐射范围，增强区域资源集聚能力，形成港产城融合发展格局，最终成为面向世界的资源配置中心。例如，汉堡港等航运中心对区域经济发展起到重要的促进作用，通过汇集大量大型航运和生产企业总部，极大拓展海上腹地和陆上腹地的辐射范围，推动临港产业参与国际经济分工和全球资源配置，全方

位、立体化发挥经济增长极作用。又如迪拜港，实行“1+N”产城融合模式，即1个自贸区（杰贝阿里自贸区）和N个特色产业城（金融城、媒体城等），突破了港口地理边界，最大限度释放了港区的制度红利和辐射效应，形成港口与腹地经济之间的资源配置网络。再如2023年阿联酋公布“D33”计划，充分利用迪拜港的区位优势和交通便利条件，进一步巩固发展其国际交通运输枢纽地位，计划未来10年内将迪拜建设成为全球最具活力的贸易走廊，拓展与世界400个城市的经贸往来。

港产城融合不足。南沙港区每年进出口货值约5万亿元，但在港实现结算交割的货值不足40亿元，大量货值只贡献统计数据，对当地生产总值和税收无实际贡献，尚未形成大规模资金流沉淀，难以形成资本聚集。为此，南沙还需进一步推动港口基建与物流网络并进，通过开通陆海空多式联运等方式，积极开拓国际国内航线，进一步优化营商环境，包括完善交通基础设施、提升公共服务水平和加强产业联动等方面，不断增强南沙港区对国内腹地以及世界重要经贸港口城市的辐射能力。

考虑地理位置、自然水深条件、开发建设成本等因素，南沙的龙穴岛南部是整个广州最优质的深水港口岸线资源，在龙穴岛南部规划布局的国际通用码头和五期工程将建设10万～20万吨级大型深水泊以满足未来航运发展需求，这个优越的自然条件在整个广州具有唯一性、不可替代性。龙穴岛南部宜以航运物流功能为主，不宜设置城市功能，应布局港口关联产业来支持和拉动港口航线和箱量资源的增长，促进跨境电商、保税物流、冷链物流、国际集拼等外贸产业集聚发展，以“物流”带动“贸易流”和“金融流”，提升港口经济能级和提高社会经济服务能力。此外，南沙应根据高端航运服务业特点，结合目前南沙各区块功能条件，依托南沙湾片区和灵山岛尖布局发展高端航运服务业，这些区块已建成较充足的现成商业办公场所，且环境优美、生活交通便利，与上海国际航运服务中心类似，具备打造高端航运服务集聚区的有利条件。

二、营造适宜南沙港航业发展的良好环境

港口与临港产业群是相互依赖、相互促进的关系。要实现港口的良性发展，

从软性条件看，就需要壮大临港市场规模以提高资源集聚度，从而提高航运量并扩大临港产业规模；从硬性条件看，数字基础设施水平将决定现代港口的运行效率以及链接全球的数字贸易规模；从经贸活动主体条件看，随着软硬条件不断完善，大型世界级供应链企业会逐步增多，为全球性港口的崛起注入可持续动能。

因此，南沙可从以下四方面着手促进港航业良性发展。

（一）建设深水港，增强国际航运竞争力

广州作为中国面向世界的窗口，开展中外经贸交往2000多年，广州港是中国海上丝绸之路的重要起点之一。深水港是建设国际航运中心的必备基础设施之一，传统依托珠江内河港的广州港模式，即使已经外迁至新塘、五和、番禺，也远远不能满足巨型集装箱时代的需要，其进港航道的水深和港口的吞吐能力远远不能适应国际航运市场船舶大型化、航运集装箱化的发展趋势。因此，20多年前广州港将重心从黄埔转移到滨海南沙，依托南沙港区，广州才具备了建设国际航运中心的资格和竞争力，从而打造国际物流中心、贸易中心。南沙港区四期建成以后，建港岸线资源仍然充足，可供开发作港口用的顺岸深水岸线约6公里，采用挖入式增加15公里港口岸线后，可建设50多个大型深水泊位，可满足广州市未来30～50年的建港需要。世界最大级别的集装箱船，可以借此靠岸广州，从"湾区之心"联通世界、迈向未来。随着南沙不断深挖其供应链优势，南沙的航运服务得到显著的发展，进一步提高了航运和物流效率，使得更多的企业选择通过南沙进行货物转运和集散。

2023年，广州港货物吞吐总量6.75亿吨，位列世界第5；集装箱吞吐量2541万标箱，位列世界第6。在世界港口评价中，广州港《2023新华·波罗的海国际航运中心发展指数报告》中排名第13。截至2023年12月，广州港已拥有123个万吨级及以上的泊位，集装箱航线总数达到了268条，其中涉及外贸的航线就有162条，南沙港区规模和航线数量等核心数据也处于世界领先水平（见表4-6），具备强大的国际通达性。

表4-6 2023年广州航运发展情况

指标	2023年
广州港货物吞吐量	6.75亿吨
广州港集装箱吞吐量	2531万标箱
广州港在全球货运港口绩效指数排名	3
南沙港区货物吞吐量	3.71亿吨
南沙港区集装箱吞吐量	1938万标箱
南沙港区国际集装箱班轮航线	156条
南沙港区通达国家数量	100多个国家和地区
南沙港区通达港口数量	310多个

数据来源：《建设广州国际航运枢纽三年行动计划（2024—2026年）》，广州市南沙区人民政府官网。

广州南沙的航运发展在国内国际领域都取得了显著进步，为中国进出口贸易提供了有力支持。南沙凭借其大港物流枢纽的地位，吸引了数百家各类跨境电商相关企业进驻，其中包括多个国内跨境电商知名平台，形成了一个集政策优惠、平台集聚、物流便捷和金融创新于一体的跨境电商生态圈，充分发挥了南沙作为物流枢纽在供应链方面的独特优势。

（二）打造联通“一带一路”的国际航运中心

当下，世界百年未有之大变局加速演进，世界之变、时代之变、历史之变正以前所未有的速度发生。以美国为首的单边贸易保护主义与中国不断产生贸易摩擦和地缘政治冲突，或将给中国与欧美之间的传统贸易带来中长期下行风险。共建“一带一路”国家正成为中国实现国内国际双循环的伙伴与利益共同体。2013—2022年，我国与共建“一带一路”国家的进出口贸易快速增长，进出口总额为19.1万亿美元，年均增长6.4%，高于同期全球贸易增速；广东与共建“一带一路”国家贸易年进出口额从1.92万亿元增长到3.01万亿元，年均增长5.1%。

国际航运中心建设是推进“一带一路”倡议不可或缺的支撑，南沙港区坐拥广东乃至全国辽阔的经济腹地，天然具有为腹地货物集散服务的条件，也能与香港实现一定程度的错位发展。南沙的自贸区制度优势，也为打造国际航运中心提供了条件，南沙港区与全球100多个国家和地区的400多个港口有海运贸易往来。2023年，南沙港区在“一带一路”沿线国家开通超过100条航线，并且仍保持着15%以上的增速，南沙港区外贸吞吐量八成来自共建“一带一路”国家。

（三）促进投资贸易便利化，壮大临港市场规模

港口是城市对外开放的重要门户，是制度型开放桥头堡，是大湾区规则对接和全球贸易规则衔接的前沿，是服务航运、贸易、金融科技等相关行业标准制定和优化发展的重要载体。

南沙正实施新一轮促进跨境贸易便利化专项行动，对照世界银行2022年关于宜商环境评价的新概念体系和指标体系，提升市场竞争体系的健全性与政府规制、公共服务和公共治理的协同性。积极争取政策支持，在船舶登记、税收等方面对标中国香港及新加坡开展改革，制定高效开放的航运服务市场管理制度，探索国际船舶登记制度改革创新路径，放宽外商独资船务公司进入门槛和航运经纪准入条件，改善航运服务企业经营环境，实现港口运营管理大幅降本增效。

南沙港区要发挥自贸区优势，实施更高标准的便利化举措，积极争取“一线”放开、“二线”安全高效管住。大力促进信息便利化，商务口岸、海关、边防、海事、税务等政府部门通过信息共享，提高通关、退税等业务效率；积极促进服务便利化，借助信息技术服务终端客户，降低客户时间成本；全面促进单证无纸化，实现船公司、船代、货代、车队、码头等参与方之间信息的相互认证、信任和数据共享。进一步优化政策，简化办事流程，为壮大临港市场规模打好基础。借鉴天津港散货交易市场的经验，以“一台多场”的方式推进市场体系建设，推动临港专业市场与广州港、内河码头、物流仓储运输企业等信息平台的对接；借鉴“大市场+制造产业带+SHEIN”模式，以全球采购、广州集散的方式，实现制造业向生产性服务业延伸，提升市场及相关行业的社会经济价值。

南沙港区可发挥营商环境优势，优化升级市场功能，引导临港市场往园区化、专业化方向发展。截至2023年底，广州共有专业市场551个，商户超过18万家，亿元以上市场108个，亿元以上市场年交易额超2000亿元。与这些专业市场联手，探索建设平行汽车、粮食、塑料、煤炭、金属材料等临港专业市场，可以

培育壮大形成跨境电商、市场采购贸易、展贸综合体等与跨境贸易相关的临港市场新业态产业集群。另外，在现货市场基础上，还可以创新临港大宗商品期货交易，使现货交易与期货交易相得益彰。同时，要培育和引进具有影响力的外贸综合服务平台企业，扶持跨境贸易关务物流一体化综合服务业，为广大中小微企业出海赋能，提供订舱、通关、国际物流、跨境结算、金融、财税等一站式外贸综合服务，降低买单出口查验率高、离岸账户被关停等税收或法律风险。临港专业市场正从传统的商品交易市场转型升级为全产业链的、线上线下一体化的服务型市场和产业促进型市场，有助于拓展跨境贸易的金融服务、结算等功能，推动临港产业更好地融入国内国际双循环、全国统一大市场。

（四）大力建设数字化基础设施

2021年，广州物流费用占地区生产总值的比重为13.62%，虽然略低于全国14.7%的水平，但仍明显高于美国8%的比重，物流行业降本增效仍需深化，可以将数字化建设作为突破口。南沙正在大力开展数字新基建，发展数字贸易平台以促进多元化产业聚集，持续发展高端生产性服务业。这些措施有助于南沙优化产业结构，更全面地融入全球制造业产业链供应链，通过强化物流枢纽功能实现南沙在全球分工体系和价值链中的攀升，通过数字贸易平台链接全球，催化南沙港航业生态圈功能全面升级，促进港航物流业快速成长。

以“离岸易”综合服务平台为例，它是南沙首创的“一站办、强协同、优联通、强价值”离岸贸易综合服务平台，作为融合了数字贸易、金融服务、银企服务的跨境数字贸易基础设施，有针对性地解决了离岸贸易业务发展中真实性校验难、重复性审核难、业务流程长监管难的三大痛点，从多方面进行了创新。一是整合多部门数据，通过与广州数据交易所联合，挖掘新型国际贸易数据经济价值，建立白名单监管模式，提升商务、海关、人民银行、外汇管理等部门联合监测、系统检测能力，与第三方支付平台协作，对跨境支付结算、对账服务等流程进行简化升级。二是以数字贸易加强国际合作，整合各个国家和地区的报关数据、集装箱数据以及相关海运提单数据，提升贸易的真实性和完整性。三是规则制度流程化，采用无纸化操作流程，一定程度上解决了新型国际贸易业务发展的痛点，对新型国际贸易服务业务进行全链路业务跟踪管理，全面提升南沙国际贸易能级。南沙这一数字贸易平台不仅密切了南沙与世界的联系，提高了南沙的国际知名度，还提升了各部门的协作效率，通过数字化标准化流程，链接数字贸易、金融服务、银企服务，提高国际贸易效率并减少国际贸易成本，得到国际社会的认可，也能大大提高南沙在国际投资中的吸引力。

三、南沙港航业高质量发展的方向

构建港口发展新格局，南沙需要改变以往专注港口发展的惯性思维，强化港产城多元开发主体合作，统筹港城关系，强化港产联系，实现“船、港、城、产、供、销”一体化运营，形成南沙大产业、大外贸、大流通的格局。

（一）善用资本和现代金融手段加速港城转型升级

南沙要增强区域港口协同效应，以土地、港口、物流撬动更多综合性资源，可以借鉴香港—深圳盐田港“子母港”形式，引入香港的港口运营商、船东公司、大型货贷等参与投资合作，协助南沙港区拓展航线网络，推动部分港口业务开展混合所有制改革，进而引入先进技术、管理模式、航线资源和航运服务产业，以自动化码头建设和改造为引领，推动港口信息化、智能化、数字化建设，提高生产效率，提升管理效能和客户体验。

在土地开发、港口基建、物流融资等领域都需要金融赋能，因此，促进港城转型升级的重要路径之一是加快落实《南沙方案》，打造特色金融产业集群。南沙是全国首批跨境贸易投资高水平开放试点之一，也是合格境内有限合伙人、合格境外有限合伙人双试点地区。2023年，南沙金融业实力持续增强，新增金融企业90家，其中持牌法人机构2家，新增上市公司2家。金融业增加值180.69亿元，占地区生产总值的比重近8%。落地总规模4000亿元的广州产业投资、创新投资、基础设施产业发展3家母基金。本外币存、贷款余额同比增长分别达38%、25%，增速高于全省、全市平均水平。现在南沙拥有23种细分金融类企业，融资租赁企业数量在全国总量中占比20%，已成功开展跨境金融、融资租赁、航运金融、绿色金融等八大特色金融业务，但与企业需求还存在一定差距。可以南沙港区为中心，以临港产业链和流通供应链为服务对象，引导现有金融类企业创新金融产品和保险产品，探索数字人民币B端应用场景创新路径，推动数字金融与广州传统优势产业深度融合，以PPP（政府和社会资本合作）模式加速港城转型升级进程。

（二）加快临港产业集聚发展

《南沙方案》提出要“增强国际航运物流枢纽功能”，南沙凭借自身作为华南最大综合性枢纽港的优势，沿着“港产融合、以港兴业”思路，遵循产城融合、组团集聚、功能复合、集约发展的原则，以产业区作为港区和城区间的有效缓冲，构建以港口运营、物流仓储为支撑，临港制造为主体，航运服务、贸易服务为下游配套的临港产业圈层，划定“港—产—城—智”空间圈层，推动打造泛珠三角地区富有活力的临港经济增长极。按照近期、中期和远期三个阶段，分时序推进落地实施。

随着“数字中国”战略的深入实施，智慧港口、智慧航道建设迎来黄金期，南沙可以利用独特的地理优势，联通内外，深挖区域战略价值，不断推动港口物流发展与港口群服务能级跃升，加速形成辐射泛珠三角地区的“海陆空铁”立体贸易物流枢纽，加快推动临港经济产业升级，延伸产业链条和重构产业链供应链格局，统筹临港经济与城市经济发展，协同推进枢纽经济与通道经济，带动区域协调发展。

南沙具有陆海联动便捷完善的立体综合交通运输和多重对外开放政策叠加等优势。新发展格局背景下，应汇聚人流、物流、知识流、资金流等要素，培植产城融合的临港产业生态，推动南沙从“交通枢纽”向“经济枢纽”再向“开放枢纽”迭代升级①。

南沙临港经济区以港口设施依存度、临港产业集聚度、城市功能配套度、政策叠加优势度为原则，初步规划龙穴岛、沙仔岛—小虎岛、万顷沙、南沙湾、明珠湾及大岗等六大重点区块，总面积为140.38平方公里。临港经济区应遵循优化港城关系的原则，构建形成组团式产业集聚的“港—产—城—智”总体格局，促进港产城协调发展，尤其要优化片区产业空间布局，提高港区土地利用效率，打

① 《专家支招：把南沙建设成为未来海洋城市标杆》，https://mp.weixin.qq.com/s/zevSfJM2cxt7h4v9KGxGAQ，2023年12月15日。

造港产超级综合体。重点发展领域包括推动港口及航运供应链高质量发展，打造互促共进的港口发展格局，完善航运物流供应链体系，提升枢纽设施供给能力和健全枢纽通道网络，构建智慧化航运物流供应链生态，实现世界一流零碳绿色安全航运。同时，加快临港产业集聚发展，顺应广州“制造业立市”及南沙“港产融合、以港兴业”的战略部署和发展需要，以实体经济为本，制造业当家为导向，优化临港工业空间布局，依托现有产业基础，构建“363”现代临港制造业体系，前瞻性谋划临港未来、“临港+”产业。

南沙还致力于促进航运服务业延伸发展，建立现代航运金融服务体系，做强做大航运交易产业、海事服务产业，打造国际海事服务集聚区，高质量发展水上旅游休闲服务业。南沙要全面壮大现代化临港产业体系，发展高端航运服务业，加快建设具有适度弹性的港口系统，统筹区域港口资源，增强港口群共同应对突发事件的协同能力。

南沙可以借鉴“航运金融保险、法律仲裁、经纪交易、信息咨询、教育培训、文化会展、科技创新”要素框架，结合城市发展定位，以“港口+产业+创新”为路径，促进能级提升，特别要依托港口优势促进临港物流产业集聚。南沙海运物流货值巨大，但落户当地的头部物流企业很少。物流园区虽然在一定程度上存在产值效益不高、占地面积广大、车流繁杂等问题，但却是生产厂家与港航企业之间的枢纽，起到仓储、集拼、分拨的作用。

传统不等于落后，而是基础，完全可以通过创新，发挥聚合性、牵引性的作用。转型升级，首先是理念、功能、方法的转型升级。物流集群不同于传统的物流园区、物流基地，而是在更大范围内，围绕大型综合运输枢纽，集聚物流企业，为供应链上下游客户提供多样化、全方位、低成本、高效率的物流服务，通过物流辐射能力带动相关产业发展，成为物流、制造、商贸“三链一体”的区域经济增长极。南沙临港物流产业发展空间巨大，可以通过要素聚集、模式创新和业态升级来实现物流供应链发展，建设跨境电商物流、市场采购物流、冷链物流、保税物流、集拼物流、分拨物流产业园，加强上下游协调联动，更好地服务港口、市场、消费者，构建临港经济生态圈，致力打造世界级现代物流产业集群。

（三）加大航交体系建设的政策支持力度

针对流通供应链涉及生产商、批发商、零售商、物流公司等多主体参与，多个信息系统和数据交换的特点，南沙需要以更高标准搭建业务、技术、数据融合联动的一体化平台，增强行业交易结算的真实性、可靠性，降低数据泄露、数据滥用的风险。需要在拓展广州航运交易所与广州航运交易有限公司的航运要素交易综合服务的基础上，推出航运结算服务、航运期货交易等航运金融服务以及跨境贸易供应链金融服务，旨在成为助力实体经济辐射泛珠三角地区的大宗商品现货交易中心与供应链金融中心，构建以独立市场主体为基础的大湾区航运联合交易中心。通过国家顶层政策的扶持，建立以大湾区航运联合交易中心为核心，以香港联合交易所、前海联合交易中心以及深圳国际航运中心等交易平台为支撑的航交所体系，实现航交所市场信息的公开化和实时更新。需要推进跨境金融制度的改革创新，实施更加便利的跨境金融管理制度以支持国际航运服务业发展，推动优质航运企业在跨境人民币结算便利化等政策上先行先试，支持国际船舶供应等航运企业开展离岸转手买卖业务。

第三节　携手港澳拓展港航金融生态圈

南沙港航业产业基础逐渐完善，为促进南沙现代流通产业价值链攀升，需顺应结算需求不断扩张的趋势，突破结算瓶颈，建构港航金融高地，提高南沙港区的国际竞争力，为现代临港经济区发展注入新动能。

一、南沙港航物流金融空间巨大

广州全市95%以上的物流企业集中在货物运输、贸易代理、货运代理、劳务派遣服务等价值链低端环节，对研发设计、市场营销、金融保险等附加值高的环节把控力度不足。当前，南沙港航物流产业的大多数企业也仅仅是承担“仓库保管员”“搬运工”的角色，要实现南沙港航业价值链攀升，必须从物流服务延伸至金融、贸易、仲裁和海事等领域，尤其要以金融赋能为新的突破口。近年来，蓬勃兴起的汽车外贸与跨境电商业务为南沙大力发展贸易融资、航运金融、绿色金融等特色金融奠定了业务基础。

（一）南沙汽车外贸金融需求旺盛

南沙充分发挥港口优势，依托进口示范区、综合保税区政策，就汽车进出口贸易进行一系列政策创新，出台了“共性核心政策+特色专项政策”的鼓励政策，以加快推动新能源汽车外贸高质量发展。南沙拥有政策与区位双重优势，华南地区的新能源汽车可通过南沙港口滚装运输进入国际市场。2023年3月，南沙汽车口岸（见图4-1）就有3600辆国产新能源汽车登上滚装船，出口至东南亚。2023年5月，由广州市贸促会、南沙区人民政府主办的第二届“粤车贸全球”暨新能源汽车出口大会在南沙举行，同时，此次活动也作为2023广东21世纪海上丝绸之路国际博览会主题论坛的重要活动之一，旨在推动与“一带一路”沿线国家经贸合作交流。目前，越来越多的“粤车”正从南沙“登船”，销往全球。随着

图4-1　南沙汽车口岸

资料来源：南沙区融媒体中心。

汽车外贸规模不断扩大，南沙还首创“保税+会展”模式，搭建“保税+展示+销售”汽车贸易一体化平台，创新海关担保模式，推出银关保、联合担保、关税保证保险，进一步降低通关成本，并创新“保税仓储+保税流转”方式支持企业进口整车跨关区转入转出。在这一趋势下，汽车外贸对金融服务有了更大需求，无论是出口担保、仓单质押贷款还是跨境结算，都存在巨大的金融衍生服务空间。

（二）南沙跨境电商蓬勃发展

南沙港区拥有外贸航线156条，链接全球100多个国家和地区的400多个港口，综合保税区仓库可以装车运往全国各地。凭借有效监管、高效通关，吸引了国内大型电商平台、国际品牌在当地设立物流分拨中心，仓储面积逾50万平方米。南沙发展跨境电商优势明显，尤其是时效快，天猫、京东、唯品会、抖音、洋葱等超150家大中型跨境电商平台集聚南沙，形成跨境电商产业聚集区和枢纽基地。

南沙的业务优势正转化为改革创新动力源，成功打造了多个跨境电商品牌创新项目，包括搭建“买全球、卖全球”应用场景的全球优品分拨中心，提供“来源可溯、去向可查”质量保证的全球数源中心，粤港澳大湾区机场共享国际货运中心，打通灵活便利退货渠道的跨境电商退货中心仓。美赞臣、达能、斯维诗、合生元等国际知名品牌在南沙建立了亚太地区乃至全球的分拨中心，奶粉、保健品、化妆品、药品、服饰等国内外优质商品在南沙汇集并分拨全世界，形成面向世界的跨境电商海港枢纽。网购保税进口的生态链逐步形成，天猫、京东、唯品会等30多家一线大品牌跨境电商平台均在南沙保税港区设立物流配送基地，可在多个平台销售配送，实现“一仓发全网”。如菜鸟网络进驻南沙后，2022年仅“双十一”一天，通过网购保税进口的跨境电商货物订单量就突破200万单。“海淘”进口持续“井喷”，“国货出海”也不断提速，南沙口岸出口跨境电商商品覆盖超110个国家和地区，2022年南沙出口至“一带一路”沿线国家超390亿元，出口至RCEP其他成员国303.6亿元，同比增长9.1倍。如此庞大的跨境电商业务规模，为拓展信用卡消费、跨境结算资金池、人民币国际化等金融业务提供了足够丰富的想象空间。

（三）大宗商品进出口需要优质供应链金融服务

目前，中国大宗商品现货交易市场和供应链金融市场每年都是10万亿级的庞大市场规模。而以南沙为地理中心的粤港澳大湾区又是大宗商品进口的重要港口集群和制造业的重要基地，货值规模超过万亿元，供应链金融市场潜力巨大。港口服务客户和大宗商品的下游企业有95%以上为中小企业，多数存在融资困难，虽然传统的仓单质押模式和保兑仓模式解决了部分企业的融资困难，但是担保责任的兜底要求也限制了业务的规模，迫切需要创新融资方式促使大宗商品进口与临港产业链更紧密协同。因此，南沙的供应链金融可以解决贸易融资困难为突破口，通过对供应链各环节企业进行整体资信评估，为其提供更优质的融资、担保、保险等供应链金融服务，实现对供应链的重塑再造。譬如，宁波舟山港尝试运用“含权供应链金融”创新金融模式，满足大宗商品行业下游制造商和经销商在原料采购上面临的资金融通、价格管理、风险控制等多方面的需求；京东的“京保贝”、苏宁的“账速融”等，通过应收账款融资、订单融资、存货融资、票据融资、信用融资等各种融资方式，满足供应链企业融资需求，以金融服务再造现代流通供应链。

二、携手港澳完善南沙港航金融生态圈

广州已形成以南沙港区（见图4-2）为核心，黄埔新港和新沙港区为重要功能区，其他港区为补充，分工合理明确的港口发展格局，航运服务业则分散到越秀区环市东—沿江东、海珠区新港西—琶洲、天河区天河北—珠江新城、黄埔区港湾路—鱼珠等几个区域。南沙基础设施优良，土地资源较为丰富，而港澳航运企业众多，航运金融发达，可以通过与港澳合作，主动导入业务资源、市场资源，创新资源优势，共同拓展新业务新业态，促进多要素融合集聚、全链条降本增效，全面提升南沙港航产业生态圈。

图4-2 广州南沙港区

资料来源：南沙区融媒体中心。

南沙正加速港航要素集聚，吸引更多航运班轮航线挂靠，扩大集装箱班轮航线规模，吸引港航业上下游企业包括航运主业、航运辅助业、航运衍生服务业落户南沙；打造国际海事服务集聚区，引进培育航运金融保险、海事法律服务、航运结算、船舶融资租赁、航运经纪代理、航运信息咨询、船舶与船员管理、邮轮游艇水上文旅、海事教育与培训等现代航运服务业；探索服务“一带一路”且引领RCEP的跨境贸易数字人民币定价交易结算中心、整合数据资源服务全球定价的航运及大宗商品现货大数据应用中心。

南沙还需携手港澳，整合各自优势，创新合作模式，完善南沙港航产业生态圈，提升航运金融功能。

第一，面向香港开展靶向招商。依托广州市庞大的货量资源、航线资源和港口资源，以及腹地经济能力和创新能力，充分发挥香港国际航运中心作用及海事专业服务优势[①]，吸引香港的航运服务、航运经纪、航运保险、航运金融等领域

① 香港凭借其国际金融中心地位，吸引了全球近900家开展航运相关业务的公司落户，业务涵盖航运金融、航运保险、仲裁、船舶经纪、船舶租赁等领域。

的龙头企业入驻南沙，推动大湾区内航运服务资源跨境跨区域整合。未来南沙港航金融生态圈的发育离不开协同港澳业界力量，如能通过香港船东会、世界航商大会等实现三地航运业人士互动，相信未来可进一步创新合适的合作模式，推动三方深入交流。

第二，加强推进规则机制“软联通”。促进粤港澳规则机制协同，加强船舶交易市场管理，优化服务机构的区域布局，规范服务收费行为和标准，推进联合交易中心国际化标准化建设，实现航运服务资源跨境跨区域集聚整合和高效配置。加强深层协同规划，若国家层面出台大湾区航运联合交易中心协同发展专项规划，省级层面就可以进一步整合资源，使大湾区航运联合交易中心深度绑定香港联合交易所、前海联合交易中心以及深圳国际航运中心，不断提升大湾区港口群总体服务能级和竞争力。深化对外开放，探索建立与国际接轨的航运体制机制，在保证国家管制权的前提下，对照国际运行规则，借助信息技术和金融服务手段，提升船舶代理、水路客货运代理等服务水平，提高航运交易、保险、经纪等服务能力，加快构建与国际接轨的现代航运服务体系，争取航运领域外商准入等配套政策。

第三，根据实体经济需求完善期现结合市场业务模式。发挥期货市场在大宗商品价格发现与产业客户风险管理等方面的积极作用，针对南沙港区大宗商品进出口贸易过程中涉及的交易环节较多、办理周期较长、货品损毁、重复质押、价格下跌和客户弃货等情况，通过套期保值、套利对冲交易等操作，促进期货与现货、场内与场外、境内与境外互联互通。重点发展现代仓储、物流综合运输、供应链融资，服务上下游厂商、经销商等，满足大宗商品行业下游制造商和经销商在原料采购上面临的资金融通、风险控制等需求，增强服务实体经济能力。

三、争取试点打造大宗商品跨境数字人民币结算平台

南沙打造港航金融服务枢纽需要坚持服务实体经济、创新供应链金融、防控金融风险，促进粤港澳大湾区国际商业银行、广州期货交易所、粤港澳大湾区（广州南沙）跨境理财和资管中心的建设，大力发展跨境特色金融，开展跨境贸易投融资、数字人民币、金融科技创新试点，提升对全球资源的配置能力，培育

有全球影响力的数字化平台企业和供应链企业，促进全社会物流降本增效。南沙要成为亚太区域的现代流通枢纽，就需要依托广州综合枢纽优势和产业优势，顺应智能化、金融化、绿色化的新趋势，服务大宗商品进出口结算，以数字物流金融创新为突破口，对接港澳资源，创建协同共享、功能互补的南沙大宗商品跨境数字人民币结算平台，成为《南沙方案》落地及国际金融岛建设的重要基础之一。对接香港多边央行数字货币桥（数字人民币全球离岸清算中心）南沙清结算窗口，有利于立足粤港澳大湾区，推动双边及多边贸易总量扩大，提升人民币国际支付份额，扩大数字人民币融资支付场景应用，并实现跨境贸易收付款功能闭环风控。

粤港澳大湾区跨境数字人民币结算需求巨大。数字人民币（e-CNY）是由中国人民银行发行的数字形式的法定货币，由指定运营机构参与运营并向公众兑换，以广义账户体系为基础，支持银行账户松耦合功能，与纸钞、硬币等价，具有价值特征和法偿性，支持可控匿名。截至2023年末，数字人民币钱包里的余额达250亿元，累计支持交易额近5.2万亿元，其中苏州一个城市就超过3万亿元。数字人民币主要应用在G（government，政府）端和C（consumer，消费者）端，B（business，企业）端应用正处于起步阶段。清结算是跨境贸易中资金闭环和收付款功能的正常行为，而跨境数字人民币贷款可发挥强化人民币国际化黏性和扩大双边贸易的支撑功能。传统商业银行的人民币贷款，需要锚定美元作为换算参照计价，数字人民币则可避免这一问题，数字人民币在RCEP成员国或“一带一路”沿线国家运作过程中，在国家央行与商业银行及商务机构之间产生直接的交易结算，避免了货币汇率波动等风险。2023年，银行代客人民币跨境收付金额合计52.3万亿元，同比增长24.1%，人民币使用“朋友圈”快速扩大，为广州金融行业发展提供了重大机遇。南沙要用好数字人民币试点机遇，发挥人民币跨境使用在节省汇兑成本、规避汇率风险方面的优势，创新金融服务产品，提升金融服务水平。

积极创新跨境数字人民币B端应用场景。以落实《南沙方案》为契机，南沙要主动抢占数字人民币在B端应用的先发优势，从统筹全市经济战略转型发展的角度出发，引入社会资本和专业力量，采取“政府搭台、市场运作、规范管理、科学发展”的原则，将南沙的产业优势、港口优势转化为包括金融科技、风险管理、数字物流等在内的综合性现代港航服务业优势。争取央行支持，在南沙开展跨境数字人民币结算试点，率先挂牌数字人民币B端应用场景创新服务试点，将南沙打造成为RCEP数字贸易人民币定价交易结算中心。让数字金融更好地服务实体经济，促进数字经济和实体经济深度融合，赋能汽车、造船、商贸批发市场等传统产业的数字化场景改造转型。基于区块链平台建立云智能合约平台，构建电子支付、数字人民币支付合约执行平台，做好物流数字化金融应用场景的基础支撑；推进数字人民币应用场景从C端延伸到B端，持续拓宽CIPS（人民币跨境支付系统）境外业务覆盖面，为企业提供数字化、场景化、生态化、系统性的金融解决方案，提高整个体系尤其是中小企业金融服务的可得性。拓展金融支持产业链的广度和深度，譬如，通过数字运费贷、供应链金融服务、数字消费贷、数字人民币支付结算服务等创新场景金融产品，帮助物流行业中小企业解决融资难、融资贵问题，助力物流行业降本增效，推动南沙成为全球供应链数字化服务中心，加快推进人民币国际化战略。

强化南沙大宗现货商品交易交割中的定价权和结算权。数字人民币与数字物流的结合为大宗商品跨境交易结算平台构建提供了条件，运营好大宗商品跨境数字人民币结算平台，能够支持枢纽平台、供应链核心企业与金融机构、行业及专业组织协同打造物流数字化金融服务解决方案，有效促进物流产业价值链的攀升，强化南沙流通枢纽地位。南沙推动已有数字贸易平台提质增效，将大数据、云计算、区块链和人工智能等信息科技与传统的金融服务深度融合，实现资源统筹和信息共享，提升企业金融资源的使用效率和效益。支持金融机构、仓储及物流企业、互联网平台立足于各自专业优势和市场定位，深化信息协同效应和科技赋能，加强共享与合作，提高数字化水平。强化数字人民币结算功能的运用，有助于人民币国际化推进，转变南沙虽然作为海运物流中心却停留在低端服务的薄利经营模式，促进南沙成为各大航运集团的湾区总部。大宗商品跨境数字人民币结算平台有助于不断丰富在南沙交割的商品货物品类，建设完善物流、仓储、信息、现货报价等内外贸配套服务市场，推动大宗商品交易市场发展，推动期现货结合业务发展，推进多层次商品市场体系建设，形成国际化的标准体系，持续强化南沙大宗商品交易交割中的定价权和结算权。

第五章
Chapter 5

创新策源：打造数字时代全球科创新地标

习近平总书记指出，关键核心技术是要不来、买不来、讨不来的，只有把关键核心技术掌握在自己手中，才能从根本上保障国家经济安全、国防安全和其他安全[①]。科技创新是推动经济高质量发展的关键动力，已经成为各国、各城市竞争的核心力量。在中国高水平对外开放进程中打造一个独特且具有全球影响力的创新之城，已成为政府与企业家的共同追求。《南沙方案》为南沙这片充满活力的热土擘画了科技创新的新蓝图：以建设科技创新产业合作基地为导向，强化粤港澳科技联合创新，打造重大科技创新平台，培育发展高新技术产业，推动国际化高端人才聚集。《南沙方案》提出了2025年和2035年两个阶段的发展目标：到2025年，南沙粤港澳联合科技创新体制机制更加完善，产业合作不断深化，区域创新和产业转化体系初步构建；到2035年，南沙区域创新和产业转化体系更趋成熟，国际科技成果转移转化能力明显提升，等等。南沙要建成“基础研究+技术攻关+成果转化+科技金融+人才支撑”全链条全过程全要素创新生态体系，以科技创新助力点亮“湾区创新灯塔”，打造广州高质量发展的新引擎、大湾区综合性国家科学中心主要承载区、国际原始创新和战略产业重要策源地。这一愿景指明了南沙未来科技发展的方向，驱动南沙科技自立自强，打造数字时代的全球科创新地标。

第一节　南沙科技创新态势与特征

进入21世纪，随着物联网、人工智能和大数据等新技术接连登场，第四次工业革命正在推动世界进入数字时代。中国已经建立了全世界最完整的产业体系，有基础、有能力在数字时代走在全球前沿。党的二十届三中全会强调，要健全促进实体经济和数字经济深度融合制度。正如英国的伯明翰之于蒸汽时代、美国的底特律之于电气时代、美国的硅谷之于信息时代一样，在数字时代，中国也需要一个标杆性的城市或区域辐射带动新技术的发展和应用，成为新一轮科技革命和

① 习近平：《在中国科学院第十九次院士大会、中国工程院第十四次院士大会上的讲话》，《人民日报》2018年5月29日第2版。

产业变革的策源地。

《南沙方案》出台后，南沙作为国家重大战略性平台，以科技创新引领高质量发展，积极打造以战略科技力量提升为目标、以基础前沿研究为先导、以关键核心技术攻坚为重点、以科技成果高效转化为支撑的创新攻坚体系，推动创新链、产业链、资金链、人才链“四链”融合，培育新优势、新动能，打造具有全球影响力的科技地标。

一、南沙推出促进“四链”融合的政策体系

打造创新之城是一项系统工程，需要研发、技术、产业、金融、人才、生态等各环节相互支撑，而政策引导与扶持是南沙发展科创的重要推动力。南沙需要采取一系列创新政策，促进创新链各个环节的有机结合，才能高站位推进关键核心技术攻关、高水平推动协同创新、高质量培育科技创新生态，在大湾区建设世界级科技创新策源高地中展现担当。南沙充分认识到政策环境在科技创新中的重要作用，推出了以“四链”融合为特征的政策体系，采取了一系列措施，为科技创新提供了有力的政策支持。

（一）完善顶层设计，从源头加快科技创新步伐

产业发展的本质在于实现产业布局、业态与效率的提升，这离不开科技成果产业化、科技与产业的紧密结合，尤其是产业融合型的科创产业发展。南沙推出了高含金量的核心政策，旨在通过全生命周期服务支持企业经营发展；结合重点产业领域、重大功能平台及紧缺人才的发展需求，南沙推出独角兽“黄金牧场”九条、“强芯九条”、“探天九条”、“元宇宙九条”、“科创十条”、“生物医药九条”等特色专项政策，并配套财政支持政策，为南沙企业在技术研发、推广应用等环节提供资金支持。

为加强源头统筹，深入实施创新驱动发展战略，南沙区早在“十三五”规划中就明确将新一代信息技术和人工智能产业作为其战略性新兴产业发展重点，并出台多项改革举措来鼓励企业和人才创新。《加快培育广州南沙进口贸易促进创新示范区工作实施方案》《广州市南沙区建设进口贸易促进创新示范区的政策措

施》等政策，从体制机制上保证南沙具有源源不断的创新动力。2021年，南沙发布了《广州市南沙区、广州南沙开发区（自贸区南沙片区）国民经济和社会发展第十四个五年规划和2035年远景目标纲要》，积极构建“1+1+3+N”高端创新平台体系[①]。2023年，南沙发布《广州南沙国际化人才特区集聚人才九条措施》（“国际化人才特区九条”），提出实施顶尖人才领航行动、实施高端人才倍增行动等九大措施，全面激发南沙各类人才创新创业创造活力，以“全职+柔性”机制集聚高层次人才，对全职人才给予最高1000万元奖励，对人才项目团队给予最高1亿元奖励补贴等；除了资金方面的支持，也提出通过“一事一议”的方式实施战略科学家和产业顶尖人才负责制，赋予其用人权、用财权、用物权、技术路线决定权、内部机构设置权等，给予人才更大的发挥空间。

（二）聚焦科技人才配置，开展营智环境建设试点

一流的产业集群，离不开一流的人才力量。南沙从人才政策、跨境执业、人才服务等方面推动人才工作改革不断取得新突破，率先提出“营智环境”的理念，开展营智环境建设试点工作，首创“1+3”营智环境评价体系。强化特色定位，打造国际化人才集聚高地，“国际化人才特区九条”新增不少针对海外人才的条款，加大用人单位海外引才激励力度，对引进海外人才成效突出的或在海外设立“人才飞地”就地使用人才的，给予工作经费支持。在人才评价上，南沙坚持“破四唯”，在现行政府评定方式之外，新增专家举荐、自主评审、定向配额三种方式，构建人才多元化的评价机制。在青年人才、技能人才、市场化引才激励以及人才服务等方面，南沙均有政策支持，以做大人才增量、做强实体经济人才支撑，不断提升政策准确性，做优人才发展“软环境”。“国际化人才特区九条”是南沙“1+3+N”人才政策体系中代表“1”的核心政策。目前，南沙正在抓紧制定人才服务、人才评价、人才培养的“3”项支撑性措施以及集成电路、生物医药、金融航运等“N”项产业人才专项政策[②]。

---

① “1+1+3+N”高端创新平台体系：第一个“1”是指一城一园，即南沙科学城、中国科学院明珠科学园；第二个“1”是指南方海洋科学与工程广东省实验室（广州）；“3”是指冷泉生态系统研究装置、动态宽域高超声速风洞、极端海洋动态过程多尺度自主观测科考设施3个重大科技基础设施；“N”是指多个高水平研究平台。

② 《广州南沙发布“国际化人才特区九条”》，https://mp.weixin.qq.com/s/PJ2CD9-TwxHOC6ZJ5Tac8w，2023年5月12日。

南沙强化人才创新创业服务保障，加快集聚创新人才。2021年，南沙的企业共有R&D人员1.57万人，比5年前增长1.4倍，创新人才迅速增加。南沙获批设立国家海外人才离岸创新创业基地，是全国首个国际化人才特区，截至2022年已集聚高层次和骨干人才1.7万人，已评定的高端领军人才中境外人才占比达13.3%，国际化程度快速提升；累计建成院士工作站5个，博士、博士后科研平台24家[①]。2022年，广州移民事务服务中心南沙分中心揭牌启用，南沙在香港科技大学（广州）设立人才服务站，为16名港澳专业人才颁发内地职称证书，加快建设国家海外人才离岸创新创业基地、大湾区（广东）国际人才驿站，完善提升大湾区国际人才一站式服务窗口功能，为各类人才办理涉及28个部门441种事项[②]。南沙国际化的人才多维度创新创业服务保障体系不断完善。优化外国人来华工作许可等事项审批流程，发布外籍及港澳台高层次人才推荐工作指引，实现全网即办。

（三）出台专属政策，吸引港澳青创人才

南沙2019年发布的“港澳青创30条”及2022年发布的“港澳青创‘新十条’”，是为港澳青年全新打造的专属政策，奖补力度全国领先。在南沙就业的港澳青年3年最高可获得51.5万元奖补资金，在南沙创办港澳青创企业3年最高可享受450万元奖补资金，这些政策有效降低了港澳青年的就业成本，提高了他们的收入水平和生活质量，同时也为南沙吸引更多人才提供了典型示范。另外，南沙在全国首创“薪金补贴”“职业资格、技术职称和执业资格证书补贴”“促进就业奖励”“一卡走南沙”等4项独有条款。

这些条款不仅为港澳青年提供了更多的政策支持，还突出了南沙区人才政策的特色和优势。如发放薪金补贴可以为港澳青年提供更好的职业发展机会，提高他们的收入；发放职业资格、技术职称和执业资格证书补贴可以鼓励港澳青年提升自身技能和职业素质；发放促进就业奖励可以鼓励用人单位招聘更多港澳青年；推进“一卡走南沙”可以为港澳青年提供更便利的生活和工作环境。南沙还从职业能力培养、就业技能提升、基本生活保障等方面构建了吸引港澳青年的全

---

① 《一图读懂！南沙区R&D经费投入突破百亿》，https://mp.weixin.qq.com/s/y0KSRLdJXTKXv2j00eBlAw，2022年10月27日。

② 《突破百亿，增速全市第一！南沙这个数据亮了》，https://mp.weixin.qq.com/s/v6Pjj6DA9l2dBNLK7U1Oxw，2022年10月27日。

方位就业保障奖补政策，为港澳青年在南沙就业提供了保障和支持，有效降低港澳青年的创业成本和风险，提高其创业的成功率和收益水平，打消其在南沙就业的顾虑，也为南沙吸引更多的创业项目提供强有力保障。

近年来，南沙发挥广州南沙粤港合作咨询委员会、广州南沙粤澳发展促进会的桥梁作用，建成创享湾等13个青创基地，累计入驻超900个港澳青创团队（企业），为港澳青年提供专属公寓，开发“青创贷”“房达通”等金融产品①。南沙政策效应不断释放，投资热度持续提升，南沙的企业所得税15%税率优惠政策、港澳居民个人所得税优惠政策、高新技术重点行业企业延长亏损结转年限优惠政策等3项税收优惠政策落地。在首个申报期，已有13家企业享受企业所得税优惠“头啖汤”，减免税额超4亿元，2家企业享受企业亏损结转年限优惠，50名港澳居民申报个人所得税优惠，涉及减免税额230余万元（个人所得税汇算从3月开始）②。

（四）产业科学规划促进数字产业集聚发展

南沙抢抓数字经济发展机遇，大力推进数字经济的基础设施建设，深化数字技术研发应用，推动数字经济核心产业实现高速发展。南沙出台了《广州南沙新区（自贸片区）促进人工智能产业发展扶持办法》《广州南沙人工智能产业发展三年行动计划（2018—2020年）》《广州南沙新区（自贸片区）促进新一代信息技术产业发展扶持办法》《广州市南沙区关于智能网联汽车道路测试有关工作的指导意见（试行）》《广州市南沙区加快数字新基建发展三年行动计划（2020—2022年）》《广州南沙新区（自贸片区）支持自动驾驶汽车行业创新发展的若干意见（试行）》等系列产业政策③，全方位扶持推动数字产业发展。在政策推动下，南沙已聚集了约400家人工智能企业，引进了科大讯飞智能语音和人工智能开放平台、认知智能全国重点实验室等一批国家标准人工智能实验室，初步建立了产业生态体系。

---

① 《“新十条”，创业在南沙！》，https://static.nfapp.southcn.com/content/202207/03/c6649851.html，2022年6月30日。

② 《立足湾区、协同港澳、面向世界！南沙前方是“芯晨大海”》，https://www.thepaper.cn/newsDetail_forward_23509326，2023年6月15日。

③ 《广州南沙：创新驱动推动数字经济实现高速发展》，https://mp.weixin.qq.com/s/UQYhba2yY6VW8cu-f4luLQ，2021年11月24日。

二、南沙科技与产业创新态势

《南沙方案》发布以来，南沙科技与创新发展呈现出生机勃勃的局面。全国首个电子纸科技园、广州第一所渔业领域研究院先后启用；广州南沙地大滨海研究院揭牌；冷泉生态系统研究装置将打造成为全球首套深海生态学研究重大科技基础设施；等等。从天然气水合物勘查到人工智能与生命科学……上天、下海、入地、探微，都有“国之重器”的支撑与驱动。由大院大所大装置主导的南沙科学力量，引领着原始创新挺进一个又一个前沿“无人区”，助力南沙打造大湾区综合性国家科学中心主要承载区①。

（一）培育壮大科技产业后备军

2023年，南沙高新技术企业认定申报数612家，认定数532家，总量1128家，认定通过率、认定数增速以及总量增速均居全市第一。研发投入强度5.46%，全市排名第二。科技型中小企业入库数达2084家，累计建成科技企业孵化器13家（含国家级2家：广东医谷、乐天云谷）、众创空间14家（含国家级1家：乐天云谷）；科技排头兵企业竞相涌现，广钢气体在科创板成功上市，东方重机成功交付全球最大“人造太阳”核聚变装置，南砂晶圆等13家企业入选国家级专精特新“小巨人”企业名单，健齿生物等7家企业入选首届广州百家新锐企业名单；25家企业入选广州独角兽企业榜单，涉及信息技术、先进制造、新能源与节能环保、人工智能、物联网、电子商务等领域；约600家企业备案跨境电商业务；新签约227个项目，总投资额近4000亿元，增长87%。《南沙方案》落地后，南沙新签约战略性新兴产业、未来产业及先进制造产业项目占比达76%，同比增长20%。快速增长的数据折射出：南沙一直以加强科创平台体系建设、推进关键核心技术攻坚和培育创新型龙头企业等一系列关键举措来带动产业创新。

第一，大力加强科创资源汇聚，加强科创平台体系建设。南沙区聚焦深海、深空、深地，建强建优各类创新平台，不断增强创新动力源，稳步推进南沙科学

① 《南沙：打造原始创新重要策源地》，http://www.gzns.gov.cn/zwgk/zwdt/content/post_8922419.html，2023年4月14日。

城和中国科学院明珠科学园建设，大力支持南方海洋科学与工程广东省实验室（广州）建设，构建起全链条全过程全要素创新生态体系。

南沙科学城和中国科学院明珠科学园。南沙区聚焦南沙科学城战略定位和主要发展目标，构筑南沙科学城“四区叠加”政策优势和数字化绿色生态宜居优势，着力打造有全球影响力原始创新策源地，打造创新创业驱动重大战略性新兴产业集群发展新引擎，集聚一流科技创新人才，建设一流科学城，构建粤港澳大湾区全球合作创新网络。此外，聚焦深海、深空、深地等领域布局建设世界级重大科技基础设施集群，通过联动“光明科学城—松山湖科学城”，共建大湾区综合性国家科学中心，系统提升原始创新能力，计划在2025年基本建成主体功能区，在2035年成为世界一流科学城。中国科学院明珠科学园是南沙科学城核心区域，其南部组团投入运营。广东空天科技研究院、广东智能无人系统研究院已入驻，北部、中部组团已具备施工条件。

南方海洋科学与工程广东省实验室（广州）。通过汇聚16个院士团队，打造国家级海洋科学研究基地，牵头的天然气水合物勘查开发国家工程研究中心获批全国首个海洋能源领域国家工程研究中心。广州海洋实验室加速创建国家实验室基地，国家级科研项目不断增加，海洋创新发展之都核心区“硬核”实力显著提升。

冷泉生态系统研究装置已纳入“十四五”国家重大科技基础设施建设规划，获国家发改委的可行性研究批复。国内首套20kW海洋漂浮式温差能发电装置海试成功，国内首艘超深水大洋钻探船、天然气水合物钻采船“梦想”号已完成主体建造并成功试航，全球首艘全尺度无人潜航器试验保障母船顺利交付，天然气水合物勘查开发国家工程研究中心挂牌。

大湾区科学论坛永久会址已开工建设，新能源器件循环利用能力提升项目纳入国家科教基础设施建设实施方案。2023年，落户南沙的新型研发机构共22家，其中省级新型研发机构4家（广东智能无人系统研究院、广州现代产业技术研究院、广州时空位置网科学技术研究院有限公司、广州云从人工智能技术有限公司），省级高水平研究院4家［广东空天科技研究院（南沙）、广东智能无人系统研究院、粤港澳大湾区精准医学研究院、广东越新微系统研究院］。

第二，重点培育科创龙头企业，推进关键核心技术攻坚。南沙区连续3年发布重点领域科技计划项目申报指南，聚焦第三代半导体、生物医药、高端制造、现代海洋科技、元宇宙、碳达峰碳中和等重点领域，开展关键核心技术攻关。为加快打造产业集群，在芯片与集成电路领域，南沙把握产业发展趋势，科学推动集成电路产业项目、企业及人才集聚发展，设立规模21亿元的广东省半导体与集成电路风险子基金，建设约2平方公里的集成电路产业园，引进培育了芯粤能、芯聚能等一批龙头企业，在国内率先实现宽禁带半导体全产业链布局，初步形成覆盖宽禁带半导体全产业链完整生态。南沙还引进了芯峰科技、大族半导体、微纳光刻胶、阿达智能等项目，填补了设计、材料、设备等产业关键环节空白。

第三，重点推进战略性新兴产业和未来产业的发展，培育创新型龙头企业。在人工智能与数字经济产业方面，南沙集聚了小马智行、云从科技等400多家人工智能企业，业务范围覆盖人工智能芯片、基础软件算法、生物特征识别等领域，初步建立起较为完善的产业生态体系。小马智行开启自动驾驶出行服务，与丰田中国、广汽丰田合作推进L4级自动驾驶无人化、规模化、商业化应用；引进国内首家AI型私有云企业百度云途腾、联想集团控股子公司联想懂的等大数据、物联网前沿技术领域龙头项目，助力南沙产业智能化转型升级。在生物医药方面，南沙引进了粤港澳大湾区精准医学研究院、广东医谷等重大产业平台，南沙科创中心横沥生物医药产业园建成投产，广州产投大湾区数字经济和生命科学产业园项目加快建设，将建设集数字经济、生物医药、新一代信息技术和港澳创新成果转化为一体的综合型产业园区。集聚了400多家创新药、植介入医疗器械、细胞与基因治疗、精准医疗等领域的知名企业，生物医药创新研发走在国家级新区前列。在空天、深海等未来产业方面，南沙积极布局商业航天产业链条，以“一箭一星一基金”产业发展格局为基础，正完善集运载发射、卫星研制和航天应用于一体的商业航天全产业链布局，为广州发展商业航天奠定重要基础。首枚“南沙造”火箭以“一箭26星”的方式将搭载的试验卫星顺利送入预定轨道；中科宇航正式迁入南沙，成为广东首家商业航天“独角兽”，中科宇航参与研制的力箭一号遥二运载火箭在酒泉卫星发射中心成功发射；吉利科技集团的全国唯一航天业务集团总部落户南沙，由其自主研制的“吉利未来出行星座”首轨九星以“一箭九星”方式成功发射，于此，南沙商业航天迎来了“黄金时代”。

（二）携手港澳共建创新平台

南沙发挥广州南沙粤港合作咨询委员会、广州南沙粤澳发展促进会等平台机制作用，不断加强与港澳科技管理机构、科技企业交流合作，引导创新资源集聚南沙。南沙引入了广东省灵山论坛科学中心、华南理工大学南沙科技创新谷、广州南沙地大滨海研究院、广州南沙区第三代半导体创新中心、混沌学园大湾区校区等5家高端创新平台项目。南沙还与香港科技大学（广州）签署了协同创新全面合作协议，在重大科技创新平台建设、关键技术联合攻关、科技成果转移转化等6个方面深入开展合作。通过服务粤港澳科研机构，这些平台已经开始形成“硅谷效应”。

于2022年9月正式开学的香港科技大学（广州）（见图5-1）最能体现其使命——助力建设大湾区内科技产业创新基地。香港科技大学（广州）相继与粤港澳大湾区数字经济研究院（福田）、思谋科技、广东联通、佳都科技、方纬科技等签订了合作协议。香港科技大学（广州）并不是简单地复制香港科技大学，而是借此机会在广州进行科研、教学、知识转移等方面的系统性创新。以香港科技大学（广州）为试点推进科研用物资跨境流动，9项跨境需求科研物资清单和5项便利化政策措施已被纳入《广州市科研用物资跨境正面清单（第一批）》，便利科研用物资跨境流动。推动广东省通感算交叉融合泛在物联网重点实验室、广州市全域互连与网联智能重点实验室等7家省、市重点实验室投入运营。从联合培养博士生到成立联合实验室，从探索推进跨境数据要素流动机制到共建国际交通网络数字孪生协同创新平台，一张产业链与创新链融合交织的网络，正以南沙为原点，延绵至周边城市，释放出了巨大的发展动能。

城市的创新活力来源于为产业发展注入源头活水。香港科技大学（广州）在南沙落地以来，带来的科创成果已生根发芽，目前已有多家由香港科技大学（广州）教授或博士生主导的企业在广州注册成立，并获批国家级项目73项、省级项目27项、市级项目75项，荣获2022年度广东省科学技术奖8项，其中科技进步奖一等奖2项、科技进步奖二等奖3项、科技合作奖1项、青年科技创新奖2项。

国家超级计算广州中心南沙分中心——“天河二号”，为香港科技创新提供了强大支持，助力香港在生物医药、新能源、人工智能等领域取得突破性成果。

目前，“天河二号”已为港澳及海外200多个科研用户团队提供超过2.4亿核时的超级算力，如香港大学利用“天河二号”超级计算机进行高效高精算法技术分析，在海量的病原体基因数据、其他流行病学和生态学数据中，追踪重要病原体的起源、传播和进化。

图5-1　香港科技大学（广州）

资料来源：南沙区融媒体中心。

（三）加快建成一批国家级科学技术平台

南沙聚焦新领域、新赛道，增强高端产业引领的科技创新基础能力，强化科技创新条件保障，累计建成各类创新平台399个，目前正在加快兴建一批大装置大平台，力争尽早形成创新力，助力形成高质量创新生态圈。在《广州市2023年重点建设项目计划》中，由南沙区作为项目主管部门的有62个，在港航基础设施、轨道交通、市政路桥、战略性新兴产业等方面的多个重大关键项目引领南沙发展。这些重大科技平台涵盖了从基础科学到前沿科技的多个领域。

南方海洋科学与工程广东省实验室（广州）。该实验室着力解决大湾区岛屿和岛礁可持续开发、资源可持续利用、生态可持续发展等关键核心科技难题，拥有一支汇聚18位领军人才、80位科研人员的高层次人才队伍，全职或双聘科研人员超过1000人。

冷泉生态系统研究装置。该装置纳入“十四五”国家重大科技基础设施建设规划，实现了南沙重大科技基础设施从0到1的突破，助力南沙打造全国天然气水合物研发和商业开发总部基地。

天然气水合物勘查开发国家工程研究中心。该中心将紧紧围绕推动天然气水合物勘查开发产业化需求，加快突破海域天然气水合物勘查开发关键技术和核心装备制约，推动天然气水合物勘查开发产业化进程。

超深水大洋钻探船“梦想”号。“梦想”号拥有全球面积最大、功能最全、流程最优的船载实验室，并配备磁屏蔽室、超净实验间和船载岩心自动传输存储系统，为海洋领域全学科研究提供先进平台。

广东智能无人系统研究院龙穴岛总装试验基地。该基地面向智能无人系统领域科技前沿，结合粤港澳大湾区科技布局与产业发展规划，集聚国内外优势创新资源，打造智能无人系统装备研发及产业发展高地、人才汇聚高地，成为具有突出科技引领作用的国际知名的新型研发与产业孵化机构。基地面向海洋科学研究、深海资源勘查和海洋安全保障等国家战略需求，面向国民经济主战场，在海洋智能无人系统研制、智能载荷研发、平台运维保障、海洋信息服务等方向布局，推动海洋技术进步，推进技术与应用融合发展。

中国科学院明珠科学园。该园通过聚合、强化中国科学院在穗研究力量，推动南沙科学城成为粤港澳大湾区前沿科学基础研究和高技术创新的载体，支撑南沙科学城成为粤港澳大湾区综合性国家科学中心主要承载区、粤港澳大湾区国际科技创新中心重要承载区①。

（四）积极提升全球经济和创新规则话语权

国际科技创新治理规则制定权和主导权将深刻影响一个国家的产业竞争力和国际影响力。随着层出不穷的新兴技术的开发及应用，伴生大量科技治理规则的制定需求，南沙积极融入并影响着科技领域的国际规则和标准，高质量实施RCEP，对标CPTPP、DEPA等国际高水平自贸协定规则，加强与欧盟和北美发达

① 首批拟入驻项目有中国科学院广州分院、中国科学院南海海洋研究所、中国科学院力学研究所广东空天科技研究院、中国科学院沈阳自动化研究所广东智能无人系统研究院等。

经济体合作，推动金融、科技创新等领域向国际化发展。

南沙瞄准战略性强的重点新兴技术，有针对性地预先进行规则研制和竞争布局。例如在人工智能领域，经过多年积累，南沙产学研聚集优势日渐明显，创新生态持续优化，创新成果丰硕。云从科技持续开展自主可控的AI技术创新，以“视觉+语音”等多模态感知为基础，建立视觉认知、语言认知、环境认知等多模态认知融合，打造智能决策系统，实现人工智能技术闭环。南沙还充分发挥土地储备充足的优势，为自动驾驶企业提供大量道路实测场地，小马智行等自动驾驶企业的创新技术得以通过规模化测试，不断迭代更新、优化完善，2024年5月小马智行获得广州首家智能网联汽车高快速路测试许可。

此外，南沙通过建设智能驾驶示范路段，搭建智能驾驶物联感知平台，对行人、车辆、天气等信息进行全方位感知，为后续开展智能网联汽车测试及应用场景开发提供技术支撑。在人工智能领域，大国之间的竞争重点从科研投入、产业布局和市场争夺，延伸到国际规则的制定权和国际治理的主导权。伴随新技术产业化，南沙正在积极探索人工智能和数字经济领域的治理规则，为我国参与新一轮国际前沿技术的规则制定、引领标准贡献南沙力量[①]。

三、南沙科技创新的特征

南沙着力于构建国际一流的人才发展环境，强化科技成果产业化，把握数字化技术发展潮流，驱动新经济兴起，将南沙建设为新经济的科技地标之核。

（一）重视优化人才服务体系

南沙要成为科技创新高地，还需进一步提高先进技术和人才的国际竞争力，创新人才培养模式，通过打造包容开放、鼓励创新的社会和企业文化，充分吸引国际人才，推动创新人才需求、企业用工需求与高校人才培养精准对接。

南沙组建了国际人才服务官团队，该团队由多名海归人才组成，这些人才精通多国语言，熟悉国际商务礼仪、涉外事务流程及区情、区貌和人才科技产业政策等专业技能知识，以高素质团队打造高标准、高质量的人才服务体系。这将助

① 张换兆：《全球科技创新规则制定的趋势与启示》，《中国科技人才》2021年第3期。

力南沙打造国际一流营智环境和大湾区高水平人才高地，支持企业与高校、科研机构开展联合研发，促进基础研究成果与产业发展对接融通。围绕人才政策、人才创业、人才生活、人才安居、人才交流五个维度，南沙制定了“南沙人才服务高频关键小事”清单，通过人才大数据管理平台，及时响应高层次人才的服务需求，完善人才服务链条，力求将人才服务做实做细，让更多人才安心扎根南沙。根据人才类别、所在行业及区域等情况，南沙区为已认定的高层次人才，包括重大项目、重点企业、科研院所等的高层次人才和团队量身定制专属人才服务官，提供24小时有温度、精细化、个性化的专业服务。南沙国际人才服务官团队试运行3个月，累计为安居南沙的各类人才提供了近5000人次的优质便捷服务、超300人次高层次人才节日关怀，策划组织了20余场“创梦南沙”“乐居南沙”品牌交流活动[①]。

南沙支持港澳青年创业就业。南沙从企业落户、配套支持、场地租金、创业成长、投融资支持、青创基地运营等方面打造创业支持链条，构建全链条创业就业服务体系，为区域内创业人员提供全生命周期的创业支撑。位于南沙“城市客厅”蕉门河畔的创享湾是港澳青年创新创业首选地，也是被誉为粤港全面合作“超级联系人”的广州南沙粤港合作咨询委员会所在地。该委员会共有14个专项工作组，集聚了30家香港会员机构，不断创新粤港澳合作模式，推动港式国际化社区、广州南沙民心港人子弟学校、大湾区航运联合交易中心等一大批项目落地[②]。广州南沙粤港合作咨询委员会的各位委员展现出了聚合粤港澳三地资源的强大影响力，成为南沙的“最佳合伙人”和“最佳代言人”，助力南沙剑指全球科技创新策源地。广州南沙新区还设立了香港服务中心，以打造实体化运作、集聚香港资源的示范平台。

（二）高起点搭建成果转化平台

南沙以市场需求为牵引，持续推动科技创新引领新经济发展。做大做强南沙科技成果转化联盟，新增40家成员单位，集聚各类创新主体和169家优质服务机

① 《衣食住行样样帮！南沙揽国际人才“放大招”》，https://mp.weixin.qq.com/s/48LAZl72AtYTy6KrsbmvdA，2023年3月9日。

② 《两周年！南沙与香港合作成果丰硕、前景广阔》，https://mp.weixin.qq.com/s/rq7-vtNsJhXHzjuWKIK7Cg，2023年5月16日。

构，积极推动核心技术的高质量转化及产业化。在全国率先探索以企业技术需求为导向的科技成果转化模式。

2018年，华南技术转移中心落户南沙，承载着为科研成果转化探索新路的使命，旨在将研究成果直接转化到企业车间里。华南技术转移中心是由广东省科技厅、广州市科技局、广州南沙开发区管委会联合支持共建的创新服务平台，承担两大职能——运营广东全省的科技创新券和甄选企业科技特派员，在某种程度上已经升级为粤港澳大湾区的技术转移枢纽平台。

2020年，华南技术转移中心依托华转网，成功集聚各类优质创新资源3万余项，促成科技成果转化服务交易1.88亿元，超过3000家科技型中小企业受益[①]。科技创新券一方面减轻了科技型中小企业的研发压力，另一方面也撬动了全国优质创新资源。华转网推出企业与企业科技特派员对接的服务，企业通过注册入库发布技术需求，企业科技特派员通过注册入库寻找技术落地项目，双方完成需求对接，最终促成科技成果转化落地，广东企业可以搜寻到全国各地的技术成果。

2023年，华南技术转移中心年研发投入超过500万元，为企业及科研院所提供解决方案1753项，推动1172项关键技术成果对接转化，累计促成8亿元技术交易额，带动企业创造经济社会效益超36亿元，成为技术创新成果转化的高地[②]。不少研发团队通过华南技术转移中心看到了南沙的政策叠加优势、广阔的发展空间，选择落地南沙，如氢电中科（广州）新能源设备有限公司是由华南技术转移中心从华南理工大学引入的，其氢燃料电池催化剂在获得两轮融资后迅速在南沙落地转化。

（三）大力建构数字化创新生态体系

自信息技术革命发生以来，数字经济成为继农业经济、工业经济之后的新经济形态，它以大数据资源为核心要素，以现代信息网络平台为主要载体，以信息通信技术融合应用、全要素数字化转型为重要推动力，促进公平与效率兼容。数字化进程推动生产方式、产品形态、商业模式、产业组织和国际格局的深刻变

① 《【各区动态】南沙：瞄准原始创新谋划弯道超车 加速打造科技成果转化高地》，https://mp.weixin.qq.com/s/17MNsh6rBwebTKOuhcicrg，2020年10月13日。

② 《接续奋斗，砥砺前行！华南技术转移中心2023年“高光时刻”》，https://mp.weixin.qq.com/s/UIIdoQC4B7qQNa6nB4Ykjg，2024年1月8日。

革，促进数字经济和实体经济深度融合，驱动新经济发展①。南沙积极把握数字经济发展的新机遇，推进传统产业转型升级，促进新业态发展。南沙按照广州市“十四五”规划，大力发展壮大新型电子信息制造与服务、新一代通信技术等数字经济核心产业集群，围绕互联网和网络空间、大数据、工业互联网以及车联网等广州市重点科创领域，促进科技创新企业在本地形成“资本—研发—成果产业化—市场消费—知识产权保护”循环的全产业链科技创新集群。未来，南沙可以借鉴阿里云栖小镇数字产业集聚模式，发展数字经济，促进制造业集聚发展、协同创新，推进传统产业转型升级。

数字经济具有高创新性、强渗透性、广覆盖性的特点，不仅能够促进经济增长，而且是改造提升传统产业的支点，是构建现代化经济体系的重要引擎。数字化转型驱动着生产关系、交换规则、治理方式发生重大变革，将对世界经济、政治和科技发展格局产生深远的影响。南沙把握数字经济发展的新机遇，率先在数字新基建方面实现突破。

南沙区依托中国科学院科研院所、高校等科研资源，促进产学研深度融合和数字产业创新，推进建设了南沙国际人工智能价值创新园等人工智能创新载体，搭建了广州国际人工智能产业研究院、广州市智能软件产业研究院等四大人工智能产业研发平台，推动南沙区数字创新成果赋能实体产业，现已在多个领域推广应用并初见成效。目前，南沙在战略性新兴产业和未来产业领域布局广东空天科技研究院（南沙）、粤港澳大湾区精准医学研究院等；在高端装备、智能制造等制造产业领域布局广州市香港科技大学霍英东研究院（南沙）、广东智能无人系统研究院、广东广船国际海洋科技研究院有限公司等。战略性新兴产业和未来产业集聚人工智能和生命健康企业超1000家，产业增加值占地区生产总值的比重达36.9%。

南沙在全国首创具有自主知识产权的全球数源中心，其实质是打造新时代数字经济公共基础设施，牵引产业数字化和数字产业化双向融合发展，为大湾区乃至更大范围的经济发展赋能。郑永年教授指出，全球数源中心可将物体在现实世界的信息“镜像”转化为数字经济下生产资料的数据，形成全球商品数据

① 毛艳华、任志宏、叶辅靖、王世福、杨林、钟韵、杨爱平、蔡进兵：《建立高质量城市发展标杆：南沙更高水平对外开放》，《城市观察》2023年第3期。

库，实现商品价值的真实传递，集聚全行业、全产业生态链；全球数源中心的落地已形成数源标识服务产业链、知识产权保护产业链、检验检测认证产业链、公证法律服务产业链集聚的雏形。未来，全球数源中心将加速形成磁场效应，聚集一大批从事服务贸易活动的现代服务业企业，如依托全球数源中心可以集聚数源标识服务产业、检验检测服务产业等现代服务业企业。同时，通过开放应用培育“数源+”贸易新业态，形成产业规模和国际影响力。南沙还不断探索“数源+金融”“数源+二手车出口”等数字背景下新型产业生态运作和集聚模型，全球数源中心的建设将推动“数源+”商业模式创新，促进“数源+技术”“数源+贸易”“数源+金融”“数源+服务”“数源+监管”等产业创新发展，带动商品及要素资源集聚南沙，形成基于“全生命周期数源”“价值传递”与“风险可控”的高端价值链服务产业新生态，激发经济增长新动能[①]。

毋庸置疑，数字时代已经到来，科技创新已进入空前密集和活跃的时期，这将深刻影响国家前途与人民福祉。移动支付、移动社交、移动出行、移动电商、共享经济、短视频、网络直播、在线教育等成为生活常态，大数据、人工智能、5G、云计算、区块链等新技术迭代升级，智能技术、数字技术正在加速深度嵌入并应用于各行各业。数字时代，南沙正逐渐崭露头角。南沙集聚了众多高新技术企业、研究机构和创新团队，为打造数字时代的新经济业态发挥着不可或缺的作用。南沙成为新经济的科技地标，反映了其在全球科技创新中的卓越地位，具有强大的科技研发能力、先进的科技基础设施以及丰富的科技人才资源。南沙已使用数字人民币向区内高层次人才兑现安家补贴，成为全国首个以数字人民币形式发放人才奖励补贴的案例[②]。全球新一轮科技革命和产业变革正处于实现重大突破的历史关口，作为承载重大国家战略的未来之城，南沙高度重视数字经济创新发展中的重要科学问题和关键核心技术突破，关注新技术相互融合、互为支撑，努力争取获得颠覆性技术的突破、发展、落地、普及。伴随着“数字化+”新业态新模式的不断涌现，未来南沙数字化创新生态体系将越来越丰富，为经济增长提供全新动能。

---

① 王一晴：《华南理工大学公共政策研究院学术委员会主席、广州粤港澳大湾区研究院理事长郑永年：创造数字经济时代国际规则的“中国方案”》，《南方日报》2023年6月19日第T04版。

② 《南沙：科创引领，以改革激发高质量增长动能》，https://mp.weixin.qq.com/s/dx6sevR1RsD6ObWLoAaJnQ，2023年1月3日。

第二节　科技创新策源地建设原则与路径

广州作为大湾区核心城市，其科技创新地位不断凸显。南沙作为广州的重要组成部分，不仅是一个科技合作的枢纽，更是一个科技创新的策源地，为粤港澳大湾区、中国乃至全球的科技生态系统注入新的动力。南沙需要加快培育科技创新文化、建立高效科技管理体系和加强研发实力，成为广州科技新地标、中国科技创新前沿，在全球科技创新舞台上发挥重要作用。因此，新时代南沙的创新战略需要顺应世界趋势，立足创新生态圈，促进产业链供应链融合。

一、南沙科技创新面临的瓶颈与突破方向

南沙是新兴城区，相比老城区，创新基础比较薄弱，需要克服诸多瓶颈。因此，要正视短板，找准方向，才能形成有南沙特色的创新方略。

（一）城市创新能级有待提升

南沙区已累计形成多项制度创新成果，不少创新成果属于全国首创或率先在全国复制推广，不过，仍存在城市智慧化水平不高、数字产业规模较小、创新资源较为不足、创新服务能力有待提高等问题。例如南沙区政府建设了数据共享交换平台，也制定了较为完善的数据共享目录清单，但是可共享数据范围非常有限，未形成全区统一的大数据采集机制，难以满足南沙经济社会日益增长的大数据应用需求。

提升南沙创新能级的突破方向在于构建数据标准体系。构建数据标准体系能够系统解决南沙在数字化时代数据利用率低、数据利用碎片化的问题，释放数据互通共享所产生的巨大生产力。例如，通过更具通用性的全球数源中心规则标准和进一步互联互通的公共技术，推进数源数据全境畅通流动。通过规则标准统一的数字新基建进行复制、推广、建设，培育“良币逐劣币”的新型信用环境，通

过生产端、贸易端、物流端、消费端数据广域触达流通有效改善市场资源配置效率，助力南沙在全国统一大市场的建构进程中发挥要素和资源市场统一、商品和服务市场高水平统一的作用，同时大幅提升城市创新能级①。

（二）对外开放合作有待持续深化

打造南沙高水平对外开放门户枢纽是广州市、广东省乃至国家的期望。通过现行的负面清单，南沙在管理制度、税费制度、监管制度方面与国际的差距正在不断缩小，营商环境持续优化，在与港澳的科研合作上有了新的突破。总体来看，南沙的对外开放主要体现在营造国际化营商环境、提升招商引资的规模与质量上。但从双向开放视角看，南沙的国际化程度其实并不高，尤其企业与文化"走出去"的成效不明显。《推动共建丝绸之路经济带和21世纪海上丝绸之路的愿景与行动》提出要充分发挥广州南沙的开放合作区作用，加强港口建设。这表明要将货物出口航线优势逐步转化为企业在国际市场网络的拓展优势，尤其是要主动"走出去"，巩固与"一带一路"沿线国家的经贸合作。

提升对外开放水平的突破点在于着力打造中国企业"走出去"综合服务基地。这是南沙推动高水平对外开放的重要举措，也是全面提升南沙国际化能力的突破口。基地可以通过实体化运作，建设集投资促进、信息共享、商务配套服务于一体的综合在线服务平台，为企业"走出去"提供一站式服务。基地可以通过携手港澳，利用港澳与国际接轨、各类专业服务业发达的优势，与香港贸易发展局、澳门贸易投资促进局等共建共享国际网络资源。同时，整合各类"走出去"资源，引导金融、法律、咨询等领域的专业机构、商协会和智库以及企业落户。基地打造了中国企业对外投资的"服务超市"，打造了链接国内国际双循环的重要枢纽节点，在推动更多中国企业走向世界的过程中，也会吸引更多世界级企业通过南沙投资中国，逐步在制度型开放中打造全国涉外法律服务高地。基地可以携手区内企业参加中国—东盟博览会、中国国际进口博览会等重要展会活动，为企业搭建展示平台，发挥中国国际进口博览会的溢出效应，提升企业知名度，加强交流与合作。

---

① 王一晴：《华南理工大学公共政策研究院学术委员会主席、广州粤港澳大湾区研究院理事长郑永年：创造数字经济时代国际规则的"中国方案"》，《南方日报》2023年6月19日第T04版。

（三）国际人才引进效能亟须提升

南沙在吸引国际人才方面的政策宣传明显不足，尤其针对国外的宣传声势亟待扩大，海外人才无法便捷获取南沙有关人才政策的最新信息。南沙还缺乏引进国际人才的整体性规划，未深刻把握国际人才流动的周期性和核心影响因素，立足长期，系统性搭建与国际人才有效联系的途径与网络，难以实现高精准度的人才匹配和对接。

南沙在生活“硬环境”方面，生活配套设施建设有所欠缺，由于远离广州市区，现有的基础设施还比较落后，难以有效满足国际人才在工作、居住、医疗及子女教育等方面的需求，影响国际人才初到南沙的适应度，这也是限制国际人才引进的关键因素。在生活“软环境”方面，南沙的外语环境、群众外语能力及国际观有待提升，自贸区虽已建设多年，但仍未形成一个和谐包容的人才环境，国际人才的归属感和融入感不强①。人才政策既需要具有方向性和纲领性，也需要重视和完善人才需求保障的明确细则，从细节入手，抓住人才的共性需求和核心需求。吸引人才是基础，留住人才是关键，只有国际人才全方位地深度融入南沙，才能发挥其专业效能和创造力。

知识产权服务业层次尚低。南沙知识产权服务业还处于初级发展阶段，服务业总体规模还较小，服务层次低、服务形式单一、服务能力弱，缺乏具有品牌影响力的企业，还没有形成良好的商业模式或完整的产业链。在信息挖掘和利用方面还不够系统和深入，知识产权信息中心存在专利信息资源开发不够、专业服务人员不足、提供深层次服务的能力有限等问题。南沙知识产权行业在人才机制、人才结构和人才数量三个方面存在欠缺，区域内知识产权服务业没有形成有效、长效的集成共享机制，产业难以高速发展，更缺乏国际竞争力。

提升国际人才引进效能的突破方向在于设立全省首个移民事务服务中心。南沙一直致力于吸引国际企业和创新者，为其提供丰富的商业机会和创新平台，为国际企业提供更多的便利和优惠政策，不断吸引投资和人才。这种开放的姿态使得南沙成为全球企业拓展业务和合作的理想场所，为粤港澳大湾区的科技创新生态系统注入了新生力量。广州可从市级层面支持南沙培育、引进国内外高端知识

① 王子立、仲飞标：《广州南沙自贸区国际人才引进与服务路径研究——以新加坡自贸区经验为借鉴》，《广州社会主义学院学报》2022年第4期。

产权服务人才和服务机构，支持移民事务服务中心发展，针对紧缺急需的高端国际人才开展全程引进服务，综合改进南沙软硬件条件，大幅提升国际人才的适应度和满意度，提高其后续在社会和专业方面融入南沙的积极性与可能性。还可在香港科技大学（广州）设立定点人才服务站，专人驻点为学校师生提供涉外业务咨询、签证办理、人才政策咨询及兑现等服务，打造有温度的人才服务标杆。移民事务服务中心可衔接大湾区（广东）国际人才驿站建设，动态提升大湾区国际人才一站式服务窗口功能，为人才办理涉及多个部门的多种事项，多维度服务和保障国际人才来南沙创新创业。

二、打造原始创新策源地的战略与原则

创新是推动现代化建设的核心动力，南沙要以实现高水平科技自立自强为目标，强化数字引领，强化科技创新顶层设计，要勇于在核心技术上攻坚克难，深化新兴技术应用，集中力量破解高质量发展的科技瓶颈，加快科技成果转移转化，着力推进产业基础高级化和产业链现代化。南沙起点高、腹地广、机制活，要围绕原始创新的研发、成果转化、市场拓展进行系统谋划、统筹推进，逐步成为引领全球技术进步和产业发展的创新高地。

（一）打造原始创新策源地的战略：以“三网”叠加促“四链”融合

南沙有力支撑粤港澳大湾区建设成为新发展格局的战略支点，围绕打通国内国际科技资源循环的堵点、痛点，形成产学研集聚优势，畅通全球科技、产业、人才和资本等创新要素流动，激励原始创新，可以实施以“三网”叠加促“四链”融合的协同创新战略，即通过促进本地创新网络、国家创新网络、国际创新网络“三网”叠加，加快围绕产业链部署创新链、围绕创新链提升产业链、紧扣创新链完善资金链、聚焦产业链激活人才链，形成环环相扣、链链相接的“四链”融合政策体系（见图5-2）。

图5-2 “四链”融合政策体系

科研方面。要打造重大科技创新平台，发挥好大湾区科学论坛等重点活动的引领作用，高水平建设南沙科学城，布局前沿交叉研究平台，建设世界一流研究型大学和研究机构，增强原始创新能力。开展知识产权所有权改革试点，赋予科研人员职务科技成果所有权或长期使用权，并健全科技成果交易平台，完善科技成果公开交易体系，助力南沙广泛运用全球科技资源，融入国际创新网络，参与全球创新治理。

产业方面。要培育发展高新技术产业，发展智能制造产业，推进专业化机器人创新中心建设，加快建设南沙（粤港澳）数据服务试验区。以产业链带动创新链，并推动科技成果有效转化和推广应用。在财政政策方面，南沙对有关高新技术重点行业企业进一步延长亏损结转年限，对先行启动区鼓励类产业企业减按15%的税率征收企业所得税。为进一步帮助企业破解科技成果转化堵点，南沙将科技成果转移转化奖励的标准提高至最高1000万元。

人才方面。要推动国际高端人才集聚。人才是创新的根基，要创新人才政策体系，实施面向港澳人才的特殊支持措施，实行更大力度的国际高端人才引进政策，为南沙引进、留住人才提供充足的支持和保障，深入落实“对在南沙工作的港澳居民，免征其个人所得税税负超过港澳税负的部分”“允许符合条件的取得内地永久居留资格的国际人才创办科技型企业、担任科研机构法人代表”等政策。

资金方面。要推动金融与科技、产业深度融合，探索创新科技金融服务新业务、新模式，实现更高效的资金流动，为在南沙的港澳科研机构和创新载体提供更多资金支持，增强科技企业创新能力和创新后劲。广州南沙新区科技创新母基金荣登“2022年最具潜力母基金TOP30”“融中2023—2024年度中国最佳天使引导基金

TOP10”“融中2022—2023年度中国最佳政府引导基金TOP50”榜单，其影响力和认可度得到进一步提升。母基金累计过会49只子基金，撬动子基金总认缴规模超180亿元，引导社会资本“投早、投小、投科技”。科技型中小企业信贷风险损失补偿资金池已撬动21家合作银行向南沙区375家科技企业累计授信约32.59亿元，累计发放贷款约20.18亿元。

（二）打造原始创新策源地的原则

创新驱动不是一个口号，它要求我们摒弃传统的依赖资源消耗的发展模式。在全球化和数字化不断发展的今天，南沙将打造广州科技创新高质量发展的新引擎、大湾区综合性国家科学中心主要承载区、国际原始创新和战略产业重要策源地，全面提升创新策源能力、技术攻关能力、科技赋能能力、人才支撑能力、创新生态活力，打造“亚太创新灯塔”，通过创新驱动来实现经济的快速增长和社会的持续进步。南沙将遵循以下原则来推动原始创新策源地的建设。

（1）聚焦“国家战略、科技前沿”。只有从国家战略和经济社会发展需要的高度来培养和强化战略科技力量，抢占科技前沿战略制高点，才能有效促进原始创新供给能力显著提升，成果转移转化水平持续提升，高新产业引领经济强势增长，科创人才智力资源高度聚集，创新创业生态环境实现国际领先。聚焦海洋、能源、信息、生物、空天等领域，布局建设重大科技基础设施集群、前沿交叉研究平台和高层次科研机构，为广州活力创新轴建设提供战略科技力量支撑。大力建设南沙科学城、中国科学院明珠科学园、冷泉生态系统研究装置、南方海洋科学与工程广东省实验室（广州）等重大科技基础设施，由此集聚一批高端创新资源。瞄准国际科技前沿和战略必争领域，强化提升基础性、前沿性研究能力，依托南沙科学城打造国际原始创新和战略产业重要策源地。

（2）促进“区域联动、高效协同”。要对标世界一流创新高地，立足高标准建设南沙科学城，面向未来建构“一廊一核多园区”①科技创新空间布局。此举有利于在更大范围、更高层次汇聚高端创新资源，推动形成优势互补、各具特色、高质量发展的区域创新格局，充分发挥南沙作为广深港、广珠澳“两廊”交

① 一廊：高水平构筑科技创新走廊。一核：精准聚焦南沙科学城主体功能区域建设。多园区：构建多个科技园区协同发展的战略支撑体系。

汇点综合优势。

（3）坚持“国际视野、开放共享”。在“双区”建设、“双城”联动和横琴、前海两个合作区建设的背景下，南沙将不断强化打造广州高质量发展新引擎的功能，更加主动地融入全球创新网络，面向全球广聚战略科学家、科技领军者、知名企业家、青年科技人才，为加快推动南沙深化粤港澳全面合作，打造成为立足湾区、协同港澳、面向世界的重大战略性平台贡献科技力量。

三、进一步优化数字新基建，塑造创新优势

构建数字化产业生态体系是南沙提升创新实力的关键举措。南沙顺应数字经济发展趋势，推动产业数字化和数字产业化，推进要素链、产业链、价值链、规则链深度耦合，构建数字经济治理框架，促进中国数字经济能力升级，提升数字经济时代“中国话语权”。

首先，建立数据标准体系，促进数据共享合作。提升数字经济时代国际规则的制度性话语权是南沙的使命。南沙为推进数字中国建设发挥了自身的独特作用，主导编制《全球溯源体系 共建方通则》《全球溯源体系 服务分类与要求》《全球溯源体系 全球溯源中心建设指南》等49份标准，涵盖行业标准、地方标准、团体标准、企业标准等多层次标准。南沙“数据二十条”也提出要加强数据要素流通和交易的制度设计，建立数据流通准入标准规则，开展数据质量标准化体系建设，加快制定、修订各行业数字化转型、产业交叉融合发展等应用标准，这些都是优化数字化发展环境的重要举措。未来，在粤港澳大湾区世界级旅游目的地的建设中，南沙可以积极参与世界旅游业标准的创新与跨境数字人民币结算平台的建构。

其次，与港澳建立紧密的数字科技合作平台。数字经济是未来的发展趋势，南沙和港澳都积极投入资源，发展云计算、大数据分析、人工智能等领域的技术和产业。南沙与港澳合作建设数字科技园区、数据中心、智慧城市项目，共同推动数字经济领域的创新和发展，加快数字化转型。这不仅为本地市场提供了更多的数字化服务和解决方案，还为大湾区的数字化转型提供了更强大的技术支持，推动了区域内数字经济产业的蓬勃发展。

最后，以数字技术创新推动产业应用。南沙应选定重点制造业集群，加快推

进科创产业与制造业的数字化协同创新。摸清南沙制造业集群的主导产业对数字化转型的需求，《南沙方案》提出，“发展智能制造，加快建设一批智能制造平台，打造‘智能制造+智能服务’产业链”，南沙应通过强化园区产业配套能力、完善公共基础设施和优化政策市场环境，推进生产性服务业与其协同集聚发展，实现稳链、补链、强链，增强重点企业对城市的黏性，有针对性地推进重点行业的协同集聚，推动数字服务型制造示范企业和平台建设。

第三节　南沙科技创新策源地愿景前瞻

随着全球科技发展，粤港澳大湾区正在迅速成为全球科技创新的重要枢纽。南沙作为大湾区的重要组成部分，有着得天独厚的优势和巨大的科技创新发展潜力，正致力于打造广州科技创新高质量发展的新引擎、大湾区综合性国家科学中心主要承载区、国际原始创新和战略产业重要策源地。近年来，南沙着力推动构建全链条全过程全要素创新生态体系，不断强化国家战略科技力量，围绕产业链部署创新链，在产业化的“最后一公里”发力，加快迈向原始创新和战略性新兴产业高地。

一、依托南沙科学城提升原始创新能力

南沙科学城要以建设全球海洋科学与工程创新中心为主线，着力创建海洋科学与工程国家级实验室，聚焦海洋、能源、信息、生物、空天等领域，布局建设重大科技基础设施集群和前沿交叉研究平台，着力建设顶尖科教融合创新主体，着力拓展国家重点实验室重组发展新空间，系统提升南沙原始创新能力①。

（一）系统谋划南沙科学城空间布局

南沙科学城规划面积99平方公里，按照“一体两翼三支点”空间布局思路规划

① 《广州市人民政府关于印发广州南沙科学城总体发展规划（2022—2035年）的通知》，https://www.gzns.gov.cn/zwgk/zcwjjd/zcwj/content/post_9073394.html，2023年6月16日。

建设，按照“一核三圈”虚拟空间布局思路构建粤港澳大湾区全球合作创新网络。

“一体”是指科学城核心功能区域，包括明珠科学与创新园、全球海洋科学与工程创新中心核心区、重大科技基础设施集聚区、明珠湾高端科学和金融服务区、南沙枢纽粤港澳创新创业深度合作区。其中，明珠科学与创新园重点建设一批顶尖国家研究机构、大学、高等研究院、国家基础学科研究中心和国家重点实验室融合发展区；全球海洋科学与工程创新中心核心区重点创建海洋科学与工程国家级实验室，打造全球海洋科学与工程创新中心；重大科技基础设施集聚区重点建设世界级重大科技基础设施集群及前沿交叉研究平台；明珠湾高端科学和金融服务区包括科学岛、金融岛、慧谷西片区，重点打造以大湾区科学论坛、国际金融论坛（IFF）为核心品牌的科技与金融服务高端平台，南沙枢纽粤港澳创新创业深度合作区重点建设粤港合作创新创业园。国际金融论坛永久会址（见图5-3）落成后，将成为南沙的新地标，助力南沙新区建设发展，在粤港澳大湾区发展中发挥示范性作用。

图5-3　国际金融论坛永久会址

资料来源：南沙区融媒体中心。

“两翼”是指庆盛产教融合数字创新示范区和广深联动未来产业创新示范区。其中，庆盛产教融合数字创新示范区重点建设香港科技大学（广州）和粤港澳科技创新园；广深联动未来产业创新示范区重点承接广深高端创新要素，打造广深联动未来产业创新示范区。

“三支点”是指万顷沙战略性新兴产业发展区、黄阁战略性新兴产业发展区和龙穴岛海洋科技产业发展区。其中，万顷沙战略性新兴产业发展区重点培育发展新一代信息技术等战略性新兴产业和未来产业；黄阁战略性新兴产业发展区重点培育发展人工智能、智能与新能源汽车等战略性新兴产业；龙穴岛海洋科技产业发展区重点培育和发展海洋科技产业。

“一核三圈”是指以南沙科学城为核心构建广州协同创新圈、粤港澳合作创新圈和全球合作创新圈。其中，广州协同创新圈旨在以政策推动广州中新知识城、广州科学城、广州人工智能与数字经济试验区等与大湾区综合性国家科学中心建设相融合；粤港澳合作创新圈旨在以体制机制创新推进粤港澳三地协同创新发展，形成粤港澳联动发展的良好格局；全球合作创新圈旨在构建以南沙科学城为中心的全球创新网络，加速集聚全球创新要素，成就全球创新者的梦想，构筑粤港澳大湾区全球开放创新高地。

（二）建设有全球影响力的原始创新策源地

围绕海洋、能源、人工智能和生命健康等领域，南沙科学城积极争取和布局建设若干国家级重点实验室，充分利用相关领域重大科技基础设施，加强与前沿交叉研究平台的合作，全面提升跨学科、跨领域前沿交叉研究和关键核心技术攻关能力，支撑引领南沙高质量发展。

在海洋科技领域，重点开展海洋资源勘探和开发、海洋生物资源可持续利用、海洋环境监测与分析、海洋工程与海洋装备开发、海洋安全防护等方面前沿交叉研究和关键核心技术攻关，为海洋能源装备和海洋大健康等产业创新发展提供有效支撑。面向海洋强国建设战略需求，南沙科学城以南方海洋科学与工程广东省实验室（广州）为综合集成平台，联合中国科学院和自然资源部相关研究机构以及相关高水平研究力量，创建海洋科学与工程国家级实验室，高标准支持热带海洋环境国家重点实验室重组，全方位集聚海洋领域创新要素。

聚焦“海洋安全与战略资源开发”重大问题，南方海洋科学与工程广东省实验室（广州）依托冷泉生态系统研究装置、极端海洋动态过程多尺度自主观测科考设施和天然气水合物勘查开发国家工程研究中心等重大科技基础设施和前沿交叉研究平台，开展海洋能源与资源、海洋地质灾害防治、海洋极端环境、海洋技术与工程、智慧海洋与综合利用等科学研究，打造全球海洋科学与工程创新中心。未来，南沙科学城将加快冷泉生态系统研究装置建设，引领深海原位观测技术与装备发展，为天然气水合物开采提供长期观测和实时预警支撑；充分发挥天然气水合物钻采船（大洋钻探船）的作用，为天然气水合物勘查与试采、大洋科学钻探、深海油气资源勘探等提供重要支撑；强化新型地球物理综合科考船探测与实验功能，打造一流海上移动实验室和探测装备技术试验平台，满足南海岛礁科学研究及深海极端环境研究需求。按照国家统一部署，谋划建设极端海洋动态过程多尺度自主观测科考设施、风暴潮生态环境安全研究装置，进一步强化海洋科学创新基础能力。

在能源科技领域，重点开展可再生能源与天然气水合物开发等前沿交叉研究和关键核心技术攻关，解决我国可再生能源产业发展的技术瓶颈，推动海洋能源装备产业创新发展。南沙科学城依托重大科技基础设施集群布局建设一批前沿交叉研究平台，开展前沿基础科学研究和关键核心技术研发，促进高层次学科交叉融合创新和颠覆性创新。一是建设天然气水合物勘查开发国家工程研究中心，谋划建设冷泉模拟测试和载人原位观测平台、国家海岛礁保护与利用技术创新中心、南海多尺度海洋观测网络，为海洋科技发展提供平台支撑。二是建设退役新能源器件循环利用能力提升项目，形成退役新能源器件逆向解构基础信息数据库，构建退役新能源器件逆向解构—循环利用—高质再生全产业链技术体系，支撑实现退役新能源器件安全消纳，为资源可持续利用提供平台支撑。三是探索建设空天往返和临近空间超高速飞行关键技术研发平台，为空天科技发展提供平台支撑。四是进一步提升国家超级计算广州中心南沙分中心服务能力，谋划建设粤港澳科学大数据研究平台，为南沙科技创新、产业创新、社会服务创新和环境创新数字化转型提供高水平条件保障。

在人工智能领域，重点开展认知智能、类脑智能、人工智能专用芯片设计、高端电子制造装备关键零部件研制、机器人系统集成和应用等前沿交叉研究和关键核心技术攻关，推动人工智能产业创新发展。南沙科学城支持高校科研院所创新能力建设和科教融合发展。一是支持中国科学院南海海洋研究所、中国科学院广州能源研究所、中国科学院广州地球化学研究所建设一流科研院所。二是高水平建设广东智能无人系统研究院、广东空天科技研究院等新型研发平台，助推南沙科学城未来产业创新发展。三是支持香港科技大学（广州）建设世界一流研究型大学。四是支持世界一流研究型大学合作办学或共建高等研究院；支持创新主体聚焦海洋科学、地质学、地球物理学、地球化学、大气科学等领域，谋划建设一批基础学科研究中心；支持大学科研院所探索科教融合新机制，形成一批顶尖科教融合创新主体。

在生命健康领域，重点开展深海生物基因资源与生命过程探测及开发利用、海洋生物活性先导化合物筛选和创新药物研发、重大神经系统疾病治疗、呼吸系统疾病诊治和防控、新型抗肿瘤药物先导物开发等前沿交叉研究和关键核心技术攻关，推动生命健康产业创新发展。围绕国家医学中心建设需求和学科特色，大力发展生物医药、医疗器械和医疗大数据等高技术产业，构建产学研医多元参与、分工合作的开放式医学协同创新体系，积极构建与国家医学中心相衔接的上下游产业链条，有力推动医学科研成果的转化落地，打造医药产业配套体系及健康产业集群。同时，支持中山大学附属第一医院建设综合类国家医学中心，支持广东省中医院建设中医类国家医学中心，并为建设工作提供要素支持。

（三）发展壮大优势特色产业集群

以实体经济为本，坚持制造业当家，进一步优化产业生态，充分发挥南沙科学城原始创新策源地的优势，提升源头创新能力，高水平推进现代化产业体系建设。

第一，南沙科学城超前谋划布局一批未来产业，以生命健康为主要方向打造广深联动未来产业创新示范区，以新一代信息技术、新能源汽车为重点打造万顷沙战略性新兴产业发展区，以人工智能、智能网联汽车为重点打造黄阁战略性新兴产业发展区，以海洋科技产业为重点打造龙穴岛海洋科技产业发展区，创建具有全球影响力的战略性新兴产业集群①。

第二，南沙科学城组织实施未来产业培育工程，发挥科教资源优势，支持研究型大学组建未来技术学院，保障人才供给；聚焦数字海洋、海洋大健康、海洋能源装备、空天开发、量子精密测量、生命健康等领域，支持科技领军企业联合研究型大学共建未来产业技术研究院，争创国家未来产业技术研究院，提升未来产业技术创新、中试验证和产业化能力，打造未来技术应用场景，培育专精特新中小企业，加速培育南沙特色优势未来产业。此外，做大做强广州数据交易所，构建覆盖多领域多行业的数据交易产业链，促进产业数据流通交易。

第三，南沙科学城实施战略性新兴产业集群发展工程，发挥“四区叠加”政策先行先试优势，优化高端战略性新兴产业创新发展环境，聚焦智能与新能源汽车、人工智能、第三代半导体、生命健康等领域，支持创新主体谋划建设国家技术创新中心、产业创新中心、工程研究中心、制造业创新中心等技术创新平台，推动产业链上中下游、大中小企业融通创新，提升战略性新兴产业创新能力。此外，支持科技领军企业参与国际标准、国家标准和行业标准制修订，以技术标准化支撑引领战略性新兴产业创新发展，培育特色鲜明的战略性新兴产业集群，争创具有国际竞争力的国家战略性新兴产业集群，打造粤港澳大湾区战略性新兴产业发展新引擎。

二、打造具有示范效应的国际科技协同创新联合体

如果能够开展南沙自贸港的建设工作，意味着可以拥有更加自由化的贸易政策、更便捷的海关手续和更多的外商投资机会。国际企业可以在南沙自贸港享受更多的优惠政策，包括更自由的货物流通、更宽松的资本流动和更多元化的金融服务。这些政策措施将吸引大量的国际企业投资，推动南沙区作为国际商贸中心和科技创新中心的崛起。广州市科学技术协会与广东恒健投资控股有限公司、广州南沙开发区管委会签订《粤港澳大湾区国际科技协同创新联合体建设战略合作框架协议》，旨在充分调动各方资源力量，强化粤港澳科技联合创新，推动金融

① 任燚：《打造世界一流科学城 构建粤港澳大湾区合作创新网络》，《南方日报》2023年6月16日第A01版。

与科技、产业深度融合，助力广州南沙打造立足湾区、协同港澳、面向世界的重大战略性平台。广州市科学技术协会将发挥资源优势与组织优势，联合广东恒健投资控股有限公司、广州南沙开发区管委会深化合作，通过广泛调查研究，确定重点产业方向，同步衔接院士团队、工程实验室、产业龙头企业等，推动创新资源集聚落地、创造效益，为高质量发展注入强大动力①。

（一）探索建设南沙产业创新联合体

围绕国家“创新联合体”战略导向，推动创新技术成果转化，促进战略性新兴产业集群化发展。围绕南沙重点发展产业，整合产业龙头、科研院所、创新型企业等创新资源，探索建设创新联合体，促进创新链、产业链、资金链、人才链“四链”融合高质量发展。

（二）构建粤港澳大湾区科技协同创新载体

依托科创中国、中国创新创业成果交易会等平台，为南沙引入国家级科创资源和国际创新创业成果。南沙重点开展面向港澳的科技协同，与港澳建立多个科技合作平台，为港澳的技术创新提供有力的支持，共同推进生物医药、数字经济、高端制造等领域的技术研发和应用。

（三）深化南沙全国科普示范区建设

南沙加快建设大湾区科技传播联盟和科普研究智库，将全民科学素质建设作为创新驱动发展战略的一项基础工程来抓，印发《广州市南沙区全民科学素质行动规划纲要实施方案（2022—2025年）》，健全南沙区科普工作联席会议制度，加强各级科协组织建设，壮大科普志愿者队伍，深化“科普+”融合发展，推进科普资源下沉基层、服务群众，公民科学素质建设成效显著。

（四）搭建高端国际科技学术交流平台

大湾区科学论坛永久会址落户南沙区灵山岛尖。作为永久会址的重要组成部分，该项目学术中心定位为世界科技交流“合作枢纽”，具有会议、交流、接

① 《〈粤港澳大湾区国际科技协同创新联合体建设战略合作框架协议〉签订》，https://www.gdsta.cn/jckx/gz/gzs/content_36916，2023年2月3日。

待、发布等功能；科技馆则定位为服务湾区的大众科普“互动中心”，具有展示、科普、教育、体验功能，将起到联动湾区市民的作用，有利于提升整体建筑使用率。一期工程预计在2025年建成，作为粤港澳大湾区最高级别的科学盛会——大湾区科学论坛的重要载体，该会址建成后可满足接待国际性高级别高水平会议活动的需求，为顶尖科学家提供交流平台。2023年大湾区科学论坛成功举办，吸引了5位诺奖级嘉宾和近百位国内外院士参加。该论坛将助力建设粤港澳大湾区高水平人才高地，推进南沙建设成为国家海外人才离岸创新创业基地的“湾区样板”。

（五）推进建设环香港科技大学（广州）创新区

为承接香港科技大学（广州）科技成果转化，南沙区制定实施了环香港科技大学（广州）创新区建设建议方案，在庆盛枢纽区域围绕香港科技大学（广州）校园建设“1+N”科技园网络，即1个香港科技大学（广州）大学科技园和N个协作科技园、产业园。为满足现有成果转化孵化需求，经与越秀集团沟通，在越秀iPARK产业园建立香港科技大学（广州）科创成果转移转化基地。截至2024年9月，香港科技大学（广州）周边已规划建设超50万平方米产业载体以供创新创业团队使用。其中，越秀iPARK粤港智谷已落户注册企业126家；香港科技大学（广州）科创成果转移转化基地成功揭牌，越秀iPARK粤港云谷、湾区创新港、庆盛人工智能孵化器、南沙纳米产业基地等多个项目共同构建起南沙科技成果产业化的优质载体空间。

三、愿景：培育可持续的开放型内生增长创新生态圈

南沙成为粤港澳大湾区打造新质生产力的示范区，以开放创新激发内生增长动力，不仅要积极打造自己的科技地标，更要展示自身在湾区乃至全球科技创新中的重要地位。南沙的开放态度和强大的研发实力是其成为大湾区科技地标的核心要素，将为湾区和全球的科技创新注入不竭动力，并在“四链”融合政策的支持下，助力南沙形成开放型内生增长创新生态圈，最终成为数字时代的全球科创新地标。

（一）湾区科技地标之核

南沙积极面向粤港澳大湾区推进科技协同发展。粤港澳大湾区作为中国经济发展的重要引擎，其技术创新的需求非常高。南沙作为粤港澳大湾区的重要组成部分，充分认识到科技创新在推动经济增长和产业升级方面的关键作用，因此建立了多个科技合作平台，以满足湾区各城市在技术创新领域的需求，并为湾区的技术创新提供有力的支撑。南沙与东莞、深圳、珠海等湾区城市建立了深入的科技合作关系，涵盖了多个领域，旨在共同推进技术研发和应用，加速产业升级和经济发展。它们之间的科技协同合作已经成为推动技术创新和产业升级的重要力量，不仅丰富了技术资源，还提高了整个湾区的科技创新能力。未来，南沙将继续加强与湾区其他城市的合作，共同应对科技创新和数字化转型的挑战，构建更加繁荣的湾区科技创新生态系统，为中国的可持续发展贡献更多的力量；共同推动技术创新和产业升级，在实现共赢发展的同时，成为湾区科技地标之核。

南沙一直致力于营造积极创新的文化氛围，在科技、管理、商业模式和社会发展等多个层面，建立了一套完善的科技政策和管理机制，以确保科技资源的合理配置和创新项目的有效推进。此机制能够鼓励企业和研究机构进行大胆尝试和实验，能够吸引国际创新人才，支持创业者追求新机会，激发创新潜力，推动科技不断进步。政府、企业和研究机构的紧密合作，使得科技研发和商业化应用之间的衔接更加紧密，协同推进数字经济、绿色技术、智能制造等领域的前沿研究及相关领域的技术创新。

南沙的研发实力是支撑其成为粤港澳大湾区科技地标的关键因素。南沙汇聚了众多高新技术企业的总部，在数字技术、人工智能、生物技术等前沿领域拥有世界一流的设备和科研团队，推动科技前沿不断突破，在全球范围内发挥了重要作用。南沙鼓励企业和研究机构增加科技投入，在推动科技成果产业化的过程中，鼓励建立技术成果转化平台，为科技项目的商业化提供支持。

（二）世界级创新平台

南沙发挥资源优势与组织优势，联合港澳，通过广泛调查研究，确定重点产业方向，同步衔接院士团队、工程实验室、产业龙头企业等，推动创新资源集聚落地、创造效益，协同打造具有示范效应的科技协同创新联合体，为高质量发展注入强大动力。积极促进区域创新和产业转化体系构建，围绕重大科技创新平台，增强重大科研基础设施和大型科研仪器的吸引力，在市场的驱动下，吸引相关产业与人才等创新资源在平台周边地区协同集聚，实现空间上的匹配和关联。同时，南沙也要提供政策上的扶持与引导，提供足够的配套服务，推进重大科研基础设施和大型科研仪器的开放共享，为科技企业提供更为开放、安全和高效的创新环境，逐步引导产业协同集聚。

在全球化背景下，科技协同发展已经成为推动地区经济发展和社会进步的关键。南沙正致力于与港澳、湾区、全球各个领域进行科技协同，开展面向世界的南沙科技协同，为全球的科技创新提供“中国样本”。南沙在科技领域的国际合作已经达到了一定的程度，不仅与全球多个国家和地区建立了科技合作关系，还在多个领域形成了科技协同，为全球的技术创新提供了有力的支撑。这种国际合作不仅丰富了南沙的技术资源，还为南沙的企业和研究机构提供了更广阔的国际化平台，促进了科技成果的全球应用与推广。

未来，南沙应全力推进科技协同发展策略，创造科技自立自强协同发展网络，开展全球性新兴技术合作。例如，新能源技术的研究和应用已经成为全球范围内的热点领域。南沙应积极与国际上新能源技术领先的国家和地区合作，共同推动太阳能、风能、电池技术等方面的技术研发和应用；积极与国际上的生物技术研究中心、制药企业合作，共同开展基因研究、药物开发、医疗器械研究等项目。在人工智能技术领域，南沙积极与全球多个国家和地区深度合作。人工智能技术已经成为全球创新的前沿，南沙的企业和研究机构积极参与人工智能算法、自动化控制、智能机器人等领域的国际合作项目。南沙的人工智能研究与应用成果不仅满足了本地产业的需求，还在国际市场上获得了广泛的应用和认可。南沙的国际科技合作在人工智能领域加速了全球技术创新的步伐，为世界各地的企业和研究机构提供了技术共享和合作机会。南沙还积极与世界各地的科研机构、高等院校和企业建立了紧密的伙伴关系。国际化的合作项目不仅促进了知识和技术的交流，还带来了跨领域的创新机会。南沙的国际化合作涵盖了科技研究、人才培养、产业孵化等多个方面，确保了湾区在全球科技合作中的影响力和竞争力。

南沙建立技术转移中心，为科技成果的流动提供重要的平台和渠道。着力鼓励科技成果的转移和共享，激发企业和研究机构转移技术和共享知识的积极性，营造鼓励技术创新的氛围。通过降低技术成果的转移壁垒，为企业提供更多的激励，从而鼓励它们将科技成果应用到实际生产和市场中。技术转移中心不仅为企业和研究机构提供了一个集中的平台，用于展示和交流它们的科技成果，还为它们提供了专业的咨询和支持。通过这个中心，南沙的科技成果必将能够被更广泛地传播，也能更容易找到合适的合作伙伴，从而加速科技成果的应用和推广。此外，南沙还要鼓励企业和研究机构加强合作，推动科技成果的跨界应用，为科技成果的应用提供新的思路和机会。南沙区政府通过提供资金支持、资源共享和合作机会，鼓励企业和研究机构之间的合作，特别是在跨领域技术应用方面，建立了有效率的科技政策体系，为南沙科技创新提供了有力的政策支持。这些政策涵盖科技研发、科技应用、科技转移等多个方面，为科技创新提供了全方位的支持，也为全球科技创新提供了有益参考。

（三）知识产权服务高地

南沙创新特色政策加速产业与科技的深度融合，鼓励企业将科技成果应用于实际生产和服务领域，促进产业升级和科技创新的有机结合。为此，南沙鼓励企业加强知识产权保护，提供知识产权保护和维权支持，保障科技成果的权益，助力提高南沙的科技创新水平，促进南沙经济发展和产业升级，也助力建设粤港澳大湾区高水平人才高地，推进南沙建设成为国家海外人才离岸创新创业基地的“湾区样板”。从完善创新服务体系出发，发挥中国（广州）知识产权保护中心作用，设立广州知识产权保护中心南沙分中心，为南沙创新主体提供高端装备制造产业和新材料产业专利快速预审服务，打造大湾区知识产权服务高地。

由于粤港澳大湾区“一国两制三法域”的特点，湾区知识产权建制与运行存在限制。因此，治理创新成为粤港澳大湾区协同发展，搭建创新生态系统的必然选择，要通过建构粤港澳大湾区知识产权协同治理机制，克服行政分割和地方政府本位主义限制。2022年，南沙在现有商标业务受理窗口的基础上建成南沙知识产权综合服务大厅，为创新主体提供商标注册、专利检索、质押登记和港澳知识产权咨询等一站式服务。广东省政府支持南沙增加对港澳知识产权服务机构在南沙开展业务的资助奖励，支持南沙布局建设知识产权信息公共服务网点，支持南沙建设知识产权综合服务线上平台，为粤港澳大湾区乃至全球在粤港澳大湾区发展的创新主体提供涵盖商标、专利、地理标志等多类别、全方位、智能化的知识产权服务。

近年来，南沙不断通过知识产权创新驱动本地产业经济高质量发展。一是推动高价值知识产权培育。持续开展智能网联汽车、新一代信息技术与人工智能、生物医药与生命健康、新能源与高端装备等重点战略性新兴产业的高价值专利培育项目，建设高价值知识产权培育布局中心。二是实施重点产业专利导航计划。与专业机构合作对南沙重点产业和新兴产业开展专利导航研究，帮助企业提前进行知识产权布局，发布生物医药、人工智能、集成电路等领域的专利导航报告，运用专利信息资源为南沙产业发展提供路径导航支持。三是延伸专利快速预审服务。将生物医药、新一代信息技术、高端装备制造和新材料产业专利快速预审服务延伸至南沙，助力企业提升专利授权速度，抢占市场先机。

第六章

Chapter 6

亚太枢纽：粤港澳共建面向世界的科技创新与产业协同枢纽

当今世界，全球产业链、供应链与价值链联系日益紧密，世界终将形成利益共同体和命运共同体。中国作为亚太地区关键一员，受益于亚太地区，回馈亚太地区、造福亚太地区，而南沙作为中国与亚太地区乃至全球的物流枢纽，是全球产业链、供应链的重要节点，必将成为中国链接亚太地区乃至全球经济的重要一环。随着粤港澳大湾区正朝着“新发展格局的战略支点、高质量发展的示范地、中国式现代化的引领地”踔厉奋发、勇毅前行，作为湾区之心的南沙厚积薄发、优势巨大，将充分利用其独特的区位条件和产业基础，建设面向世界的重大战略性平台，成为内外循环的战略节点，从“湾区之心”向“亚太之心”迈进，为亚太地区繁荣作出贡献。

第一节　全球视野下南沙的“双链互促”格局

粤港澳大湾区位于RCEP的核心地带，而广州南沙恰恰坐落于粤港澳大湾区的地理中心，不仅依赖地理之利，更着重于增强产业竞争力，努力夯实优势以稳固和拓展其在区域内产业链与供应链的地位。从供应链看，南沙通过建设国际航运枢纽，化几何中心为经济枢纽、创新枢纽、开放枢纽，打造供应链竞争优势，从而沟通亚太、联结世界。从产业链看，南沙正依托制造业基础打造先进制造业、汇聚科创资源，以构建其产业链优势，推动产业持续升级。从“双链”协同优势看，南沙是大湾区五大地区生产总值超万亿元城市的衔接纽带，可以通过开放创新赋能大湾区产业转型升级；通过加强与RCEP成员国供应链合作，提升大湾区供应链的现代化水平与稳定性，南沙有望实现产业链攀升与供应链现代化的良性互动。

一、供应链优势积淀：南沙港区正在成为亚太物流枢纽

南沙正在充分利用其湾区中心的地理优势，构建一个与全球供应链深度融合的物流枢纽，从而打造独特的供应链优势。通过与世界各地的港口、铁路、航

空等物流网络紧密相连，南沙港区正在逐步成为全球物流及供应链的一个核心节点。

南沙港区从内河港到国际深水港的转变，是广州城市发展的一个里程碑，更是中国对外贸易拓展的里程碑，开辟了珠三角地区货物通向国际的远航大道。

（一）海铁联运夯实国内国际双循环战略支点

2021年底，南沙港铁路南站在南沙区三期码头建成。通过国际远洋货轮进口的商品可以在这里直接装运到火车上，经由广州发达的铁路运输网络输送至内地各省区，还可以进一步通过中欧班列，运往其他国家。出口方面，南沙凭借海上丝绸之路起点之一的优势，不断吸引着内陆企业借助海铁联运把待出口的商品集聚于此，再搭乘远洋货轮出海。目前，南沙实行“一港通”模式，在有了粤港澳大湾区多个内河港口一体化、进出口通关一次过的成功经验后，继续向“不沿海、不沿江、不沿边”的内陆省份城市深入拓展“一港通”模式。据统计，2023年南沙在“一港通”模式下完成16.5万标箱业务量，超过2000家外贸企业选择这种模式[①]。“一港通”既保证了港口的吞吐量，又切实为货物通行带来了便利。如马来西亚的橡胶木搭乘海铁联运班列，经南沙港区运往赣州国际陆港，通过“公交式”海铁联运班列，即可帮助木材进口企业节省2～3天的通关时间、30%的物流成本。10年来，广州港海铁联运比例提升较快，越来越多的货物通过铁路到达南沙登上大船，前往国际市场。与此同时，更多共建“一带一路”国家直航航线挂靠南沙，目前南沙港区往返东南亚各主要港口基本实现“天天班”。

2023年5月30日，南沙港区首开中欧班列，可途经俄罗斯、哈萨克斯坦、乌兹别克斯坦等国。截至2023年10月，从南沙港区开出的中欧班列就有31列，运量突破2000吨标箱。除传统班列外，进口回程中欧班列也是南沙港区一张新的名片，除东南亚货物经南沙港区转乘中欧班列运往欧洲外，南沙港区也开行回程载货的中欧班列，经南沙港区运往东南亚国家，有效提高了中欧班列的利用率。

① 《广州：千年港口领航“丝路海运”》，https://mp.weixin.qq.com/s/ZEcHycR4CjRv5JyMwZqq4A，2023年10月12日。

（二）培育龙头型供应链企业

南沙拥有政策优势与广阔产业土地资源优势，一旦培育出若干百亿级外贸额的龙头型综合性供应链企业，不仅能使生产制造企业专心生产和研发设计，接受供应链企业全方位、优质化的服务，还可以密切港航业产业链企业间的互动，做大做强广州外贸增量。结合大湾区港航发展态势，南沙培育供应链头部企业，突破点可以从壮大汽车贸易、南沙滚装码头外贸量、大宗货物贸易，扶持中远海运散货运输公司、中外运广东公司等企业切入。

当前新沙港汽车在东莞报关，通过广州港出口，对广州属于“作业型”外贸，若争取其在南沙报关并通过南沙港区出口，则南沙外贸总额每年有望增加百亿元。同时，充分挖掘南沙滚装码头外贸潜能，如果进出口30万辆汽车，形成千亿元的汽车及汽车零配件的外贸总额是可预期的。此外，进一步强化大宗货物贸易，广州港每年约有3亿吨大宗货物进出口，通过供应链服务，充分发挥南沙港区大宗货物码头运输的优势，通过一定的政策引导，提高大宗货物外贸比例。可以充分挖掘中远海运散货运输公司的统计潜能，通过一定的政策引导，推进其进入或拓展煤炭、铁矿石、粮食等大宗商品贸易或者期货运输，也可以将其培育成百亿级外贸企业。还有中外运广东公司，其集装箱货量一年约200万标箱，其中70%～80%是外贸箱量，也有望将其打造成外贸供应链百亿级企业。

二、产业链优势塑造：开放创新赋能产业转型升级

南沙积极凝聚全球高端科创要素，将创新力量注入产业链中，使产业链优势更为凸显。这不仅推动产业链优化，更显示出南沙在打造产业链优势上的深厚实力与深远布局，为未来的产业发展铺设坚实基础，打造产业链优势新标杆。

（一）先进制造业引领产业升级

南沙作为广州工业主力军之一，有坚实的工业基础和优越的地理位置支撑，临港优势以及丰富的待开发土地资源，为制造业蓬勃发展提供了有力保障。值得一提的是，南沙规模以上工业企业的销售产值增长率以及产销率均表现出色，反

映了其工业产品生产与销售的良性循环。此外，南沙区在多个主要工业产品的生产上也取得了显著成绩。南沙区的工业实力雄厚，具备为先进制造业发展创造有利条件的巨大潜力。

南沙大力实施创新驱动发展战略，重点发展先进制造业，构建“2+5+N”先进制造业体系，即汽车和高端装备制造两大战略性支柱产业，人工智能、半导体与集成电路、生物医药、新型储能、商业航天五大战略性新兴产业，深海、空天和量子科技等N个未来产业。

1. 汽车产业

汽车产业具有以下四个特点：一是市场规模大；二是能有力拉动国家基础设施建设，如公路、桥梁、充电站等；三是能有力拉动多个行业经济的发展，如内饰、贴膜、改装、保养、维修等汽车服务业、自驾旅游业、停车服务业、能源产业等；四是对产业链上游拉动作用强，可拉动线缆、钢铁、玻璃及相关生产设备等行业的发展。发展汽车产业对中国、广州、南沙都十分重要。

南沙汽车制造业以广汽丰田整车项目（见图6-1）为龙头，以新能源汽车项目为扩展，以智能网联汽车为发展方向，打造“整车—新能源汽车研发制造—汽车零部件基地—智能网联汽车”完整产业生态链，形成广州南沙经济技术开发区（汽车）特色产业园、黄阁国际汽车工业产业园、万顷沙智能网联汽车产业园、广州国际汽车零部件产业基地南沙园区等产业园，加快建设南沙国家级自动驾驶及智慧交通示范区。

2004年，广汽丰田发动机项目落户南沙，至2021年，公司总占地面积32万平方米，投资总额114.98亿元，提供就业岗位1900余个，是国内规模最大、具有世界级技术和装备水平的发动机制造企业之一。2021年，广汽丰田注册资本为11.77亿美元，员工1.76万人，生产线4条，整体产能达到每年80万辆，实现对轿车和SUV（运动型多用途汽车）各主流细分市场的全覆盖，涵盖燃油车、HEV（油电混合动力汽车）、EV（纯电动汽车）、PHEV（插电式混合动力汽车）等，是国内集多种动力技术于一体的全引擎全动力汽车生产服务提供商。2021年，广汽丰田生产汽车82.3万辆，销售汽车82.8万辆，实现工业产值1152.9亿元，占当年南沙汽车制造业产值的74.5%、南沙规模以上工业产值的33.6%。广汽丰田累计生产汽车621.7万辆，销售620.6万辆，实现工业产值8962.2亿元。2022

年广汽丰田生产汽车突破100万辆，实现规模以上工业产值近2000亿元，同比增长26.6%；实现增加值392亿元，占地区生产总值的17.4%。

图6-1 广汽丰田整车项目

资料来源：南沙区融媒体中心。

2. 高端装备制造产业

高端装备产业是“国之重器”，具有三大特征：一是高技术含量，集成多学科和多领域高精尖技术；二是高产品附加值；三是产业链地位高，如机床等关键装备是工业发展的重要基础，决定了产业链发展的整体水平。

南沙依托龙穴造船基地、大岗先进制造业基地，推动现代高端装备产业企业集聚发展。在装备制造方面，南沙集聚了北京精雕、东方重机、海瑞克、芬尼克兹等一批高端装备项目和领军企业，在智能装备、轨道交通装备、核电装备等行业细分市场占有较大优势。2022年，南沙规模以上高端装备产业企业有124家，实现产值244亿元。在船舶及海洋工程装备方面，龙穴造船基地已成为国家三大造船基地之一，围绕广船国际、黄埔文冲形成了集造船、修船、海洋工程、邮轮及船舶相关产业于一体的海洋工程装备产业集群。2022年，南沙规模以上船舶及海洋工程装备企业有12家。在核电装备方面，东方重机是全球规模最大的核能装备制造基地之一，可研发生产与制造二代改进型、三代（华龙一号、AP1000等）、四代（钠冷快堆、高温气冷堆）、海洋核动力平台等堆型核电设备，并提供乏燃料处理等涉核电设备制造及服务，2022年实现产值14.5亿元。2022年引进宝银核电管材（广州）有限公司，并完成收购瓦卢瑞克核电管材（广州）有限公司。在轨道交通装备方面，以海瑞克（盾构机）为代表，目前在全国大直径隧道掘进设备市场中占有率排名第一，2022年实现产值7.6亿元。在数控机床方面，机床企业有北京精雕、敏嘉制造，数控系统企业有鑫南数控，并已落户广东省数控机床及关键功能部件创新中心，该中心为省级制造业创新中心。在机器人及无人机方面，南沙产业链上游的控制器、伺服电机、减速器、芯片、传感器等关键零部件企业较少，主要为机器人及无人机整机制造，如科语机器人（扫地机器人）、井源机电（物流机器人）、芝丘自动化（焊接机器人）、鼎飞航空机（无人机）等。

3. 人工智能产业

近年来，我国人工智能产业蓬勃发展，已在自动驾驶、城市大脑、智能语音、智能视觉等多个领域、场景实现了应用推广。2022年，南沙互联网和相关服务业、软件和信息服务业规模以上企业共有84家，营业收入合计110.37亿元，同比增长2.05%。

在重点企业方面，云从科技已于2022年上市，是我国银行业人脸识别第一大供应商，全国400多家银行采用该公司产品，总行平台市场占有率超过82.8%；在安防领域，云从科技产品已在29个省级行政区上线实战，协助全国公安机关取得超万起战果；在民航领域，云从科技产品已在60多家机场上线使用，覆盖75%的枢纽机场。小马智行自动驾驶总里程、平均车速、平均脱离间隔里程等指标位居业内第一，已开启了完全无人自动驾驶测试、运营自动驾驶出行服务、全面布局干线物流货运商业化。暗物智能在全球率先提出颠覆性的“小数据、大任务”技术范式，通过统一及融合计算机视觉、认知科学、语言对话、机器学习、机器人学、博弈伦理六大领域，构建人工智能的高层认知架构，实现机器与人的通信与协作。

4. 半导体与集成电路产业

半导体与集成电路产业已成为经济的重要支柱，更是支撑数字经济、智能汽车等产业发展的基础性产业。半导体与集成电路产业链主要由上游芯片设计，中游芯片制造，下游芯片封装、测试组成。芯片设计是指对各类电子器件（例如晶体管、电阻器、电容器等）、器件间建立互连线模型版图；芯片制造是将前述设计版图作为模版，在晶圆上进行加工；封装、测试环节主要是对制造完成的晶圆进行划片、贴片、键合、电镀等一系列工艺处理，并对封装后的半导体产品进行功能和性能的验证和测试。其中，EDA（电子设计自动化）软件与IP核（知识产权核）可辅助集成电路设计环节自动化、系统化，而晶圆制造、封装、测试环节则需要各类原材料及设备支持。目前，半导体下游应用领域十分广泛，主要涉及计算机、通信、汽车、消费电子等多个重点领域。

目前，南沙区内半导体与集成电路企业已初具规模，初步形成覆盖半导体与集成电路设计、制造、封装、测试、设备材料支撑等产业链环节的完整生态，实现宽禁带半导体全产业链布局，已形成包括引线框架、电子特气、SiC（碳化硅）衬底、IGBT（绝缘栅双极型晶体管）、SiC MOSFET器件及模组等在内的半导体与集成电路产品体系。

在设计领域，芯峰科技、奕行智能已落户南沙，其中芯峰科技专注于研发国产化芯片设计EDA软件及芯片设计平台，奕行智能则专注于研发自动驾驶算力芯片。在半导体原材料领域，南砂晶圆、先导稀材已落户建设，其中南砂晶圆主要从事碳化硅单晶材料研发生产，产品为6英寸、8英寸碳化硅衬底片；先导稀材项目建成后拥有生产各类镀膜沉积设备、磁控溅射设备、离子蚀刻设备及交钥匙工程的综合生产能力。在芯片制造领域，集聚了芯粤能、晶科电子等企业。其中，芯粤能面向新能源汽车及相关应用领域碳化硅晶圆芯片制造，主要生产应用于新能源汽车、充电桩、光伏、轨道交通、电力电网等领域的6英寸、8英寸碳化硅晶圆芯片；晶科电子主要生产LED（发光二极管）芯片模组。在下游应用领域，主要集中于汽车应用、照明、显示及工商业电源，代表企业有芯聚能（主营业务为碳化硅基和硅基功率半导体器件及模块的研发、设计、封装、测试和销售，主要产品包括车规级功率模块、工业级功率模块和分立器件等，产品可广泛应用于新能源汽车领域和工业领域）、联晶智能（LED车灯模组、车灯总成）、百年光电（照明）等。

5. 生物医药产业

近年来，受老龄化加剧、社会医疗卫生支出费用增加和行业研发投入增多等因素推动，生物医药行业市场规模保持较快增长，其上游为生物医药基础研究和医疗器械零组件，中游是生物医药及医疗器械制造，包括疫苗、血液制品、医用耗材、IVD（体外诊断）等，下游包括医药零售和医疗机构。目前，中游疫苗及高值医用耗材的利润水平相对较高，代表性上市公司毛利率高达88.75%和81.92%，而上游原材料和下游医药零售等环节的毛利水平、附加值则较低。

南沙区持续布局生物科技产业链，已落户包括王老吉、兆科眼科、固生堂中医等超过400家生物医药企业，在疫苗、基因编辑、癌症药品研发、眼科药品等多个领域实施了布局，规划了生物谷、健康谷等生物医药重点发展区域，南沙科创中心横沥生物医药产业园、广东医谷、广东医谷二期、中山大学国际药谷等高质量平台型项目。2023年规模以上医药制造业工业总产值为52.6亿元，同比增长35.9%。各类“四上”企业有37家，其中制造业16家，产值近5年年均增速为19.4%。

6. 新型储能产业

新型储能产业具有响应快、配置灵活、建设周期短等优势，可在电力运行中发挥顶峰、调峰、调频、爬坡、黑启动等多种作用，是构建新型电力系统的重要组成部分。近年来，国家部委和地方相继出台了一系列政策支持行业发展，在“双碳”目标下，新型储能产业具有良好的发展前景。

在电化学储能方面，研发生产端有广州融捷能源科技有限公司，产品主要为锂离子储能电池电芯及储能电池pack模组，主要应用于新能源汽车、工业电源、智能电网以及光伏发电等领域，未来计划兼顾动力电池制造，总投资为153亿元，达产后年产值约305亿元；系统部件研发及集成服务端有广州巨湾技研有限公司，专注XFC极速充电动力电池和新一代突破性储能器件及其系统的研发、生产、销售和服务，总投资约40亿元，产能8GWh（吉瓦时），具备为12万辆新能源汽车实现配套的能力，建成后年产值可达72亿元，并拥有广东省先进储能器件与系统工程技术研究中心等研发平台；储能控制芯片制造端有广东芯粤能半导体有限公司，2023年3月中旬实现产线通线；应用端有电网储能、电源综合一体化等11个社会投资备案项目，包括广州发展南沙综合能源一体化储能项目、广州发展珠江储能项目等，总投资60亿元，储能规模约600MWh（兆瓦时）。在氢储能方面，有广州供电局小虎岛电氢综合调峰站，投资1.8亿元，是国家重点研发计划项目的示范工程，也是国内首个应用固态储供氢技术的电网侧储能型加氢站，所采用的核心技术和装置全部国产化。在其他储能方面，中国-芬兰能源合作示范项目广州南沙"多位一体"微能源网示范，集成了太阳能集热、基岩储能等多项先进技术打造低碳园区；广州储能集团有限公司，注册资本20亿元，项目定位为建立全产业链经营、多种场景应用、多种技术开发的，集储能研发、场景应用、园区建设、设备制造、招商引资、孵化器、创新投资等功能于一体的储能产业集团；纳诺新能源新材料创业园，总投资7.3亿元，达产后年产值约28亿元，可灵活生产导电涂层铝箔、导电涂层铜箔、导电剂、高性能环保胶黏剂、纳米碳铝箔、超级电容铝箔等电池辅助材料；捷盟智能装备总部及生产基地，总投资2亿元，达产后年产值约27亿元，满产可生产挤压涂布机、凹版涂布机、辊压机等锂电设备约600套/年；赛德美新能源动力电池及华南区域总部，预计总投资5.5亿元，达产后年产值约20亿元，建设3条电池包拆解线、15条单体电池自动化拆解线、12条正极材料修复产线、12条负极材料修复产线、6条pack生产线，全部投产后可达10万吨电池包年回收处理产能。

（二）汇聚科创要素引领产业链发展

21世纪以来，全球科技创新进入空前密集活跃的时期，新一轮科技革命和产业变革正在重构全球创新版图、重塑全球经济结构。广州通过增强科技创新集聚力、整合力和辐射力以提升在粤港澳大湾区科技创新协同中的枢纽能级，有利于进一步释放粤港澳大湾区科技创新动能，提升粤港澳大湾区科技协同创新能力。而南沙作为广州建设国际科技创新中心重要承载地的着力点，就是面向世界，打造亚太科创枢纽。

广州虽是中国科教中心之一，但一直缺乏突破性创新，面向前沿专业鲜有拔尖项目，与粤港澳大湾区新兴产业关联不强，并没有真正成为粤港澳大湾区科技创新策源地。广州的研究型大学涉及各个专业领域，但广州最具有全球竞争力的电子信息产业高端人才主要来源于北京、南京、成都、西安、武汉、长沙等地。广州产业、企业科研机构数量少，在产业共性技术研究、颠覆技术研究方面并不突出，如智能电网研究不如南京，电子信息技术研究不如上海、南京、合肥。在新一代信息技术产业方面，深圳与北京、长三角（上海、南京、杭州、合肥）、成都、西安、长沙等的技术和人才联系甚至强于与广州的联系。

对南沙而言，可以通过开放创新弥补自身人才培养的短板，因为港澳拥有世界排名领先的大学，涉及新材料、电子信息、智能制造、生物技术、大数据等专业，但缺乏产业应用场景，导致大学难以招到未来真正从事前沿科学研究的学生，因此，携手港澳在南沙建设高水平大学有助于形成产学研协作生态圈。相比其他城市，南沙因背靠广州丰富的科教资源，在时空距离和制度安排上有得天独厚的优势，能够便捷地吸纳港澳相关资源。除目前香港科技大学（广州）外，南沙还能依靠其区位优势、宜居环境、科创设施、制度安排，集聚粤港澳大湾区的优秀科创人才投入南沙。引才优势凝聚科创潜能，南沙可以设置全过程创新生态链条和各类创新载体良性互动的融合创新体系，努力培育世界领先的本土高科技企业。同时，锚定香港产业化基地目标，以香港科技大学（广州）吸引香港高校开展产业孵化、产学研合作。同时，按照《南沙方案》的指引，在强化粤港澳科技联合创新的基础上，利用港澳高度国际化的优势，从全球吸引人才、信息、技术、资本等创新资源。目前，南沙正在集聚国家企业技术中心、国家重点实验室、国家工程技术研究中心、大科学装置等重大科技创新资源，但在普通高等学校方面才刚刚起步，其学术和科学创新在全球的影响力还有待显现；科技创新龙头企业方面，广州相较北京、上海、深圳等城市有着明显不足，在2024中国独角兽企业榜单中，北京有114家，上海有63家，深圳有32家，广州只有21家。

从高新技术产业整体发展水平看，源头创新供给能力不足，还没有发展出核心技术、核心品牌，技术创新优势不明显，关键核心技术重大突破不多。但大科学装置和重要科学平台为南沙打造国际科创中心奠定了坚实基础，可以依托大科学装置和重要科学平台，高标准建设大湾区科学研究中心，加强湾区协同与国际合作。南沙已累计建成各类创新平台399个，其中省级高水平创新研究院4家、省级新型研发机构14家，分别占广州市的1/3、1/5，已成为广州市的科创高地。此外，南沙还与香港科技大学（广州）签署了协同创新全面合作协议，在重大科技创新平台建设、关键技术联合攻关、科技成果转移转化等6个方面深入开展合作。探索粤港澳大湾区其他城市、高校、科研院所共同参与、共建共享大科学装置的协同机制，能够降低建设维护成本、提高装置使用效率。

南沙广泛深入开展国际交流合作，以大科学装置和重大科学平台吸引国际科技创新要素向南沙集聚。南沙5个孵化载体累计进驻126个港澳团队和企业，带动就业数千人。香港科技大学（广州）也吸引了大量的优秀人才。目前，南沙科学城被定位为粤港澳大湾区综合性国家科学中心主要承载区、粤港澳大湾区国际科技创新中心创新发展重点承载区、全球海洋科学与工程创新中心、引领高质量发展的战略产业策源地、创新发展政策改革试验区，明确到2035年建成一流科学城的目标，必将成为粤港澳大湾区的科创明珠。

三、“双链”优势协同：互补融合价值提升

（一）政策集成赋能“双链”互动

南沙的政策优势不仅降低了企业运营成本，还提升了产业协同效率，为南沙打造产业协同枢纽提供了有力保障。在粤港澳大湾区四个重大合作平台中，前海面积为120.56平方公里，横琴面积为106.46平方公里，河套面积为3.89平方公里而南沙总面积达803平方公里，具有更为宽广的发展空间，有条件发展先进制造业、大规模产业。因此，在发展定位上，横琴是旅游业，前海是现代服务业，河套是科研实验，只有南沙有条件规模化发展面向未来的先进制造业，抢占产业制高点，同时与前海、横琴乃至港澳实现错位发展。

依托《南沙方案》、国家级新区、自贸区等重大政策与平台，南沙有着先行先试的政策优势。从中央到省、市政府都对南沙寄予厚望，出台包括《国家发展改革委 商务部 市场监管总局关于支持广州南沙放宽市场准入与加强监管体制改革的意见》《南沙深化面向世界的粤港澳全面合作条例》等重大政策支持南沙发展。跨境理财通、融资租赁公司外债便利化、本外币合一银行结算账户体系等试点相继在南沙落地，以金融改革创新有力支撑实体经济发展。在产业上，南沙也正在打造独特的政策高地，针对企业发展最关切的创新链、产业链、资金链、人才链推出了国家级新区首个“四链”融合政策体系，提出含金量高的共性核心政策，全生命周期支持企业经营发展。结合重点产业领域、重大功能平台及急需紧

缺人才的发展需求，新政策多个条款力度领跑全国。2022年，广州南沙发布《南沙自贸片区对标RCEP CPTPP进一步深化改革扩大开放试点措施》，南沙自贸片区获批成为全国首批跨境贸易投资高水平开放试点地区。

（二）科创资源汇聚深化"双链"融合

首先，在南沙科技创新的战略布局和资源整合方面，《南沙方案》为南沙擘画了提升科技创新能级的蓝图：高水平建设南沙科学城，布局前沿交叉研究平台，建设世界一流研究型大学和研究机构，增强原始创新能力。加快中国科学院明珠科学园建设，整合中国科学院在广州研究所、全国重点实验室等科技创新资源，打造具有竞争力的中试和应用推广基地及南方海洋科技创新中心，健全科技成果交易平台，完善科技成果公开交易体系。

其次，在高等教育和人才培养的国际化方面，香港科技大学（广州）建成并招生，为南沙提供了打造科创枢纽所需的高水平大学。落户总规模2000亿元的广州产投、创投2只母基金，2022年研究与试验发展（R&D）经费投入强度提升至5.46%，比全国、上海分别高出2.92个百分点、1.02个百分点。

最后，在科技成果转化和财政投入方面，2023年南沙全区财政科技投入32.71亿元，增长23.5%，科技企业孵化器13家；2023年南沙全区发明专利授权2008件，增长42.1%，技术合同认定成交总额为406.39亿元，增长10.0%，共获得上级科技部门支持经费1.46亿元。

（三）金融资源集成促进"双链"联动

中东富集的能源、资本等要素为南沙创新发展提供了新动能，可以与南沙的科技、产业形成良性互促。面对中东复杂的国际形势，南沙利用"一带一路"牵手中东，是粤港澳大湾区发展的应有之义，也是南沙必须坚持的发展方向。2023年，中国加强和沙特阿拉伯与伊朗之间的合作，彰显了在习近平外交思想引领下，中国特色大国外交的勃勃生机，也昭示着中国在中东等"一带一路"参与地区寻求突破，或成为中国在百年未有之大变局下的破局妙手。2022年，中国同中东国家的贸易额达5071.52亿美元，同比增长27.1%，中国保持中东第一大贸易伙伴地位。其中，中国对中东国家出口2289亿美元，进口2782亿美元，同比分别增长16.4%和37.6%[①]。根据亿邦智库2023年9月18日发布的《发现新增量：2023新兴市场出海生态洞察报告》，中东地区累计人口超4.9亿人，超50%的常住人口为年轻人，平均年龄25岁，人口红利明显。预计2025年，中东电商交易规模将从2020年的220亿美元增长至500亿美元，增长率高达110%，其中，沙特阿拉伯和阿联酋购买力最强劲、消费水平最高。随着中东大量年轻人就业，作为新兴经济体经济迅速发展，其总需求也将迅速增大，能够有效匹配广东乃至全国的制造业产能。如沙特阿拉伯在2022年从中国进口了1.2GW的光伏组件，相比2021年不到100MW的需求，涨幅逾12倍。除向欧美传统汽车制造强国出口新能源汽车技术以外，中东等共建"一带一路"地区也成为南沙汽车产业升级、迈向世界的重要通道。如在2023年6月11日至12日举办的中阿合作论坛上，沙特投资部门与中国电动汽车制造商华人运通签署了一项价值210亿沙特里亚尔（约合56亿美元）的协议，双方将成立一家从事汽车研发、制造与销售的合资企业[②]。

依托日益发达的国际航运，南沙支撑运输、物流行业的相关服务业体系也在不断发展。2021年，广州航运交易所开展船舶交易953艘，交易额为31.46亿元，累计完成船舶交易4606艘，累计交易额为177.11亿元。"珠江航运运价指数"累计发布综合运价指数285期，收集运价数据9.03万条，产生数据成果1.88万条。航运产业基金总规模为50亿元，实际到位资金15.3亿元，累计投资近洋码头等区重点项目16.13亿元。发展船舶融资租赁业务，累计交付租赁船舶83艘，合同金额40.9亿元。南沙的金融服务业还在探索"上天"。南沙飞机租赁于2015年起步，历经7年探索，已经发展成为南沙重点特色金融产业之一，累计交付253架租赁飞机，项目合同金额近160亿美元。

---

① 管克江、沈小晓：《中东地区经济持续复苏》，《人民日报》2023年4月17日第15版。
② 罗怀伟：《中阿企业家大会见证合作新成果》，《经济日报》2023年6月15日第4版。

第二节　携手港澳共塑南沙制度型开放新优势

百年未有之大变局下，维护全球产业链供应链的韧性和稳定，从而推动世界经济的发展是符合各国人民共同利益的。南沙深刻认识到产业链供应链的公共产品属性，确保其安全和稳定，同时通过实际行动深化国际合作，让各国人民共享发展的成果。作为亚太地区乃至全球产业链供应链的枢纽之一，南沙要充分利用区位、文化、政策等优势，立足湾区、协同港澳、面向世界，以更高水平的开放充分发挥粤港澳三地各自的优势，在营商环境提升、港澳融通、文化构建与人才流动三方面铸造竞争优势，以促进产业链供应链融合、创新、扩展，在RCEP乃至世界各国竞争中抢占高地，实现更高水平“双链”融合发展。

一、持续提升营商环境，促进国内国际双循环

南沙港区不仅是海上丝绸之路的重要节点，更是中国企业出海的桥头堡，因此在打造产业协同枢纽方面拥有得天独厚的优势。南沙港区作为中国与“一带一路”沿线国家和地区商贸交流的重要窗口，致力于构建高水平开放的门户枢纽，更好地发挥连接中国与世界的桥梁作用，从而有效打通国内大循环、促进国内国际双循环，并更好地发挥三大平台间的协同作用，实现错位发展。南沙的中国企业“走出去”综合服务基地，通过整合港澳机构资源和对接国际规则的专业服务集聚区，为中国企业“走出去”提供一站式的高标准、国际化服务。南沙还在加强自由贸易试验区、进口贸易促进创新示范区、综合保税区等重要开放平台的建设，通过打好外贸、外资、外包、外经、外智“五外联动”组合拳，健全现代金融服务体系，以门户枢纽为基础，努力优化营商环境[①]。

① 南沙大力建设交通基础设施，通过深中通道、狮子洋通道、广州地铁18号线、广深港高铁等重大交通项目，密切了与深圳前海、深圳福田、香港西九龙、广州珠江新城等先发展区域的互联互通，将南沙打造成为大湾区“半小时交通圈”的原点，不断提升南沙的门户枢纽地位，持续完善营商环境，进一步促进产业链和供应链的深度融合。

南沙建设中国企业“走出去”综合服务基地，打造高水平对外开放门户，已被纳入了第三届“一带一路”国际合作高峰论坛的务实合作清单。服务基地以央地统筹推进，通过省市联动、港澳资源协同、市场充分参与的方式，主动对照国际高标准经贸规则，对接香港国际金融、航运、贸易中心及澳门的中国与葡语系国家商贸服务合作平台，为中国企业“走出去”做好综合服务，打造新时期高水平开放的门户枢纽，为实体贸易与产业协同发展提供有力支撑，深入推动跨境服务贸易和投资高水平开放，有助于发挥粤港澳大湾区优势，推进共建“一带一路”高质量发展，以对外开放促对内开放，以高水平开放促构建新发展格局，也将彰显南沙的产业协同枢纽地位。

中国企业“走出去”综合服务基地为中国企业提供政策咨询、投资促进、金融财税、风险防范、争议解决等高标准、国际化一站式服务，整合了港澳机构资源，对接国际规则的专业服务集聚区，未来将发展服务国家商贸往来特别是对共建“一带一路”国家和地区商贸往来的现代服务业。除专门设置的实体服务平台外，南沙的临港经济区、综合保税区也是中国企业出海基地的腹地，通过在专业服务集聚区内打造金融中心、中央商务区，健全现代金融服务体系，将更加充分地发挥地理几何中心区位优势，更好地打造门户枢纽、湾区客厅。

二、港澳合作深度融通，助力产业链供应链扩展

南沙正努力推进与港澳深度融通，创新港澳合作机制，破除行政壁垒，提高协同效率。通过整合粤港澳的科技资源，汇聚三方优势，形成强大创新合力。同时，建设高水平参与国际合作与竞争的平台，提升国际影响力、深化对外开放，以港澳的丰富资源和国际经验，为南沙产业链和供应链的扩展提供有力支撑，推动产业链和供应链持续发展，为构建新发展格局战略支点提供强大动力。

随着南沙的不断发展，粤港澳大湾区战略的深入实施，粤港澳科技力量正实现进一步整合。国家超级计算广州中心南沙分中心将“天河二号”的算力通过百兆网络专线源源不断地输送到香港，为港澳及海外200多个科研用户团队提供超过2.4亿核时的超级算力，填补了香港无世界领先水平高性能计算平台的空白。南沙深化与港澳科技创新合作，建设香港科技园南沙孵化基地，与香港科技

大学（广州）签署全面合作协议并深入合作。以华南技术转移中心为支点，南沙还在加快国际科技成果转化基地建设，推动300余项粤港成果需求实现精准对接。粤港澳大湾区国际科技创新中心建设正在加速，为推动实现高质量发展提供有力支撑，南沙日渐发挥着重要的链接作用，不仅要将港澳的科创资源引入，更要通过香港、澳门将亚太地区乃至全球的科创资源引入，促进高水平科技产业自立自强，促进港澳融入湾区发展，为粤港澳产业链供应链融合拓展注入新动能，提高国际产业竞争力。

三、文化交融加速人才流动，提升国际经贸影响力

南沙通过优化人居环境延揽天下人才，通过文化交融推动创意产业发展，进而有效地促进新质生产力形成。

（1）宜居环境吸纳人才流入。新一轮南沙总体发展规划和国土空间总体规划修编取得重要成果，划定国土空间总体规划“三区三线”并正式启用，城镇开发边界在现状基础上扩展1.9倍。实施《南沙综合交通枢纽规划（2020—2035年）》，广州地铁18号线（首通段）、广中江高速及明珠湾大桥等建成通车，实现30分钟直达广州中心城区。获批全国义务教育优质均衡先行创建区，中山大学附属第一（南沙）医院（见图6-2）顺利开业，广州市妇女儿童医疗中心南沙院区基本建成。南沙致力于打造最中国、最岭南、最现代、最国际的“未来广州”，成为人人心向往之的“未来之城”，两次获评中国最具幸福感城区，在法治广州考评中连续5年全市第一，获评2021中国社会治理百强县（市、区）第一名。累计建设碧道60.9公里，建成海绵城市42平方公里，国考、省考断面水质优良率100%。南沙湿地有大量的沿海滩涂、围垦鱼塘以及红树林，吸引了数以十万计的候鸟栖息过冬，其中有黑脸琵鹭等“鸟中大熊猫”，每年有不少游客前来“打卡”。作为粤港澳大湾区宜居宜业宜游的滨海新城，南沙具有打造滨海休闲旅游之都的条件，恰好为打造科创枢纽、提升创新力竞争力营造了独特、轻松、自由的自然环境与人文环境，有利于吸纳全球高层次创新人才落户南沙创业。

图6-2 中山大学附属第一（南沙）医院

资料来源：南沙区融媒体中心。

（2）文化交融激发创意产业。南沙文化资源丰富，既依托珠江，具备“岭南文化”“水乡文化”的特征，又面向大海，在广州独树“海洋文化”之帜，历史遗存众多，如虎门要塞炮台群10座炮台中就有7座在南沙。丰富的文化资源为南沙文化产业发展提供了有力支撑。南沙毗邻港澳，以面向世界的开放，有效吸纳了世界各地的文化，让多种文化包容共进、多元共生。自贸区独特的制度设计优势、门户枢纽优势有效增进了南沙与港澳、面向RCEP、与世界接轨的文化交流，带动了文化产业腾飞。从2018年开始，在“一带一路”“绿水青山”“与世界接轨”的顶层设计下，南沙加强与东盟国家的合作，连续举办“广州南沙·东南亚竹文化艺术节”。南沙正成为粤港澳大湾区文化旅游产业交汇融合的新枢纽，着力打造东部、南部、北部三大特色旅游板块。为了支持旅游产业、邮轮产业的发展，南沙向旅游企业兑现扶持资金3000多万元，向邮轮企业兑现扶持资金5000多万元。2023年，南沙全区各主要旅游景点共接待游客2924.97万人次，同比增长55.6%；主要景区旅游收入12.03亿元，同比增长15.5%。

除特色的滨海新城外，南沙还依托其独特的区位优势和地处珠江口的天然海港，致力成为粤港澳大湾区世界级旅游目的地枢纽节点、粤港澳大湾区的旅游客厅、国际文化企业的集聚高地。2024年6月25日，广州南沙国际邮轮母港正式开港开航，岸线总长770米，建有1个10万总吨和1个22.5万总吨的邮轮泊位，作为亚洲最大、功能最全的邮轮综合体之一，拥有文化示范基地、免税购物中心、24小时娱乐、休闲旅游等业态，全国首个邮轮文化展示中心挂牌开放。随着全国首个以邮轮母港为主题的南沙湾区邮轮音乐节、粤港澳青年文创设计大赛举行，南沙国际邮轮母港正逐渐成为粤港澳青年会聚的创新高地，能够吸引大量高素质人才集聚。南沙打造亚太海洋休闲目的地及邮轮经济发展的核心战略枢纽，真正成为对外开放的门户枢纽，成为中国制造走向世界的窗口、世界人才走向南沙的入口。南沙能吸引世界一流旅游企业向南沙集聚，在高质量发展的新要求下对科技发展提出更高的需求，推动南沙文旅产业提质升级，助力南沙打造生态文明建设示范区。

"演艺+旅游"为文旅融合打开了一扇新的大门，丰富了城市消费新业态。充分发挥全民文化综合体的带动作用，提升城市形象，让演出带来的"流量"转变为"留量"，演唱会经济作为注意力经济的一种，可以创收，也可以增加区域客流量，还可以带动旅游景点、酒店、餐饮、购物等整条文化旅游消费链发展。据不完全统计，2023年广州举办的大中型演出数量位居全国前列，仅上半年就举办了近百场演唱会、livehouse（音乐展演空间）、音乐节，然而在南沙举办的屈指可数。就广州目前演艺活动举办情况看，仍然有进一步发展的空间，南沙可以进一步发挥湾区之心的枢纽作用，发挥毗邻港澳、联通世界的优势，以更加开放包容的姿态鼓励符合社会主义核心价值观的多元文化到南沙演出，吸引深港澳等地年轻人走进南沙、爱上南沙。利用自贸区政策特点，南沙在推进文化保税产业发展上也创造了多个首次。自2017年以来，南沙连续举办大湾区艺术节，展出了张大千等艺术家的作品，部分作品以"关税保证保险"形式从香港进入南沙保税港区，打造了保税艺术品出区展示的成功案例。南沙还挂牌运作大湾区国际艺术品保税产业中心，为华南地区的文化艺术产业发展开辟了新路径。依托南沙新建专业文化演艺场馆，在审批手续和配套服务上突围创新，打造大湾区面向包括港澳台在内的亚太地区的国际文化演出中心，以独具优势的文化演出经济让南沙"人财两旺"。

第三节 粤港澳协同打造亚太资源整合枢纽

面向世界、面向未来，南沙要成为亚太地区有影响力的经济枢纽，必须在三个维度促进区域协同，打造创新链、供应链和产业链协同枢纽。南沙可以发挥自身区位优势，积极引进和培养顶级人才，构建与国际接轨的创新生态系统和合作机制来培育新质生产力，打造国际创新中心；充分发挥航运物流潜力，建设世界级港口和物流基础设施，并与全球供应链网络建立深度连接，转型升级为供应链协同中心；还要致力于为各类产业提供公平、开放和协同的发展环境，形成多元化、互补性强的产业集群，打造开放包容的产业协同枢纽，由湾区之心迈向亚太枢纽。无论是培育国际创新中心，还是打造供应链协同中心和产业协同枢纽，人始终都是最关键的因素，离不开人才引进、人才培育与高水平人才使用。因此，南沙要围绕人才资源下大力气、做大文章，从人才洼地跃升为人才高地，这是南沙促进“三链”融合、打造亚太枢纽的关键要素。

一、培育国际创新中心

全球科技创新中心是全球范围内少数能级最高的科技创新城市，本质是指全球科技创新资源密集、科技创新活动集中、科技创新实力雄厚、科技成果辐射范围广大，从而在全球价值网格中发挥显著增值功能并占据领导和支配地位的城市或地区[①]。而南沙所要打造的国际创新中心侧重于创新资源整合及其产业化能力，它有三大特征：一是创新资源源自粤港澳大湾区（尤其港澳地区）乃至国际各方面并形成合力；二是科技创新水平达到粤港澳大湾区乃至国际一流水平；三是科技成果产业化能力居于世界前列，要打造成堪比旧金山湾区硅谷的新时代科创高地，以强大的外溢效应显示中国产业现代化的勃勃生机与“中国力量”。

从国际看，美国硅谷是近半个世纪以来随着第三次工业革命形成的科创高

① 杜德斌：《全球科技创新中心：理论与实践》，上海科学技术出版社，2024。

地。硅谷位于美国加利福尼亚北部的大都会区旧金山湾区南面，其距离旧金山市区约70公里。这个距离，恰好相当于南沙到广州主城区、深圳、港澳的距离，南沙位于广深港、广珠澳科技创新走廊的人字形交汇点，拥有得天独厚的发展潜力。广州是中国两千多年来保持对外开放的窗口，目前，美国、日本、澳大利亚等54个国家在广州设立总领事馆，广州与洛杉矶、法兰克福、悉尼等102个国际城市缔结友好城市关系。据不完全统计，华南美国商会、广东英国商会等22家境外机构在广州设立了经贸机构。广州与世界紧密相连，为南沙吸引集聚国际高端科创要素、打造国际科创枢纽提供了先决条件。在新一轮科技革命和产业革命浪潮下，南沙正朝着国际创新中心迈出坚实的步伐，打造新一轮产业革命的亚太新硅谷，立足湾区、辐射亚太、影响世界。

二、打造供应链协同中心

得天独厚的地理位置、完善的航线网络、现代化的物流设施和丰富的金融资源等优势为南沙在全球物流航运和供应链领域中的发展提供了坚实的基础，南沙正在逐渐成为全球供应链协同中心。南沙毗邻港澳，连接中国内地与世界各地，成为国际贸易和物流的便捷通道与全球物流航运的重要节点。南沙港区拥有完善的航线网络，覆盖全球主要港口，能够成为各种类型货物运输的调配枢纽，成为全球供应链的重要组成部分。南沙还拥有现代化的港口设施和高效的集装箱码头，能够满足大型船舶的停靠和快速装卸需求，能够高效地处理大量的进出口货物，还可以通过海陆空等多式联运方式快速转运到世界各地，实现全球供应链的无缝连接，成为全球供应链中的关键节点。特别需要强调的是南沙正在逐步强化信息共享、金融支持和创新引领等优势，使得自身在全球供应链协同中的作用日益凸显。

首先，南沙积极建立信息共享平台，实现了与供应链上下游企业的实时信息交换，能够及时了解货物的运输动态、库存情况和市场需求。供应链伙伴可以据此共同制定运输计划、优化库存管理及协调生产和销售活动，从而提高整条供应链的响应速度和效率，为供应链的协同运作提供重要支持。

其次，南沙拥有丰富的金融资源和金融机构，能够为供应链企业提供贸易融资、保险等金融服务，可以降低供应链风险，提高资金周转率。金融机构合作为供应链企业提供定制化的金融解决方案，满足其在不同阶段的资金需求，增强了南沙在全球供应链中的金融影响力，促进了供应链的稳健发展。

最后，南沙历经20年物流航运领域的实践和创新，引进了一批先进技术和管理理念，持续推动供应链的创新发展，提高供应链的竞争力。南沙正积极应用物联网、大数据和人工智能等先进技术，提升物流运作的智能化水平，降低运营成本并提高服务质量；同时，南沙还加强与科研机构和高校的合作，共同研发和推广物流航运和供应链管理的新技术和新模式。得益于广泛的科技成果运用，南沙不断夯实自身作为亚太地区供应链协同中心的地位。

三、打造开放包容的产业协同枢纽

在国际创新中心、供应链协同中心逐步成熟的进程中，南沙要坚持以开放包容的姿态，与全球各地进行合作与交流，共同建设更加繁荣、可持续的产业链未来，进而促进整个大湾区的产业升级和创新发展。南沙着力发挥自身大湾区地理几何中心的区位优势，致力打造国际化产业协同枢纽，不仅要依托已有的临港工业积累优势，还要加强自身的枢纽功能，面向未来找准新时代先进制造业的“风口”，整合粤港澳三地的资源和力量，形成产业发展合力。

明确产业协同枢纽发展方向。产业协同在时间、空间、功能上的相互协调，是一个由多要素共同构成的复杂性、开放性系统，在城市内、不同城市之间的产业的研发、生产、管理、销售等方面相互融合，推动资源优化配置，形成产业关联，通过产业链良性合作与竞争，实现协同效益，加快价值链整体攀升。由此可见，粤港澳大湾区内众多相同层次的子系统相互作用，构成高一层次的系统，系统间相互作用，为城市群产业协同提供了发展空间。

粤港澳大湾区已形成了规模庞大、结构完整的产业体系，但与纽约湾区、旧金山湾区及东京湾区比较，粤港澳大湾区产业体系现代化程度有待提升，还存在产业协调机制缺乏、原始性创新能力薄弱、现代服务业转型缓慢、科技创新与产业融合不足等问题。特别是2018年中美贸易摩擦发生以来，粤港澳面临国内外环境的巨大变化，国际需求持续低迷，发达国家纷纷实施制造业回归和“再工业化”战略，东南亚国家与印度依靠资源、劳动力成本低廉的优势嵌入劳动密集型制造业产业链，粤港澳大湾区原先所依仗的低成本竞争优势逐步减弱。

从国内环境看，中国经济原先依靠低成本要素投入的粗放型产业增长模式已难以为继，粤港澳大湾区产业发展进入供给侧结构性改革新阶段。对标东京湾区、纽约湾区、旧金山湾区，粤港澳大湾区城市群产业发展必须立足顶层设计和区域统筹，关注重点产业协同发展路径，紧抓人口和物流两大核心产业要素，结合南沙自身功能分工和产业发展基础，构建产业整体联动、各有侧重的区域空间布局，尽快实现向具有全球影响力的世界级产业集群转变。

从产业结构看，粤港澳三地互补性强，珠三角地区制造业占比较高，成为“世界工厂”，而港澳地区则服务业高度发达。粤港澳大湾区的制造业主要集聚于珠三角地区，珠三角地区作为全国乃至全球重要的制造中心，产业基础雄厚，具有较完善的产业链，但也存在着产业层次不高、专业技术含量低等问题。而且，珠三角地区现代服务业起步晚，发展水平偏低，难以与制造业形成联动升级效应。反观香港制造业，占比仅在7%左右，其支柱产业是仓储物流、金融类及专业类服务等现代生产性服务业，发展水平国际领先，其先进性能够带动珠三角地区制造业的发展；同时，澳门与葡语系国家贸易联系密切，有利于其成为葡语系国家和“一带一路”层面上的“超级联络人”。因此，粤港澳大湾区可以利用各自的优势，实现比较优势互补和错位协调发展，可以产业链分工和协作配套为重点，打造世界级先进制造业基地；可以跨境产业链合作为重点，助力大湾区产业转型升级；可以协同研发和市场的共同开拓为重点，全面提升大湾区产业国际竞争力。

明确产业协同枢纽建设路径。南沙所承担的最重要使命，就是在粤港澳大湾区产业转型升级、实现高质量发展过程中，依托先进制造业基础，进一步加强与港澳协同，与横琴、前海等高水平开放平台和港澳地区实现错位发展，发挥连接中国与世界的桥梁作用，打造大湾区国际化产业协同枢纽。

南沙基于汽车产业基础优势，促进氢能产业与新能源汽车融合发展，集聚近1000家人工智能和生物科技企业，积极布局商业航天产业链条，加快集卫星研制、运载发射和航天应用于一体的商业航天全产业链布局，为广州发展商业航天奠定重要基础。南沙初步形成了覆盖宽禁带半导体设计、制造、封测、材料全产业链的完整生态，是国内仅有的以车规级第三代半导体产业链为核心的半导体与集成电路产业聚集区。从传统上看，珠江西岸和泛珠三角地区一直是广州的主辐射区，也就是说南沙的主辐射区非常广阔：广州、佛山、肇庆主要集中了汽车制造、生物医药、食品加工、造纸、石化等产业，珠海、中山、江门主要集中了家电、装备制造、纺织服务、五金加工等产业，这些都是以南沙港区为主体的传统辐射范围，也是南沙打造大湾区产业协同枢纽的最大底气。

打造产业协同枢纽，必须以起引领作用的标志性产业为支撑。根据海关总署发布的数据，2023年我国进出口总额为41.76万亿元，成为全球第一大汽车出口国，对共建“一带一路”国家进出口额为19.47万亿元，占进出口总额的46.6%，提升1.2个百分点，对欧盟、美国进出口额分别为5.51万亿元、4.67万亿元。汽车产业是南沙乃至广州的一张名片，而且广东大量本地生产的汽车都从南沙出海，经过海上丝绸之路走向世界。2023年广东新能源汽车产量253.18万辆，相比2022年产量基本实现翻番，占全国的比重从18.4%提升至26.8%，即全国每4辆新能源汽车中就有1辆是“广东制造”。2023年，广州外贸进出口总额达1.09万亿元，其中汽车、汽配出口额分别为127.6亿元、168.8亿元，新能源汽车出口总额持续增加。共建“一带一路”国家和地区已成为广州汽车最主要的出口市场之一，尤其在中东地区的沙特阿拉伯、阿联酋等国家形成了相对稳定的出口区域市场，例如广汽国际中东零件中转仓于阿联酋开业，为沙特阿拉伯等5个国家提供高效的零件供应。广汽产品跨洲越洋，疾驰在世界的各个角落，成为南沙面向世界在汽车产业协同向上跃升的生动缩影。

四、构建结构合理的制造业体系

南沙应坚持制造业当家，进一步突出先进制造业的重要地位，构建“2+5+N”先进制造业体系，把汽车和高端装备制造作为两大战略性支柱产业，抢抓人工智能、半导体与集成电路、生物医药、新型储能、商业航天五大战略性新兴产业，超前布局深海、空天和量子科技等N个未来产业。

（一）巩固提升战略性支柱产业

1. 汽车产业

南沙汽车产业可依托珠三角纯电动汽车完备的产业基础，充分发挥《南沙方案》赋予的政策优势，围绕纯电动汽车制造布局，重点引入汽车“三电”企业。深圳已集聚一批新能源汽车零部件专精特新企业，发展速度快，但深圳缺乏发展空间。深中通道通车后加速了深圳与南沙的产业融合，深圳比亚迪的零部件供应商可扩散到南沙。以电解液产业为例，电解液材料在锂离子电池中成本占比较高，约占锂离子电池成本的12%，且毛利率较高，约为40%。当前南沙拥有一个省级化工园区，发展电解液具有一定的产业承载发展空间。围绕纯电动车补齐产业链，电池领域建议招引科达利实业（结构件）、德方纳米（正极材料）、协能科技（电池管理系统）、天赐材料（电解液）、中兴新材（隔膜）等企业；电机领域建议招引三菱电机、富士电机、方正电机等企业；电控领域建议招引金思成等。此外，在汽车电动化、网联化、智能化、共享化的“新四化”进程中，大力发展智能网联汽车产业，重点招引智能驾驶系统、智能座舱系统，可引入如德赛西威（智能座舱、智能驾驶和网联服务）、均胜电子（智能座舱）、万集科技（毫米波雷达）、锐明技术（智能车载综合监控）、金溢科技（智慧交通）等企业。

2. 高端装备制造产业

南沙应继续壮大船舶海工装备、核电装备、轨道交通装备等传统优势装备产业，加快推动智能装备产业补链强链，开展关键共性技术协同攻关，攻破精密减速器、伺服电机、工业系统软件等关键共性技术。

（1）船舶海工装备方面。围绕广船国际、黄埔文冲，加快补足船用主机、电子航海设备智能系统等船用配套设备短板，加快突破船体结构轻量化技术、船型节能优化等一批关键技术。今后可以引入广州柴油机厂（中速柴油机）、海兰信（智能船舶）、柯普尼（船用雷达）等企业。

（2）核电装备方面。支持东方重机发展，加快推进三代核电“华龙一号”批量化制造等先进核能技术装备研制。推动宝银核电管材（广州）有限公司完成资质取证，尽快实现正常生产经营，推动南沙核电产业集聚发展。加快推进产业链上游核级镍基合金焊接材料、大型锻件、特种加工设备及刀具等关键基础材料及设备攻关，加快补强核电仪表控制系统（DCS系统）等工业软件短板，可引入大西洋焊材（核级焊接材料）、久立特材（传热管）等企业。

（3）轨道交通装备方面。推动土压平衡式盾构机、混合式盾构机、混凝土搅拌机等施工机械制造装备发展，提高刀盘刀具、驱动系统、密封系统、导向系统等关键核心零部件配套能力，可引进三一重工、中联重科等工程机械企业。

（4）数控机床、机器人及无人机等智能装备方面。在精密减速器、伺服电机等关键核心零部件及工业系统软件、数控系统等关键共性技术方面，开展补链强链。关键核心零部件领域建议引入霍尼韦尔、四方光电（传感器）、三菱电机（伺服电机）、芯源微电子（集成电路设备）等企业；制造设备领域建议引入埃斯顿（工业机器人）、创世纪（切削机床）等企业。

（二）培育壮大战略性新兴产业

1. 人工智能产业

依托智能网联汽车产业和数字城市建设，不断提升人工智能产业规模，持续突破关键领域技术水平，打造经济发展、城市治理和公共服务等领域的标杆应用示范，不断招引人工智能专业人才，打造全国领先的人工智能产业集聚区。

（1）构建产业链创新体系。依托香港科技大学（广州）、中国科学院明珠科学园，布局前沿基础理论研究，推进深度学习理论研究，提升原始创新策源能力；深入实施“广聚英才”计划，依托南沙国际人才港，建立“海内外引才平台+一站式人才综合服务平台（国际人才港）+特色人才创新创业孵化平台+全方位生活服务平台”四位一体的综合引才体系，面向全球招引人工智能高端人才；支持区内龙头企业加大人工智能前沿理论和前沿技术创新力度，开发出具有自主知识产权的战略性标志成果产品；推进云从科技人机协同开放平台、科大讯飞智能语音国家人工智能开放平台等创新平台建设，打造涵盖技术研发、场景训练、测试验证等功能的创新平台体系，围绕平台打造技术生态。

（2）打造完善丰富的产业生态。组建人工智能产业链招商专班，补足产业链空缺环节，强化产业链精准招商；支持基础层、技术层及应用层企业积极向上下游拓展；围绕市场对智能化产品的多元化需求，着力解决关键智能化产品储备不足问题，积极培育人工智能创新产品和服务；在无人驾驶、计算机视觉、智能语音、人机协同、虚拟现实等新兴领域加快打造一批“专精特新”和“独角兽”人工智能全球领军企业和品牌。

（3）大力优化产业发展环境。加强5G基站、智慧灯杆、北斗导航分基站等基础设施建设；依托区内龙头企业，重点开发建设逻辑统一、物理分散的云计算中心，标准统一、开放共享的基础数据中心，建设智能网联汽车支撑平台；依托香港科技大学（广州）、中国科学院明珠科学园等主要载体，重点布局算法、人工智能软件、AI芯片、人工智能终端、智能服务等全产业链环节，高标准建设产业园区。

（4）持续推进优质应用示范。南沙区以推动智慧城市、数字孪生城市建设为主线，在城市管理、智慧交通、智慧教育、智慧医疗、智能制造、智慧物流等领域打造应用示范标杆项目，探索形成一批行业标准和典型产品。

2. 半导体与集成电路产业

按照“全面布局晶圆制造，积极发展封装测试，特色发展芯片设计，突破关键设备供给，做优专用材料布局”的总体产业发展思路，打造出第三代半导体、车用芯片和封装测试三大紧密关联、特色鲜明的产业集群，形成从上游设计、中游制造封测、下游应用拓展、设备材料支撑的全产业链联动发展产业体系。

（1）全面布局晶圆制造。积极对接京沪深地区集成电路设计企业建线、晶圆代工产线资源，承接京沪深地区晶圆制造投资外溢，坚持晶圆代工和IDM模式协同发展。对接国内外领先企业，重点是国内外龙头IDM、集成电路设计企业，积极引进12寸硅基晶圆制造产线，强化28nm逻辑芯片工艺和FD-SOI（全耗尽型绝缘体上硅）工艺制造水平。聚焦衬底材料、晶圆制造环节，打通“材料—芯片—应用”产业链。在晶圆制造方面，可引进的企业有瑞能半导体（SiC基）、北京赛微电子（GaN基）、华微电子（硅基）等；在衬底材料方面，可引进的企业有北京天科合达半导体股份、山东天岳先进科技股份（SiC衬底）等。

（2）积极发展封装测试。加强对接国内龙头企业，积极争取建设规模较大的先进封装测试产线；推动周期短、见效快的分立器件封装测试及传统封装生产线项目的建设与投产；推动本地相关企业持续扩大产能，提升服务能力和技术水平。在封装测试方面，可引进的企业有长电科技、通富微电、华天科技等。

（3）特色发展芯片设计。把握汽车芯片产业快速增长机遇，通过开展半导体与集成电路产品在汽车领域验证，吸引一批与本地汽车整机厂商形成有效供应的集成电路设计企业落地，培育就近服务能力，打造有影响力的汽车芯片产业集群；支持人工智能企业在南沙布局人工智能芯片业务，推动人工智能产业、半导体与集成电路产业协同发展，打造有南沙特色的“AIC”模式；支持香港科技大学（广州）等集成电路设计领域较为领先的高校团队在南沙设立科研成果产业化主体，依托香港科技大学（广州）技术优势打造EDA/IP产业集群和创新高地。

（4）突破关键设备供给。在制造型项目配套产业用地范围内，谋划建立配套集聚区，大力吸引国内外主流半导体与集成电路设备企业入驻，实现部分零部件和耗材的本地化存储和供给；通过科技创新专项等形式支持制造型企业使用国产设备，吸引半导体与集成电路设备企业在南沙设立生产基地，实现部分零部件的本地化生产；支持国内外有意愿向半导体领域扩展的LED、面板、太阳能光伏设备供应商在南沙设立研发制造中心，鼓励企业申报相关专利，打造技术创新高地。在半导体与集成电路设备方面，可引进的企业有北方华创、中微半导体、上海微电子、中盛机电等。

（5）做优专用材料布局。将第三代半导体材料和封装基板发展成为南沙区半导体与集成电路材料产业的拳头产品，支持国内外领先企业在南沙布局第三代半导体衬底、外延材料制造和技术研发，支持南砂晶圆在建项目尽快建成投产，推动安捷利、建滔集团等有产品和技术基础的企业在南沙建设封装基板制造生产线，有效提升封装基板市场占比；支持丰江微电子等企业加快产能提升和市场开拓，提升引线框架产品性能及产业规模；支持广钢气体等企业提升电子特气技术水平和供应能力。

3. 生物医药产业

一是依托中山大学附属第一医院、广东省中医院等高端医疗资源，加快复旦大学精准医学研究院及产业基地、广东医谷、中山大学国际药谷等重大平台建设，支持已落户的一品红药业、南沙龙沙等企业延长产业链。聚焦化学药、现代中药、生物制药、高端医疗器械等领域，重点招引迈瑞医疗（医疗器械）、海普瑞（创新药物）、先健科技（介入医疗设备）等企业。二是加快出台专项扶持政策。优化升级生物医药产业发展扶持政策，出台支持生物医药人才专项措施，推动生物医药产业高质量发展。在化学药领域，围绕临床使用广泛、疗效佳，且即将过专利期的药品进行仿制研发。在现代中药领域，发展中药有效成分的提取、纯化、质量控制新技术，加快新型中药饮片、中药剂型改造等新技术开发和应用。在生物制药领域，大力发展生物芯片、生物技术加工天然药物，鼓励基于新靶点、新结构、新功能的抗体、多肽、免疫细胞治疗等新生物技术发展。在高端医疗器械领域，重点发展针对肝炎、心血管疾病、呼吸道疾病、肿瘤、遗传疾病等疾病以及优生优育方面的免疫诊断、分子诊断（PCR）、床旁诊断（POCT）试剂和仪器。

4. 新型储能产业

一是加强政策支持。加快出台支持储能产业发展的扶持政策，加强南沙新型储能产业发展战略研究，构建"工作专班+专家智库"的决策模式，建立职责明确、高效协同的工作机制，形成推动产业发展的强大合力。二是加强招商引资。争取将美的集团储能电池业务放入广州华凌制冷设备有限公司，支持智光储能在南沙设立新公司，支持红尚机械新建新能源动力电池设备制造项目，加快融捷等重点储能项目建设。重点招引锂电池电芯、正负极材料、电解液、隔膜、结构件等领域企业，完善锂离子电池全产业链，前瞻布局固态锂电池、全钒液流电池、钠离子电池等规模大或长时、性能高的新型储能产业，以及PEM（质子交换膜）电解水制氢、碱性电解水制氢等氢储能制氢产业链。三是推动应用端大规模加快构建新型能源系统。优化整合本地电源侧（华润、珠江电厂等5家发电企业）、电网侧、用户侧资源，合理配置各类储能，探索不同技术路径和发展模式，推动新型储能与新能源、常规电源协同优化运行，着力提升电力容量支撑能力、安全保障水平和系统综合效率。

5. 商业航天产业

依托中国科学院力学研究所广东空天科技研究院，以中科宇航、吉利航天等为龙头，积极探索运载火箭、卫星等空天领域。一是加快推进大岗商业航天产业基地建设，推动南沙构建"一箭一星一院一基金"的商业航天产业发展新格局。二是加快补强商业航天装备产业链，重点扶持航空发动机、航空机载设备及系统、航空新材料等配套制造产业，发展精密轴承、精密模具、数控、钣金等产品。建议引入派克新材、三角防务（航空模锻件）、航新科技（航空维修）等企业。

（三）未来产业

瞄准深海空天开发、元宇宙等前沿领域，探索更多“无中生有”“以一搏十”发展模式，开辟未来产业新赛道。一是建设广州工业技术研究院量子精密测量研究中心、香港科技大学（广州）量子科技中心，促进量子信息技术研究拓展。二是推动海陆空全空间无人体系准入标准实施和应用，建设区域无人体系管控调度系统，分类划设低空空域和航线。三是依托广东空天科技研究院、广东智能无人系统研究院，孵化培育一批科技型企业，建设大湾区无人体系产业孵化基地。四是在深海产业方面，广州海洋地质调查局已完成天然气水合物的探索性和试验性试采，天然气水合物勘查开发国家工程研究中心正式运作。广州海洋地质调查局已取得两轮天然气水合物试采成功，创造了产气总量、日均产气量两项世界纪录。在此方面，将紧密围绕《关于支持广州南沙放宽市场准入与加强监管体制改革的意见》中“推进海洋科技创新要素加快应用”的具体要求，推动各类创新资源进入天然气水合物研发和商业体系，依托南方海洋科学与工程广东省实验室（广州）、天然气水合物勘查开发国家工程研究中心，利用冷泉生态系统研究装置、天然气水合物钻采船等装备，打造全国天然气水合物研发和商业开发总部基地。

五、筑造国际化人才特区

人口增长是南沙打造亚太枢纽的重要前提之一。目前，南沙人口结构中整体学历水平不高、高素质人口占比较低和总数较少的问题，以及人口素质与南沙定位的不匹配、产城人融合度低和常住人口城镇化水平较低等问题，仍是制约南沙发展的明显短板。为了解决这些问题，南沙正努力协同港澳两地，通过优化政策环境、提高待遇和福利，建设国际化人才特区，共同引进高端人才，提升全区人口的整体素质；同时，为营造市场化、法治化、国际化营商环境，还着重打造一支高水平的公务员队伍，这不仅有助于提升南沙的治理能力和行政效率，还能为打造亚太枢纽提供坚实的人才支撑。南沙面向世界的发展，不能仅仅依赖传统的劳动密集型产业，还必须努力挖掘“人才红利”，推动高端产业的发展，打造科技创新与产业协同的枢纽，筑造国际化人才特区，进一步提升南沙美誉度。

（一）协同港澳引进人才

《南沙方案》提出，到2025年，南沙要成为港澳青年安居乐业的新家园，到2035年，区域内港澳居民数量显著提升。广东省内港澳青年创新创业的青创空间已有80多个，各地张开怀抱吸引港澳人才的重磅政策不断推出。作为粤港澳全面合作示范区，南沙应当依托创新中心、产业枢纽，增强南沙面向港澳的吸引力和竞争力，打造示范项目——创享湾（见图6-3）。创享湾地处南沙蕉门河中心城区，总建筑面积13万平方米，是集青创交流、规则衔接、专业服务功能于一体的综合服务平台，有效吸引更多港澳青年人才向南沙集聚。

图6-3 粤港澳青年交流交往新平台——创享湾

资料来源：南沙区融媒体中心。

《南沙方案》提出推动国际化高端人才集聚。创新人才政策体系，实施面向港澳人才的特殊支持措施，在税收优惠、股权激励和生活保障方面，完善在人才引进、人才激励、人才配套和人才创新等方面的服务。实施产学研合作培养创新人才模式，加快博士后科研流动站、科研工作站以及博士后创新实践基地等载体建设，鼓励国际高端人才进入南沙。大力发展国际化人力资源服务，搭建国际人才数据库，建设好人力资源服务产业园区，允许符合条件的取得内地永久居留资格的国际人才创办科技型企业、担任科研机构法人代表。南沙推出了“1+3+N”的人才政策体系，发布了1个核心政策《广州南沙国际化人才特区集聚人才九条措施》、3项支撑性政策措施（人才服务措施、人才评价办法、人才培养措施）以及N个专项领域人才政策，主要包含集成电路、生物医药、金融航运等重点产业专项人才政策，港澳青创等重点群体专项人才政策以及重大平台专项人才政策等，打造具有竞争力和吸引力的营智环境。南沙下大力气加强与港澳协作，充分地利用港澳高校与人才资源，如承接香港科技大学（广州）、暨南大学青年创新创业中心和产学研基地，形成汇聚香港青年人才、企业的科创园区。

除提升产业层次吸纳高水平人才外，打造优惠生活圈，完善居住、交通条件，也是建构人才高地需要系统思考的内容。基础设施互联互通、教育项目保质保量，形成更符合港澳同胞需求的国际化居住环境，这些准公共品必须依靠政府持续的投入，对提高人才吸引力有着至关重要的作用，会是南沙破解人才短板的着力点。庆盛启动区吸引了香港科技大学（广州），庆盛高铁站能够半小时直达香港，依托庆盛枢纽打造港澳国际生活区、港澳学校，以绣花功夫服务港澳人才，可以起到“四两拨千斤”的效果。近年来，本土高校的人才培养质量已有显著提升，南沙也应当重视对国内“双一流”高校培养人才的吸引力度，创新用才模式，探索通过本土培育人才加强与相关高等院校、科研院所的联系机制，增强南沙的科创枢纽、产业枢纽地位。

（二）打造高素质的行政人才队伍

在推进南沙现代化进程中，要采取切实有效的措施解决不愿担当、不敢变革、不善作为等问题，充分调动广大行政人员的积极性。基层公务员是南沙高质量发展的最主要承担者、实施者，设置合理的公务员队伍激励机制，吸引高水平行政人才投身南沙建设，增强他们干事创业的能动性至关重要。南沙现有的基层公务员队伍存在两个突出问题：绩效评估单一化，激励机制有待完善。未来，应当考虑发挥南沙的制度优势，借鉴港澳公务员考评机制，探索符合南沙实际的绩效考核标准，提高绩效工作在正常工资收入中的比例，让苦干实干能干善干者得利。同时，根据南沙发展总成效，对南沙新区行政级别与行政人员总编制、总职数设置大胆改革，有利于政治过硬、敢于担当、实绩突出、群众公认的优秀行政人员在南沙建设中脱颖而出。此外，可与高校或专业机构合作，邀请国内外专家授课，定期组织国际贸易、国际法等领域的专业培训课程和国际视野拓展班，重点讨论全球热点问题、国际经济趋势、国际自由贸易区、国际航运中心建设等，从而拓宽公务员队伍的国际视野，提高公务员跨文化交流的能力，以及提升公务员对国际动态的敏感度和分析能力。

结束语

把握世界潮流 建设未来之城

随着新质生产力浪潮的兴起，传统城市发展模式已经不能满足中国现代社会发展的需求。党的二十届三中全会提出，要深化城市建设、运营、治理体制改革，加快转变城市发展方式。《南沙方案》描绘了南沙未来的蓝图，提出要建立高质量城市发展标杆，朝着协同港澳加强城市规划合作，打造粤港澳全面合作示范区和创新城区的方向迈进。2024年5月31日，广东省委书记黄坤明到南沙调研时，要求南沙锚定打造成为立足湾区、协同港澳、面向世界的重大战略性平台目标，进一步规划好建设好开发好，加快形成热火朝天干事创业的氛围和势头。南沙将致力于建设成为湾区集科技创新、金融、特色文化、对内对外贸易、流通为一体的中心，建设成为“精明增长、精致城区、岭南特色、田园风格、中国气派”的未来之城。

一、坚持“三生”融合，共建共享绿色美好生活

“三生”融合是当今世界城市发展方向，强调在城市发展过程中，要实现生产、生活与生态的和谐统一。生产是指城市的经济发展和产业活动，生活则涵盖了居民的日常生活和社会服务，生态则关注城市的自然环境和生态系统的保护。这三者相互依存、相互促进，共同构成了城市可持续发展的基础。本着绿色、健康和可持续发展的理念，南沙坚持低碳和节能原则，推动可持续建筑设计、减少碳排放和能源消耗，积极促进“三生”融合发展，实现生态环境保护、技术创新和经济发展有机结合，为居民和企业提供独特的城市生活体验，努力成为湾区建设的引领者，也为其他城市提供了绿色可持续发展范例，助力践行新发展理念。

（一）产业结构变革下塑造更有韧性的南沙生产空间

南沙积极推进构建具有中国特色、岭南湾区风采的高质量经济体系，打造科技和产业创新高地，推动传统产业、新兴产业和战略产业协同发展，建构“2+5+2”的现代产业体系，形成更加广阔的战略空间、更加科学的产业布局和更高活跃度的要素流通，努力提高城市发展韧劲和抗风险能力。同时，通过完善现代化国际化营商环境，引领高水平对外开放之“先”，通过创新实践、产业升级和高质量发展，保持城市持久的发展动力。

1. 以科技创新提升产业国际竞争力

面向世界的发展意味着必须面对来自世界市场的各类竞争压力，要保持并不断提升南沙的产业竞争力，必须依靠科技创新促进产业转型升级。南沙坚持在科技创新领域全面发力、多点突破和纵深发展，加快培育战略性新兴产业，集聚中科空天飞行科技、融捷能源和小马智行等一批高新技术企业和研发创新成果，提高产业技术水平和附加值。加快推进传统制造业升级，推广智能制造技术，提高生产效率和产品质量，助力包括汽车制造业在内的传统优势产业在全球竞争中开拓更广阔的市场空间，夯实产业发展基础。

2. “四链”融合织密现代产业体系网

南沙区政府充分发挥创新链、产业链、资金链和人才链“四链”融合政策作用，不断在原有政策基础上再评估、再整合和再提升，全方位促进产业体系的完善。南沙区政府坚持把发展企业放在第一要务，把创新科技作为第一生产力，狠抓人才集聚第一资源，做好后勤大管家，携各方力量，着力激活改革、开放、创新三大动力，不断培育南沙的新质生产力。南沙的新兴产业涵盖了新能源、电子信息、生物医药、人工智能等领域，具有较高的增长潜力和竞争力。通过支持新兴产业的发展，南沙不仅丰富了产业结构，还增强了未来的经济增长动能。

3. 推动服务业提质增效

南沙作为区域性产业与创新枢纽，要形成国际性产业影响力、带动力，必然需要强大的现代服务业作为支撑。积极建设高端装备和生产性服务业集聚区，推动汽车产业等优势产业转型升级，继续提升现有良好基础的航运物流业，推动服务业向专业化发展，向价值链更高端的方向延伸。

近年来，南沙高度重视壮大文化创意产业、旅游业、金融业等，为城市提供了新的增长点，进一步提高了城市经济发展韧性。南沙坚持推动文化和服务产业繁荣发展，着力推进文化和旅游产业深度融合发展，连心架桥以深化粤港澳文旅交流合作，引客入南沙以加快打造成为世界级旅游目的地枢纽节点。南沙的历史文化景区和人文景观亮点频闪，建设革命文化传承弘扬示范区、岭南文化中心区，推动海丝申遗取得实质性进展，建成全运会新馆等，正在培育百亿级的文化新业态产业集聚地，塑造岭南文化“新名片”。南沙持续加大金融开放，正在探索以数据要素赋能金融创新发展的新模式，加紧构建“1+4”金融产业高质量发展扶持体系[①]，金融企业入驻数量持续增加。文化产业和服务业的发展推动了现代服务业出新出彩，南沙服务业的国际竞争力进一步增强，力促南沙产业转型升级之“势”取得新突破。

（二）智慧城市理念下打造更有包容性的南沙生活空间

南沙是粤港澳大湾区的南沙，是协同港澳融入国家发展大局的重要支撑；南沙是世界的南沙，要以“窗口之貌”展示中国式现代化丰富实践、中国特色、显著优势。随着科技的快速发展，智慧城市已经成为全球城市发展的新趋势，这不仅仅是技术的应用，更是一种全新的城市理念和管理模式。南沙所打造的未来之城，致力于在智慧空间领域展现其富有前瞻性的理念和高效的实践成果，持续发挥智慧城市建设对社会治理的赋能作用，在具体的管理流程中鼓励数字技术的应用，以满足城市居民的日常需求，提高城市的智能化程度，加快建设更具包容性的现代化城市。南沙的城市规划兼具科技赋能与人文关怀，具备充分的兼容性与灵活性，以适应未来发展的需求，不断提高居民的舒适度和幸福感，形成了各界携手打造幸福生活的美好图景。

1. 打造数字化新型城市

在数字化时代，城市治理需要更加科学、智能和高效的方法。南沙将打造“新城建”七大领域25项标杆应用场景，促进粤港澳大湾区数字化协同发展，以数字技术为支撑建设面向世界的智慧城市。整合优势资源，推动南沙“新城建”领域数据的共享开放，社会多元主体联动，坚持“数字惠民”，建设智能化市政基础设施，提高城市“人文幸福指数”。南沙“新城建”项目整合感知通信、人工智能、数字孪生等先进技术，打造智能化城市监管运营和基于车路协同技术的L4级别纯无人驾驶。智能化是南沙城市建设的一个重要方向，采用智能交通系统、智能能源管理和数字化治理等措施有助于提高城市的管理水平，提供更好的公共服务，同时也有助于提高居民的生活质量。通过数字技术助力更多港澳乃至世界的人才融入南沙，形成一个建立在智慧平台上的多元文化城市。

---

① 南沙正在加紧构建“1+4”金融产业高质量发展扶持体系，“1”是南沙金融产业综合性扶持办法，即“南沙金融15条”；“4”是指气候投融资、理财和资管、期货业、金融人才4个专项政策。

2. 创建开放性数码社区系统

南沙致力于通过数字化转型提升城市管理水平，其中数码社区系统的创建是关键一环，基于互联网和物联网技术，为社区居民提供便捷的服务和更好的社交体验。数码社区系统可为居民提供便捷的物业管理服务和公共服务的渠道，并通过搭建智慧数字化的政务之桥，创造连通三地的新平台，满足港澳青年“自助办”“智能办”“随时办”的服务需求。一站式的智慧服务平台为居民提供了更多便利，减少了信息不对称，还可以及时获取政府政策的最新信息，了解各种公共服务的提供方式和资格要求，有助于居民更好地利用政府资源和福利。数据驱动的智能化管理也提高了城市管理效率，充分发挥大数据的优势，提前采取措施，优化资源分配，使城市管理更具针对性和更有效益。

3.创建万物互联空间

南沙作为现代化城市的典范，未来将创建基于5G、物联网和边缘计算技术的万物互联空间，通过将智能家居设备、交通管理系统、环境监测设备等互联，提高居民生活品质，提升城市的服务能力，更好地满足居民的个性化需求，增加城市的包容性，汇聚更多的人气。这一网络架构的建立使得城市内的设备和系统可以更加高效地协同工作，万物互联空间涵盖各个领域，有助于提高城市管理效率，还有助于降低城市的能源消耗、减少污染，推动城市迈向更加可持续的未来。万物互联空间为居民提供了全新的生活环境，居民可以享受到智能家居带来的便捷和舒适。这一智慧化生态系统使城市更便捷、更高效、更宜居，为居民生活和企业发展提供了无限可能，为居民创造了现代化生活体验，将会产生更高效的工作环境、更环保的生态环境，这便是未来城市之愿景。

（三）多元空间融合下建设更有弹性的南沙生态空间

南沙秉承着生态优先、绿色低碳的理念，依托山、江、林、田、海一体的城乡生态禀赋，协同推进降碳、减污、扩绿，不断强化生态核心竞争力，形成人与自然和谐共生的城市生态格局。南沙对生态格局、区域生态网络进行恢复和协调保护，使之能够为居民提供生态服务功能并维持绿色、健康和可持续发展的自然地理环境。生态空间是生产空间和生活空间的生态屏障，是构成区域生态板块和廊道的重要组成部分。新时期南沙建设生态空间并不局限于静态保育，而应构筑联动多元地域空间的动态渗透式空间体系，建设更有弹性的生态环境，从而有利于更长期地提供产业发展用地与高品质休闲生活空间。

1. 以南沙地涵养湾区生态

南沙是山、城、田、江、海相互交融的宜居宜业宜游之城，为绿美湾区提供源头活水。南沙湾生态资源极为丰富，湿地、海洋生态系统和植被等自然景观不仅具有不可替代的生态价值，更是南沙生态保护和恢复的重点；东涌是富有岭南特色的美丽圩镇，与水共生；万顷沙拥有广州市分布面积最大的红树林系统，正成为大湾区的优质生态产品供给基地，助力生物多样性保护。南沙区政府采取了一系列措施，包括湿地保护、海洋生态修复和绿化工程，以维护生态平衡，保护珍稀物种，促进生态系统可持续发展。

南沙的生态建设不仅提升了城市的软实力，还吸引了游客和投资者，促进了旅游业和经济繁荣，生态环境的改善也为居民提供了休闲娱乐的场所，提高了居住品质。南沙通过弘扬绿色发展理念，科学平衡经济增长与生态保护，致力于打造高质量城市发展标杆，包括混合紧凑的城市结构、环保生态的岸线和蓝绿空间、国际社区的品质生活、未来交通的智能设施、绿色低碳的生活方式和智慧城市的管理方式。打造出一个更具弹性的南沙生态空间，在城市发展中充分实现南沙湾的生态价值和经济价值，为粤港澳大湾区的可持续发展贡献力量。

2. 以南沙绿增添湾区之美

在南沙城市规划与建设中，以生态保护和环境可持续发展为目标，绿色空间的营造占据核心地位，是城市可持续发展的基石。南沙深刻理解绿色空间对于提升居民生活质量和塑造区域景观的重要性，大力投资建设各类公园与绿地。这些公共空间不仅提供了休闲与娱乐的场所，还对改善空气质量、缓解城市热岛效应发挥了积极作用，而且南沙的公园与绿地设计融合景观美化与生态保护，通过湿地恢复、水体治理和自然保护区建设等生态恢复项目，维护了原生态自然系统，为生态旅游和教育研学提供了平台，增强了公众的生态保护意识，推动了自然资源的可持续管理。南沙的绿化计划全面覆盖城市各区域，包括街道、社区和工业区，同时非常重视植物的多样性，通过选择适宜的植物种类，进一步丰富了城市的生态景观，有效地美化环境、调节气温，提升生态系统的稳定性。

南沙绿色空间的建设与经济、文化和社会发展紧密相连，不仅提升了南沙居民乃至整个城市居民的生活质量，也为大湾区营造了一个宜居宜游的环境，推动了城市经济的繁荣发展，更向世界展示了中国城市绿色发展的经验，展示了中国如何在城市建设中平衡经济增长与生态保护的关系，打造宜居宜游的城市生态环境。

3. 以南沙水维护湾区清流

南沙秉持综合性水资源管理的理念，在水资源保护与利用、建设海绵城市等方面树立了环境保护的典范。投资建设先进的水资源管理系统，该系统涵盖水质监测、供水和污水处理等关键环节，能够实时监控水质状况，保障城市供水的安全性和高标准的水质，并采用前沿污水处理技术，将废水转化为可再利用资源，有效减少对自然水体的污染。系统推进农村生活污水治理设施建设，通过EPCO模式有效提高南沙居民的生活污水收集处理率。实施水生态恢复项目，如湿地恢复、水体治理和自然保护区建设，不仅改善了城市河流和湖泊的水质，也提升了整体环境质量，保护了珍稀的水生态系统，维护了生物多样性。

二、打造地标空间，建设国际化创新城区

放眼全球，地标空间已成为当今世界城市发展和品牌建设的重要组成部分，所谓地标空间，是指某一城区整体空间成为一种标志、一种印象、一种符号，它是城市的象征，更是城市经济、文化和技术发展的集中体现。南沙作为面向世界谋划发展的城区，应该打造中国式现代化城市特色的地标空间，摆脱传统城市存在的交通拥堵、环境污染、贫富分化等现象以及基础设施容易老化等威胁城市可持续发展的因素，从科技、低碳、绿色、创新视角出发建设现代城市，它不仅仅是商业中心，更是艺术创意中心、科研中心、技术创新中心、经济中心和金融中心，是无数艺术家、设计师、科学家和企业家的聚集之地，也是人文氛围浓郁、创新环境优良、广大民众宜业宜居之地。因此，南沙应致力于将自身整体打造为一系列具有代表性的地标空间，充分展示出未来之城所应具有的科技、低碳、绿色、创新特质，建设一个理想的国际化创新城区。

（一）秉持创新城区理念打造未来之城

创新城区作为一种新兴城市空间发展模式，以其空间的紧凑性、交通的通达性、技术的连接性、生活的社区化、生态的宜居性等优势，真正实现了工作与生活的互补共生，成为区域和城市创新发展的重要突破口。从当前欧美城市实践看①，创新城区集中体现为打造经济增长新动能的一种城市规划理念，是一个高度集聚高端科研院所、研发机构、创业企业、孵化器及金融机构等各主体，创新活动旺盛、网络化互动特征明显的城市新经济空间；创新城区还具备物理空间紧凑，公共交通通达，公共网络分享，知识共享与技术合作，居住、办公与商业等功能综合布局，公共服务完善等典型特征。创新城区的核心理念是：未来的城市不仅要有高楼大厦和宽敞的道路，更要有充满活力的创新生态，包括创新的企业、研究机构、高校和创业者，共同推动城市的经济和文化发展。

未来之城要积极营造创新文化与创新网络。它不仅仅是硬件设施的堆砌，更需要创新的文化和经济生态系统，需要开放和包容的环境，鼓励开展各种创新活动，无论是技术研发、文化创作还是商业模式的创新，都能在这里找到合适的土壤。创新城区应该以积极吸引创新型企业为发展目标。因此，城市政府和相关部门需要提供有利于企业发展的政策和资源，降低创业门槛，提供税收激励，建立研发基地和技术孵化器，这些都是吸引创新型企业的重要手段；此外，还可以通过建立产业集群来促进企业之间的合作和交流，加快创新的步伐。创新城区也应该成为研究和教育的中心，鼓励高校和研究机构与企业合作研究，以加快科研成果产业化。创新城区还应该为创业者提供创业生态系统的支撑，包括创业孵化器、风险投资基金和创业培训项目等，以促进创业者将其创意转化为商业机会，推动新兴产业的发展。

美国的硅谷和英国的“科技三角”都是全球知名的创新城区，吸引了大量的技术天才和创业者。这些创新城区的成功经验是都拥有开放包容的文化，鼓励多样性、多元化的人才汇聚。这种文化氛围有助于吸引来自世界各地的创意人才，

---

① 欧美创新城区有多种模式。例如，以高科技产业为主导，通过风险投资和创新创业文化推动经济发展的美国硅谷模式；以大学和研究机构为依托，通过产学研一体化推动科技创新和产业发展的英国剑桥模式；以科技园区为载体，通过政策引导和资金投入推动科技创新和产业发展的法国索菲亚·安蒂波利斯模式；以产业集群为主导，通过政府和企业合作推动科技创新和产业发展的德国慕尼黑模式。

促进不同领域的交叉合作。人们在这些城区内能够自由分享创意、知识和经验，促进了创新的互动和碰撞。同时，完善的基础设施和服务是创新城区成功的关键因素之一。这包括高速的互联网连接、优质的教育和研究机构、研发实验室、孵化器和共享办公空间等，为创新活动提供必要的支持和资源，有助于新创企业的成长和发展。此外，城市还应该注重基础设施的可持续性应用，包括绿色能源、交通系统的优化和环保设施的建设等，以确保城市的可持续发展。这些城区都与全球的技术和经济中心紧密联系，形成了全球化的创新网络，它们不是孤立的创新孵化地，而是积极参与国际合作和竞争。这种联系有助于吸引国际投资、扩大市场规模，同时也提供了更广泛的商业机会。跨国公司和国际研究合作在这些城市中蓬勃发展，为创新提供了更广泛的平台。

南沙要借鉴欧美的成功经验，更要结合湾区实际，打造有南沙特色的创新城区。要注重培养充满活力的创新生态，通过与国内外的高校和研究机构合作，培养和引进大量的高层次人才；鼓励本地的企业和创业者参与到创新活动中来；注重链接全球，通过与全球的技术和经济中心建立紧密的联系，致力于创建全球化创新城区。以创新城区的理念，努力打造一个真正的未来之城，这不仅能为南沙的经济和文化发展提供有力的支撑，也能为全球的城市发展提供一个新标杆。

（二）打造彰显城区特质的地标空间

广州作为千年商都，具有岭南文化的历史厚度和文脉底蕴，具备敢闯敢干的拼劲、求真务实的定力和百折不挠的韧性等优良城市精神，拥有深厚的文化事业和文化产业。南沙正积极深挖文化内涵、创新文化元素、激活文化价值，让传统与现代相得益彰，文脉与商脉相互融合，在守正创新的基础上延续历史文化根脉，让老城更好地融入现代城市建设，并焕发新的发展活力。南沙作为岭南文化的重要载体，通过建设系列地标空间，以前瞻性的理念和高品质的实践打造创新城区，绘就未来之城。

1. 新经济地理空间之核

南沙以习近平经济思想为引领开拓新经济地理空间，孕育出具有湾区特色的共享经济新模式。人类经济形态从自然经济起步，到市场经济繁荣，必将走向共同富裕、和美发展的共享经济形态，共享经济必将成为中国主流经济形态，进而超越西方经济发展模式。在新的历史方位，南沙从全球经济发展视野、人类命运共同体构建、中国式现代化建设出发，勇于担当粤港澳大湾区国家战略赋予的历史使命，依托中国特色社会主义市场经济，以一切为了人民、实现共同富裕、推进和美幸福发展的理念，积极探索、创新中国式现代化进程中的共享经济模式，以此创造未来城市价值和未来经济社会财富。在全球经济大潮中，新经济形态逐渐成为引领各国和城市发展的关键力量。新经济是一种动态概念。南沙深刻认识到培育新质生产力发展新经济的意义，在地标空间的规划与建设中特别强调新经济地理空间的打造，以此推动创新与经济发展，形成共享经济圈，充分发挥创新性知识的主导作用和确立创意产业的龙头地位，迈向智慧经济。

南沙积极构建具有湾区特色的高质量经济体系，把握好项目的可行性、可持续性和社会效益，鼓励不同领域的企业和产业协同发展，推动产业结构升级与多元化发展。这有助于提高城市的抗风险能力，降低对单一产业的依赖度。南沙鼓励新兴产业和高科技产业的发展，积极吸引高新技术企业和创新型企业落户，为新兴产业提供了良好的土壤。

同时，南沙还注重文化产业和服务业的多元化发展，全面推进文化事业，正在培育百亿级的文化新业态产业集聚地。近年来，南沙的文化创意产业、旅游业、金融业等逐渐壮大，为城市提供了新的增长点，提高了城市的抗风险能力。文化产业和服务业的发展推动了现代服务业出新出彩，力促南沙产业转型升级之“势”取得新突破。结合以上两个方面的突破，南沙实施生产性服务业高端化、生活性服务业品质化提升行动，发展现代海洋产业，建设了国家新一代人工智能创新发展试验区、人工智能创新应用先导区。由此，南沙通过经济创新实践、产业升级和高质量发展，保持城市持久的发展动力。

南沙区政府为新经济地理空间制定了一系列支持政策，包括税收优惠、创新基金和基础设施保障等，提供了具有国际竞争力的营商环境，以吸引高新科技企业入驻、投资和发展。新经济地理空间不仅集聚了南沙的高新技术企业、研发中心和创业孵化器，还与全球技术和经济中心建立了紧密的联系，可成为南沙新经济发展的核心区域，吸引大量的技术人才和创业者，鼓励高校和研究机构与企业建立紧密的合作关系，积极推动科研成果的转化。

2. 新湾区地理空间之核

湾区，作为全球经济发展的重要引擎，其地理空间的规划和建设显得尤为重要。南沙地处粤港澳大湾区的地理几何中心，100公里半径内汇聚了湾区11座城市，与市场规模大、成长性高的国内发达城市和地区保持紧密的联系，海陆空交通优势和物流运输成本优势明显，因此在地标空间的规划和建设中，就特别注重突显其在金融、贸易和物流等领域作为全球城市交流合作的重要平台地位，成为推动湾区发展的重要力量。

（1）致力于将地标空间打造成金融枢纽。南沙积极推动自由贸易账户、跨境双向人民币融资、贸易外汇收支便利化等跨境金融先行先试政策，未来将集聚现代化金融机构、证券交易所和金融服务企业，成为金融创新和国际合作的基地。首个碳中和融资租赁服务平台、首个绿色融资租赁线上平台等创新机构落地南沙，南沙明珠金融创新集聚区初具规模，银行、证券公司、保险公司、投资公司和金融科技公司等机构形成完整的金融服务体系，不断丰富金融业态与业务多元化创新，为企业提供全面且富有特色的金融服务。

（2）全力建设世界级贸易与物流枢纽。南沙港区是广州港的核心港区和大型综合性深水港区，也是建设大湾区国际航运枢纽的重要承载区，拥有集装箱、粮食、滚装汽车、能源和船舶修造等专业化深水泊位，与全球港口保持密切联系，促进贸易和物流畅通，提升南沙的国际贸易地位。现代化物流园区的建设则为全球湾区城市的供应链提供便利，跨境电商和集拼业态持续落地，已集聚形成5个跨境电商产业园和超过100家跨境电商相关企业，为湾区城市国际竞争力提升增添新动力。

（3）积极建设港澳人士融入国家发展大局的平台。南沙是粤港澳全面合作的重要主体之一，致力于建设青年创业就业合作平台，打造港澳创业就业试验区，创享湾和香港科技大学（广州）等重大平台已落地，建立了粤港澳科技联合创新机制。成立广州南沙粤港合作咨询委员会、广州南沙粤澳发展促进会、广州南沙粤港合作咨询委员会服务中心等多个服务机构，努力建设港澳青年安居乐业的新家园。推动大湾区航运联合交易中心建设，持续完善税务机制和人才奖励条款，保持高强度引进港澳人才。探索港澳规划、设计、工程建筑等顾问公司和工程承建商的准入标准，实现香港协会（学会）专业资格与内地相应协会会员资格互认。

3. 新广州未来空间之核

南沙是广州的未来之城，承载着广州综合发展的关键使命，坚持生态文明理念，尊重自然、顺应自然、保护自然，坚持经济、社会、文化和生态多位一体，共荣共进。塑造新广州未来空间地标的重点在于建设人文品牌，加强文化传承与保护，持续优化南沙医疗、教育等公共资源，以精细化治理维护高品质城市。

（1）形成文化、艺术和教育资源集中地。南沙不仅是广州对外开放的门户，更是粤港澳大湾区的综合服务功能核心区，文化、艺术和教育资源集中，为城市发展注入灵魂。2025年第十五届全国运动会的部分比赛将在南沙举办，这不仅是体育盛事，更是文化与艺术交流的平台。南沙将建设更多的现代化文化设施和艺术展览场所，为居民和游客提供丰富的文化体验，同时持续推进教育发展，完善南沙教育体系，建设高品质中小学，吸引高校和研究机构，为知识经济和创新提供动力。

南沙坚定文化自信，深刻把握新的历史节点和发展机遇，激活文化潜能，助力建设高质量人文经济的广州范例，成为广州发展人文城市的关键节点和重要引擎，加快建设国际人文交往枢纽和世界级旅游目的地，打造新时代人文城市高质量发展的样板。

（2）彰显规划和建设的绿色环保导向。南沙城市规划高度重视绿化和生态保护，打造生态廊道，提升城市的生态功能。《广州市南沙区碧道建设总体规划（2020—2035年）》提出了构建319.2千米碧道的宏伟蓝图，展现了南沙在生态保护和城市绿化方面的雄心。南沙保留了大片的绿地和自然生态系统，不仅有助于维护城市的生态平衡，还提供了重要的生态功能，如净化空气、减轻城市热岛效应等，也为居民提供了与大自然亲近的机会，促进了生态教育和环保意识的培养。南沙的公园和绿地不仅仅是景观，还是社交和文化活动的场所。这些地方可以定期举办各类文化节庆、艺术展览、音乐会、户外运动和社交聚会等活动，为居民提供丰富多彩的休闲和娱乐选择。南沙的公园和绿地营造了和谐、舒适的自然环境，居民可以在这些公园和绿地中与家人朋友共度时光，享受大自然的美好，减轻城市生活压力，提高幸福感。

（三）汇聚创新人才支撑广州可持续发展

南沙在培育经济新动能的同时，也关注居民的全面发展和精神追求，强调以人为本的城市发展属性，注重和谐和可持续的幸福理念及实践，满足居民的多样化需求，致力于挖掘传承在地文化，以岭南特色的生活方式促进全球创新人才融入南沙，支撑广州可持续发展。

未来之城为居民提供众多的公共服务和社区活动，包括教育、医疗、文化、体育等多个领域，为居民提供丰富多彩的生活体验和机会，促进社区凝聚力和社交互动。首先，南沙高度重视和支持当地的教育系统，随着香港科技大学（广州）落户南沙，不仅有助于提高居民的知识水平，还为年轻一代提供了更多的发展机会。其次，南沙的医疗机构和卫生设施不断得到改善和获得投资，以确保居民能够获得及时和高质量的医疗保健。南沙还鼓励健康教育和预防保健，以提高居民的健康水平。此外，在精神层面，南沙为居民提供丰富的文化和艺术活动，举办各种文化展览、音乐会、艺术表演等活动，为居民提供了品味和欣赏的机会，促进了文化交流和创意表达；提供多样化的教育和培训机会，包括学校、培训中心、文化课程等，为居民提供了终身学习的机会，促进知识更新和职业发展。通过文化和艺术活动、教育和培训项目、社区互动和社会参与，为居民提供参与社会的平台，增强了社区凝聚力和归属感。

南沙典型地标空间的建设为广州经济和文化发展提供了有力支撑，也增强了广州作为全球城市的竞争力和吸引力。地标空间建设不仅要突出物理结构，更要注重城市发展理念、技术和文化的融合，鼓励技术研发、文化创作、商业模式创新，形成充满活力的创新生态和开放包容的社会氛围，完善社会保障体系[①]，注重住房保障，提高城市的宜居性，增强社会的和谐稳定，吸引全球人才和资源，促进城市的国际化和多元化。通过一系列创新举措和经济体系的构建，南沙吸引了众多高新技术企业和创业者。这些企业在科技研发和创新方面富有竞争力，推动了科技产业的蓬勃发展，不仅在南沙建立了研发中心和实验室，还吸引了一流的科学家和工程师前来工作。科技创新的发展不仅提高了南沙的技术水平，还

① 南沙地区的社会保障体系为居民提供了经济安全网。社会保障覆盖了养老保障、医疗保障、失业保障、工伤保障和生育保障等多个领域。南沙的医疗保障制度为居民提供了健康保障，医疗保险计划涵盖了医疗费用报销，包括住院费用和门诊费用。

促进了科技成果的商业化应用，为南沙经济增长带来了强大的动力；不仅增加了居民的就业机会，还为年轻人提供了更多的职业选择。同时，南沙激发了创业精神和创新文化，创业者们的成功故事鼓舞了更多的年轻人加入创业行列，推动了南沙创业生态系统的发展，带来了国际化的影响。这些企业通常在全球范围内拥有业务，与国际市场保持联系。这不仅为南沙企业提供了更广阔的市场和国际化的发展机会，还有助于南沙融入全球经济体系。这种国际化的影响也促进了广州与世界多元文化和文明交流互鉴，丰富了筑巢引凤的文化氛围，不断优化广州企业、人才、科研机构等资源的空间布局，迸发出更强大的发展动力。

三、顺应文明互鉴，建设国际交往中心枢纽节点

根据《粤港澳大湾区发展规划纲要》，大湾区致力于成为集世界级旅游目的地中转枢纽、国际科技创新中心重要节点和对外文化交流枢纽门户于一体的综合性区域。南沙已采取系列举措加强区域合作，共建人文和休闲湾区，同时提升文旅产业活力和文化丰富性，持续增强在国际舞台上的知名度和影响力，成为广州国际交往中心的重要组成部分。南沙依托国家级新区和自贸区、粤港澳全面合作示范区叠加的优势，以及日趋完善便捷的海陆空综合交通体系，是具有国际影响力的文化与科技交流平台，在未来面向世界的腾飞进程中必将成为国际交往中心的枢纽节点。

（一）建设粤港澳大湾区“一程多站”国际游客中转枢纽

粤港澳大湾区正致力于建设世界级的旅游目的地，深化文旅融合，传播中华文化，满足人民对美好生活的向往，并促进湾区服务业转型升级，扩大服务贸易。南沙以其独特的地理优势、丰富的历史文化资源和创新精神，正积极打造世界级旅游目的地的中转枢纽。

1. 粤港澳大湾区建设世界级旅游目的地态势

在文旅地标与产业发展方面，大湾区的文旅地标布局不断完善，现代都市旅游名片如广州塔、港珠澳大桥等，以及南沙的全民文化体育综合体项目，都成为推动区域文旅产业发展的重要引擎。岭南历史文化地标的挖掘和文博场馆的建

设，如广州的多个文化设施，进一步丰富了大湾区的文化内涵。

在产业载体的扩容方面，广东省通过政策和资金支持，加快了旅游产业孵化和创新发展平台建设。主题公园群的布局和国际会展节庆活动的举办，如中国国际马戏节和粤港澳大湾区文化艺术节等文化活动，提升了大湾区的文旅知名度和影响力。同时，广东注重提升游客的旅游体验，发展滨海旅游、生态康养旅游，并打造美食旅游品牌。南沙区以“一程多站”的理念，发展文旅产业，提供多样化的旅游路线和产品，满足不同游客的需求。

2. 发挥南沙优势助推世界级旅游目的地建设

对于湾区而言，南沙具备资源、地缘及政策三大支撑力。首先是资源支撑。南沙文旅瑰宝云集，区内拥有深厚的历史文化底蕴和众多不可移动的文物，如虎门炮台和舢舨洲灯塔等，以及非物质文化遗产，例如黄阁的麒麟舞和南沙的妈祖信俗。这些文化资源为南沙提供了丰富的旅游内容。同时，南沙的自然风光，包括山、江、林、海等多样景观，为生态旅游提供了优越的条件。其次是地缘支撑。南沙位于粤港澳大湾区的地理中心，具有连接广州、深圳和珠江口西岸的天然地理优势。南沙具备便捷的交通网络，中转各地畅通无阻。发达的交通网络，包括轨道交通和高速公路，为游客提供了便捷的出行条件，使南沙成为大湾区内重要的交通枢纽。特别是南沙将邮轮经济作为推动高质量发展的重要引擎，通过建设邮轮母港和相关配套设施，提升了旅游产业的水平和国际影响力。最后是政策支撑。南沙区政府务实创新，推出旅游消费券、奖励补贴政策等措施，刺激了旅游市场的需求和活力。同时，南沙注重旅游产品的创新和提升，推出了多项特色旅游活动和多条精品旅游线路[①]，以满足不同游客的需求，从多个维度吸引全球游客的到来。

南沙以岭南文化为滋养，以大湾区为载体，协同港澳资源，发展文脉、城脉和商脉融合的新时代人文经济。以南沙为地理核心的粤港澳大湾区将成为世界级文化资源要素的配置高地、文化新模式新业态的引领地和中外文化交流的枢纽。

---

① 如海防遗址游径：蕉门炮台遗址—鸦片战争海防博物馆—巩固炮台遗址—大虎山炮台遗址—上横档岛炮台—下横档岛炮台—大角山炮台—蒲洲山炮台；如海洋文化游径：鸦片战争海防博物馆—官厅、天后宫遗址（上横档岛）—南沙天后宫；如山海揽胜游径：蒲洲山—大角山—下横档岛—上横档岛—大虎山。

3. 开放政策赋能塑造南沙旅游枢纽新节点

南沙新区作为广东自由贸易试验区的重要组成部分，自2015年4月正式挂牌以来，在推动区域旅游发展和建设世界级旅游目的地方面发挥了显著作用。南沙通过开放政策激活文化活动，助推旅游枢纽节点建设，紧紧围绕制度创新这一核心，全面深化改革和扩大开放，充分发挥了试验田的作用。一系列的开放政策带动了文化活动飞速发展，例如，南沙区连续成功举办大湾区艺术节、挂牌运作大湾区国际艺术品保税产业中心，为华南地区的文化艺术产业发展开辟了新路径。南沙区通过开放政策促进粤港澳产业合作，共筑南沙旅游枢纽节点。通过与横琴、前海等平台的协同发展，南沙加强了旅游业的合作，强调高端体验消费的引领作用，建立了多业态协同发展的现代商业体系。通过优化入境便利通行措施和推动邮轮产业的发展，南沙正逐渐成为世界级旅游目的地的枢纽节点。

（二）不断促进中外文化交流提质扩容

近年来，广州特别是南沙在中外文化交流方面取得了显著成就。广州凭借丰富的历史文化和国际化视野，吸引了众多外国政要和跨国公司高管，成为重要的国际交流平台，其全球城市地位和国际影响力显著提升。南沙作为国家高水平开放战略平台，拥有广阔的国际合作空间，成为大湾区国际人文交流的新舞台。

面向世界的南沙，将通过推广人文经济理念、完善人文经济政策和搭建人文经济机制三个层面兴湾、强湾。一是坚持以文促融，以人文与经济融合发展理念推动世界多元文化在南沙共生共荣，为创新资源营造公平开放的氛围。二是持续、全面完善人文经济政策，繁荣发展南沙的文化事业和文化产业，凝聚城市多元主体的文化共识，通过文物、文艺、文旅、科教等多种形式推动人文城市建设。三是构建“共有”特征的人文经济机制，推动湾区人文经济同频共振，创新人文经济产业投资机制，畅通资金流通渠道；提升人文经济产业的人才引进机制，全方位保障人才核心需求，建设富有人文气息的人才社区；协同港澳，面向世界，完善人文经济发展的软硬件设施，打造以南沙为核心的文化全球化贸易机制。

1. 南沙文化及其国际交流特征

深厚的历史文化底蕴、鲜明的岭南和广府文化特色、与港澳密切的联系，使南沙文化具有多元融合的优势。南沙区内可开发利用的文化资源种类众多，国际交流潜力巨大。

南沙的文化资源密集丰富，包括麒麟舞、香云纱等非物质文化遗产，通过建立文化展示馆、创意园区，出版丛书和拍摄纪录片，南沙展示了传统文化的当代传承与发展。南沙的自然生态资源也孕育了岭南水乡文化，成为文化旅游的重要内容。南沙积极推动文旅深度合作，其湿地旅游、妈祖文化体验和红色文化旅游等特色项目，不仅彰显了南沙文旅融合的魅力，也为大湾区文化走向世界提供了新路径。例如，南沙湿地作为生态旅游胜地，体现了南沙对绿色生态的重视。此外，南沙可通过天后宫等资源加强文化交流与合作，举办文化旅游节，吸引海内外游客，提升南沙的国际知名度。革命文化遗址应转化为红色旅游资源，通过旅游线路和产品设计，传播革命精神，强化爱国主义情感。

然而，尽管南沙在国际文化交流中取得了一定成就，但其整体国际文化形象尚未形成，缺乏鲜明的文化符号和国际美誉度。南沙需要统一文化品牌与形象推广策略，加强国际宣传，提升其文化国际地位和影响力。

2. 南沙国际文化交流新态势

南沙凭借深厚的历史文化和独特的地理优势，正成为连接中国与世界的文化交流枢纽。南沙主要通过精心谋划顶层设计，实施开放战略，积极参与国际交流，通过“走出去”和“请进来”的方式，推介南沙的新机遇，并构建新型国际交流平台。具体而言，在文化交流与融合方面，南沙通过举办东南亚竹文化艺术节等活动，成功地将东南亚文化元素与本土文化相融合，推动了岭南文化与南洋文化的交流，为南沙的国际化发展注入了活力。在国际交往平台建设方面，南沙利用国际会议和活动，提升其在国际领域的影响力，通过这些平台，南沙展现了其作为国际文化交流的重要窗口作用。在国际化街区建设方面，南沙蕉门河街区作为试点之一，强调与产业发展、城市建设等项目的结合，为国际人才提供服务，增强外籍居民的便利度和归属感，通过展现独特的国际化特色，增进世界对南沙的了解。在国际人才吸引与服务方面，南沙正吸引更多留学归国人才和外籍高端人才，致力于提升本地市民的国际化素养，适应作为世界级旅游目的地的需要。南沙积极开展国际人文交流活动，交流领域涉及创新创业、海洋经济和文化旅游（见表7-1）。

总体来看，南沙正通过一系列措施和实践活动，强化其作为国际文化交流枢纽的地位，不断推动文化融合与创新发展，为广州乃至粤港澳大湾区的国际交往贡献力量。

表7–1 南沙近年来举办的代表性国际人文交流活动汇总表

年份	活动
2019	8月27日，“第四届中非青年大联欢”活动 10月23—24日，第二届中国（广东）人工智能发展高峰论坛 11月5日，2019亚太青年领导力与创新创业论坛——“一带一路”倡议与青年参与可持续发展目标平行论坛 11月23日，国际金融论坛（IFF）第16届全球年会（F20峰会）粤港澳大湾区圆桌会
2020	1月14—15日，全球贸易与知识产权创新论坛 7月30日，2020全球 IPv6 下一代互联网峰会 11月17—18日，CNBC全球科技大会 11月21—22日，国际金融论坛（IFF）第17届全球年会 12月18日，第二届“海丝论坛”暨2020海洋经济高质量发展高峰论坛
2021	3月31日，“第二届日中未来论坛——粤港澳大湾区”活动 5月13—15日，第20届亚洲科学理事会大会 9月28日，南沙与阿塞拜疆巴库市哈扎尔区国际友好合作交流城区签约仪式 10月21—22日，2021全球IPv6下一代互联网峰会 11月27—29日，2021亚洲青年领袖论坛 11月30日，2021“海丝论坛”暨节能环保国际论坛 12月1—2日，2021CNBC全球科技大会（East Tech west） 12月4—5日，国际金融论坛（IFF）第18届全球年会 12月11日，“探索未来，共享科学”大湾区科学论坛
2022	6月25日，2022中国 · 南沙国际集成电路产业论坛 8月26日，2022世界跨境电商大会 11月4日，2022海丝（南沙）国际论坛暨亚洲旅游产业年会 12月2—4日，国际金融论坛（IFF）2022年全球年会 12月21—22日，2022粤港澳大湾区全球招商大会
2023	5月20—23日，2023年大湾区科学论坛 10月17—18日，2023CNBC全球科技大会 10月27—29日，国际金融论坛（IFF）2023年全球年会 11月17日，2023明珠湾国际气候投融资大会
2024	4月9日，第十届中国广州国际投资年会南沙专场活动

（三）携手港澳推动多层次国际平台与机构落户南沙

南沙处于湾区地理中心，又处于“黄金内湾”的核心，靠近港澳、联动深圳与珠海，具备强劲的协同港澳的发展优势。因此，发挥南沙独特区位优势与国家战略平台优势，融合南沙所能与港澳所长，有利于实施面向世界的文化引领策略。

1. 扩大国际交往的三大策略

首先，文化先行策略。高水平对外开放的底蕴其实源自文化振兴与文化自信，要充分认识到现有文化形态在国际交往中的独特性和创新性不足，要践行文化先行策略。这一策略强调要深入了解和开发国际文旅市场，推出具有中国特色和湾区风格的原创精品力作，讲述湾区故事，弘扬岭南文化，提升中华文化自信；进一步举办好妈祖文化论坛，深化妈祖文化与当代文化的融合，促进非遗文化的传承。

其次，数字文化策略。南沙积极推动5G、AI、VR（虚拟现实）等新技术在文旅场景的应用，开发数字创意产品和服务。这一策略包括加强创意产品开发，扩大数字化场景应用，如智慧景区建设、推动文旅数据共享。随着这一策略的实施，南沙文化贸易将会出现快速增长，也会进一步促进岭南文化在“一带一路”沿线国家的传播。

最后，品牌塑造策略。南沙致力于构建湾区多元文旅品牌体系，与港澳合作推进人文湾区、休闲湾区的建设。品牌塑造策略包括统一策划和推广南沙的整体形象，利用新媒体平台进行宣传，并开展对外宣传交流活动。此外，通过与港澳的海外推广机构合作，形成海外推广中心体系，加强国际招商与文化交流。

通过这三大策略，南沙可全方位扩大国际交往，提升自身的国际影响力，成为国际人文交流的策源地和粤港澳大湾区文化科技融合创新发展的先行区。

2. 促进国际交往平台体系提档升级

南沙在促进国际交往方面采取了系列举措，旨在提升其国际影响力和吸引力。

南沙致力于争取国家的支持，吸引更多高端国际会议和重大外事活动，提升湾区城市的国际交往水平。同时，配合广州市实施国际友城“百城+”计划，深化与国际友城的友好关系，并积极参与国际组织事务，推动全球合作伙伴开展城市治理创新改革。南沙利用大湾区科学论坛、世界媒体峰会等重要平台培育新质生产力，加强与全球金融、技术资源的联系，推动金融交流、学术研究和战略对话。

全面展示湾区的文化魅力，传播湾区之声，并构建多元化游学产品体系，为世界青少年提供高品质游学产品。通过举办游学论坛和建立交流枢纽基地，吸引港澳及国际青少年来广州南沙及大湾区体验岭南文化和湾区发展。加强国际招商与文化交流，广泛借助驻外机构、海外企业、华侨华人等资源优势，服务广州特色的民间外交，全方位实现南沙面向世界的定位。

通过这些措施，南沙有望成为国际交流的重要平台，提升其全球影响力，为构建人类命运共同体作出贡献，并成为粤港澳大湾区文化和科技、金融融合发展的先行区。

3. 积极吸引国际组织落户南沙深化合作

鉴于南沙优良的生态环境与打造未来之城的愿景符合绿色环保发展理念，与相关国际组织的协同合作极具意义。因此，南沙可积极尝试吸引世界自然保护联盟、联合国环境规划署、国际自然和自然资源保护协会、世界动物保护协会、世界自然基金会等机构来南沙设点开展科研与宣传合作。加强与国际经济协会、国际科学理事会和国际数字地球学会等权威国际组织的互动，持续扩大南沙的国际“朋友圈”。这不仅有助于提升南沙的国际形象，也能为其绿色发展注入新的活力和智慧。通过这样的合作，南沙将不断扩大其国际影响力，共同为全球的环境保护和可持续发展作出贡献。

南沙打造未来之城，就是坚持新发展理念，以高水平开放实现高质量发展，“精明增长、精致城区、岭南特色、田园风格、中国气派”是其核心内涵。所谓精明增长就是立足建构现代产业结构，所谓精致城区就是塑造土地集约规划现代建筑雅致的现代城市风貌，所谓岭南特色就是传承岭南优秀传统文化以打造人文湾区新样板，所谓田园风格就是坚持绿色生态发展模式，所谓中国气派就是面向世界展示大湾区正在形成的中国式现代化的文明新形态。

南沙积极落实党的二十届三中全会部署，以排头兵的要求进一步全面深化改革，做大南沙高质量发展新增量。在新阶段，南沙要统筹好生产、生活、生态空间，抓好港产城融合发展，注重塑造城市形态、强化城市功能、培育城市内涵，使南沙成为中国式现代化浓缩的精华。我们相信，南沙将会开创一种丰富多彩的幸福生活形态，这种创新理念和实践将促进南沙更好地成为当代城市繁荣和居民幸福生活的标杆，成为面向世界的未来城市典范。

参考文献

［1］李雷，何神佑．基于地理空间视角的南沙新区基础设施空间布局分析［J］．测绘与空间地理信息，2024，47（5）：37–40.

［2］雷斌，周超中．释放新质生产力 加快开放合作速度：《南沙深化面向世界的粤港澳全面合作条例》解读［J］．人民之声，2024（4）：57–58.

［3］唐仁敏．通过首创性改革举措为南沙高质量发展注入新动能［J］．中国经贸导刊，2024（4）：5–11.

［4］张玉荣．前海南沙横琴成为高质量发展引擎［J］．小康，2024（11）：32–35.

［5］王昆，谭静，孟惟，等．“多层一体”的绿色低碳“规建治”路径：以广州南沙区为例［J］．规划师，2024，40（4）：106–112.

［6］李树沛．自动化集装箱码头建设经验和启示：以广州港南沙港区四期工程为例［J］．集装箱化，2024，35（3）：6–9.

［7］冯露菲，刘会芳，韩钊，等．基于广州南沙明珠湾起步区的绿色建筑全过程管理策略研究［J］．节能，2024，43（3）：123–125.

［8］杨明，王小刚．粤港澳在广州南沙共建南海海域水产品全球物流贸易中心的初步研究［J］．广东经济，2024（5）：28–32.

［9］闻铭，郑朋芳．“双循环”驱动下南沙港多式联运的发展策略［J］．物流工程与管理，2024，46（1）：117–122.

［10］梁霞．数字经济赋能高质量发展的内在逻辑和路径：以广州市南沙区为例［J］．全国流通经济，2023（24）：103–106.

［11］黄嘉玲，陈媛，姚江春，等．城市新区创新型产业用地政策研究：以广州市南沙区为例［J］．房地产世界，2023（24）：25–27.

［12］郑康．广东南沙：“大质量”助推湾区大发展［J］．中国质量监管，2023（12）：50–51.

［13］高毓琳．实景三维时空数据库建设及应用：以南沙先行启动区为例［J］．城市建设理论研究（电子版），2023（35）：220–222.

［14］侯兵，李启华．推动南沙打造粤港澳大湾区高水平人才高地示范区的思路与对策研究［J］．中国工程咨询，2023（12）：111–115.

［15］李榕梅．基于GIS的南沙新区建成区时空演变特征分析［J］．测绘与空间地理信息，2023，46（11）：55–58.

[16] 刘小丽. 基于“加减”背景下国土空间详细规划编管方式思考：以广州南沙新区为例[J]. 城市建设理论研究（电子版），2023（33）：26–28.

[17] 张锐昕，钟芸. 人才安居政策执行的实践审视及改进策略：以广州市南沙区为例[J]. 行政与法，2023（10）：1–12.

[18] 郑建平. 主动式建筑在冷链物流中的应用：以广州南沙国际物流中心（南区）项目为例[J]. 广东土木与建筑，2023，30（10）：69–72.

[19] 龙家彦，唐棠. 广州南沙新区高快速路系统提升规划研究[J]. 城市道桥与防洪，2023（10）：48–50，69，15.

[20] 严帅，贺艳林. 以推动广州南沙综合保税区高质量发展为抓手，加快南沙建设高水平对外开放门户的建议[J]. 广东经济，2023（13）：9–13.

[21] 谭锐，戴明洁，欧咏梅. 粤港澳大湾区融合型社会建设的问题与对策：基于广州南沙的案例研究[J]. 长安大学学报（社会科学版），2023，25（5）：102–112.

[22] 陈朋亲，毛艳华. 粤港澳大湾区跨域协同治理创新模式研究：基于前海、横琴、南沙三个重大合作平台的比较[J]. 中山大学学报（社会科学版），2023，63（5）：167–176.

[23] 郭云喜. 协同港澳、对标国际 打造粤港澳大湾区重大合作平台[J]. 中国外汇，2023（15）：30–33.

[24] 吴波亮，彭和翔. 粤港澳大湾区产业协作高质量发展路径研究[J]. 电子产品可靠性与环境试验，2023，41（3）：109–113.

[25] 毛艳华，任志宏，叶辅靖，等. 建立高质量城市发展标杆：南沙更高水平对外开放[J]. 城市观察，2023（3）：53–81.

[26] 王叶倩，胡庆朋. 促进南沙自贸区发展的对策[J]. 商场现代化，2023（11）：47–49.

[27] 朱江，曹迪，刘佩雯，等. 系统思维下规划体检评估的思考与实践：以广州市南沙新区为例[J]. 城乡规划，2023（3）：7–16.

[28] 佟宇竞，陈翠兰. “高质量发展看广东”专题③ 南沙建设生态文明高质量城市发展标杆战略研究[J]. 广东经济，2023（5）：27–30.

[29] 外汇局广东省分局课题组. 南沙：以高水平开放促进深层次改革、推动高质量发展[J]. 中国外汇，2023（7）：56–59.

[30] 宋丹凤，李杏筠，阳媛. 广州市南沙区海洋主导产业选择研究：基于修正后

的“钻石模型”［J］．经营与管理，2024（10）：226–233.

［31］王勇，洪泽珊，徐夏晗，等．基于区域协作视角下战略发展与产业空间布局模式探索：以粤港澳创新合作示范区城市设计为例［J］．工程建设与设计，2023（6）：36–39.

［32］王世福，练东鑫，邓昭华，等．粤港澳大湾区跨界合作区规划策略与协同治理探索：以广州南沙新区为例［J］．规划师，2023，39（3）：101–108.

［33］彭璐璐，原斌．滨海地区城市设计方法研究：以广州南沙湾滨海地区规划提升策划项目为例［J］．城市建设理论研究（电子版），2022（33）：13–15.

［34］王子立，仲飞标．广州南沙自贸区国际人才引进与服务路径研究：以新加坡自贸区经验为借鉴［J］．广州社会主义学院学报，2022（4）：106–112.

［35］陈扬乐，林艳鸿．驱推拉阻模型：南沙旅游发展动力的实证研究［J］．中国海洋大学学报（社会科学版），2022（5）：12–22.

［36］李烝．广州南沙：打造协同港澳、面向世界的“湾区之心”［J］．中国财政，2022（15）：51–53.

［37］黄炳林，刘政刚．广州港南沙港区四期工程岸桥与智能导引车自动装卸交互方案应用［J］．集装箱化，2022，33（7）：1–4.

［38］李丹．协同港澳面向世界高质量推动广州南沙开发开放［J］．中国金融家，2022（7）：53–54.

［39］肖文峰，周强，马晓澄．为大湾区再注新动能：广州南沙从地理几何中心走向区域功能中心［J］．中国产经，2022（13）：106–110.

［40］丛亮．支持广州南沙深化面向世界的粤港澳全面合作 推动粤港澳大湾区建设向纵深发展［J］．中国产经，2022（12）：8–11.

［41］邱晨，王志远，廖建军．基于步行可达性的“15分钟社区生活圈”覆盖率研究：以广州南沙城区为例［J］．上海城市管理，2022，31（3）：77–85.

［42］本刊讯，广州港打通“海南–南沙–西南区域”粮油海铁联运通道［J］.中国航务周刊，2022（21）：20.

［43］王海云，程迎轩．南沙新区陆海统筹建设适宜性评价［J］．中国国土资源经济，2022，35（10）：75–82，89.

［44］沈丹，林路亮．RCEP对南沙原产地签证业务的影响研究［J］．对外经贸实务，2022（2）：73–76.

［45］朱寿佳，代欣召. 建设海洋经济高质量发展示范区问题及路径：以广州市南沙区为例［J］. 中国国土资源经济，2022，35（6）：19-23，55.

［46］皮泽红. 南沙：努力促进跨境投融资便利化，支持实体产业发展［N］.中国改革报，2024-06-19（3）.

［47］刘肖勇. 湾区同心圆 青春南沙行［N］. 广东科技报，2024-05-24（14）.

［48］王一晴，柳时强，周甫琦. “湾心”强心 奔赴世界［N］. 南方日报，2024-06-14（A01）.

［49］刘肖勇，舒霞. 广州南沙区开展多领域深层次高质量“帮扶协作”［N］. 广东科技报，2024-03-29（14）.

［50］欧阳剑环. 放宽准入优化监管 南沙高质量发展注入新动能［N］. 中国证券报，2024-03-23（A02）.

［51］季晓莉. 支持广州南沙借势大湾区发展新质生产力［N］. 中国经济导报，2024-03-23（1）.

［52］孟健，王一晴，姚瑶. 南沙有何独特优势？［N］. 南方日报，2024-03-16（A02）.

［53］柳时强，王一晴. 推动南沙科学城打造世界一流科学城［N］. 南方日报，2024-03-05（AA2）.

［54］张植凡，曹畅. 广州南沙加快临港经济能级提升［N］. 中国水运报，2024-01-10（6）.

附录

附录1　南沙发展大事件速览

2005年

1. 设立广州市南沙区

2012年

1. 获批国家级新区
2. 获批全国人才管理改革试验区
3. 南沙国际仲裁中心揭牌

2013年

1. 南沙新区明珠湾起步区建设正式奠基启动
2. 南沙港区年集装箱吞吐量突破1000万标箱

2014年

1. 国家十部委联合印发“南沙金融15条”
2. 建立促进广东前海南沙横琴建设部际联席会议制度
3. 广州南沙新区条例出台
4. 全省首批开展内地与港澳律师事务所合伙联营试点改革
5. 获批全国社区治理和服务创新实验区

2015年

1. 广东省出台支持广州南沙新区加快开发建设的若干意见
2. 广东自贸区南沙片区挂牌，建设实施方案发布
3. 南沙新区跨境人民币贷款业务试点正式实施

2016年

1. 广州市把南沙定位为广州城市副中心
2. 国内最大、全球第二大半潜船“新光华”号命名交付
3. 试点推行商事服务“香港通”

2017年

1. 广州港南沙港区三期工程建成投产

2. 南沙客运港至香港国际机场航线开通

3. 国际金融论坛（IFF）永久会址落户

4. 获批全国首批健康旅游示范基地

2018年

1. 广深港高铁南沙庆盛高铁站开通

2. 南沙保税港区入选国家级海关特殊监管区

3. 汽车制造业产值首次突破千亿元

4. 南沙汽车码头年商品车装卸量突破100万辆

2019年

1.《粤港澳大湾区发展规划纲要》正式发布，专章部署打造“广州南沙粤港澳全面合作示范区”

2. 与中国科学院合作共建南沙科学城

3. 南沙大桥正式通车

4. 国际邮轮母港正式启用

5. 获评2019中国最具幸福感城市（县区级）

6. 香港科技大学（广州）动工建设

2020年

1. 获批综合保税区

2. 获批国家进口贸易促进创新示范区

3. 全球人道主义应急仓库和枢纽动工建设

2021年

1. 广州期货交易所挂牌运营

2. 全国最快的地铁十八号线首通段开通

3. 南沙港铁路建成开通

4. 首届中国—太平洋岛国渔业合作发展论坛召开

5. 获批设立国家海外人才离岸创新创业基地

6. 2021中国社会治理百强县（市、区）

2022年

1.《广州南沙深化面向世界的粤港澳全面合作总体方案》印发实施，要求南沙打造成为“立足湾区、协同港澳、面向世界的重大战略性平台”

2. 广州港南沙港区四期工程建成投产

3. 香港科技大学（广州）开学

4. 获批开展跨境贸易投资高水平开放试点

5. 获评2022中国最具幸福感城市（城区级）

2023年

1. 省委要求南沙建设“精明增长、精致城区、岭南特色、田园风格、中国气派”的现代化都市

2. 广州市把南沙定位为广州“未来发展核”

①国家三部委出台支持广州南沙放宽市场准入与加强监管体制改革的意见

②最高人民法院出台《关于为广州南沙深化面向世界的粤港澳全面合作提供司法服务和保障的意见》

③获批成为广东省首个未来城市综合实证试点

附录2 南沙经济社会发展若干数据

附表1 2014—2023年南沙经济社会基本概况

年份	户籍人口/万人	常住人口/万人	年末社会从业人员/万人	社会消费品零售总额/亿元	固定资产投资额/亿元
2014	37.62	63.53	40.96	145.57	403.06
2015	38.35	65.58	42.28	170.75	620.55
2016	39.26	68.74	45.91	197.16	813.15
2017	41.54	72.50	49.38	214.80	774.93
2018	43.93	75.17	50.13	208.77	588.18
2019	46.33	79.61	64.34	227.79	754.58
2020	49.18	84.90	66.69	207.24	922.10
2021	51.75	90.04	67.14	265.71	1127.56
2022	54.20	92.94	69.21	294.79	1217.45
2023	56.32	96.79	69.29	332.45	1103.01

附表2 2014—2023年南沙地区生产总值及产业占比

年份	地区生产总值/亿元	同比增速/%	第一产业占比/%	第二产业占比/%	第三产业占比/%
2014	963.86	12.83	4.77	69.19	26.04
2015	1063.23	13.00	4.70	64.12	31.18
2016	1222.03	15.60	4.14	56.14	39.72
2017	1344.46	12.40	4.05	48.41	47.54
2018	1444.95	10.30	3.77	45.24	50.99
2019	1677.20	10.70	3.34	43.67	52.99
2020	1878.47	7.10	3.52	41.54	54.94

续表

年份	地区生产总值/亿元	同比增速/%	第一产业占比/%	第二产业占比/%	第三产业占比/%
2021	2153.65	9.60	3.26	43.00	53.74
2022	2252.58	4.20	3.21	44.19	52.60
2023	2323.54	4.25	2.99	42.03	54.98

附表3　2014—2023年南沙工业发展概况

年份	工业总产值/亿元	规模以上工业总产值/亿元
2014	1676.23	1613.73
2015	1964.30	1900.75
2016	2152.03	2066.03
2017	2413.22	2305.13
2018	2608.59	2458.50
2019	2787.70	2618.60
2020	3077.90	2853.98
2021	3656.18	3431.54
2022	4110.05	3835.50
2023	3959.36	3862.52

2019年根据第四次全国经济普查结果，对2013—2018年度工业总产值、规模以上工业总产值数据进行了修订。

附表4　2019—2023年南沙高新技术产业发展概况

年份	高新技术企业数/家	专利授权数/件	发明专利授权数/件	技术合同成交额/亿元	国家级专精特新“小巨人”企业/家	累计建成创新平台/个
2019	587	6461	650	—	—	—
2020	682	9113	936	160.57	—	—
2021	744	11510	1348	297.37	3	352
2022	902	9861	1413	368.43	5	370
2023	1114	8192	2008	406.39	18	399

附表5 2019—2023年南沙国际贸易概况

年份	进出口总额/亿元	进口总额/亿元	出口总额/亿元
2019	2137.80	1155.00	982.80
2020	2265.40	1019.20	1246.10
2021	2600.29	1112.87	1487.42
2022	2988.19	1365.19	1623.00
2023	2912.09	1344.56	1567.53

附表6 2019—2023年南沙港口物流业发展概况

年份	集装箱吞吐量/万标箱	货物吞吐量/亿吨	累计国际集装箱班轮航线/条	水上运输业货运周转量/万亿吨公里
2019	1684.85	3.35	114	1.87
2020	1721.68	3.43	122	1.86
2021	1766.00	3.55	147	1.90
2022	1839.00	3.60	148	1.92
2023	1938.00	3.71	156	2.06

附录3 南沙产业政策若干代表性文件

附表7 南沙产业政策若干代表性文件

序号	政策文件	印发时间	兑现开始时间	兑现结束时间
1	广州南沙国际化人才特区集聚人才九条措施	2023-04-13	2023-01-01	2027-12-31
2	关于支持南沙区预制菜产业园发展的若干措施	2023-04-11	2022-05-31	2028-04-10
3	广州南沙新区（自贸片区）鼓励支持港澳青年创业就业实施办法	2022-12-31	2022-01-01	2025-12-31
4	广州南沙新区（自贸片区）支持涉外法律服务业发展八条措施	2023-02-10	2023-02-10	2028-02-09
5	中国（广东）自由贸易试验区广州南沙新区片区关于促进新型离岸贸易高质量发展若干措施	2022-12-28	2023-01-01	2025-12-31
6	广州南沙新区（自贸片区）法律服务集聚区发展扶持办法实施细则（修订）	2022-10-28	2022-10-28	2025-08-13
7	广州南沙新区（自贸片区）促进专精特新中小企业高质量发展若干措施	2022-12-19	2022-01-01	2026-12-31
8	广州南沙新区（自贸片区）推动元宇宙生态发展九条措施	2022-10-20	2022-10-20	2025-10-19
9	广州南沙新区（自贸片区）促进半导体与集成电路产业发展扶持办法	2022-10-20	2022-01-01	2024-12-31
10	广州南沙新区支持科技创新的十条措施	2022-08-29	2022-08-29	2025-08-28
11	广州市南沙区建设进口贸易促进创新示范区的政策措施	2021-12-07	2021-12-07	2024-12-06
12	广州南沙开发区促进外商投资企业发展扶持办法	2022-08-24	2022-08-24	2025-08-23

续表

序号	政策文件	印发时间	兑现开始时间	兑现结束时间
13	广州南沙新区（自贸片区）促进独角兽企业发展扶持办法	2022-04-21	2022-04-21	2027-04-20
14	南沙区现代农业增量提质若干措施	2021-1025	2021-01-01	2024-10-24
15	广州市南沙区质量强区资助奖励资金管理办法	2022-03-16	2022-03-16	2027-03-15
16	广州市南沙区明珠金融创新集聚区入驻管理办法	2021-07-27	2021-07-27	2024-12-31
17	中国广州人力资源服务产业园南沙园区发展扶持办法	2021-03-22	2021-03-22	2025-12-31
18	广州市南沙区促进小微工业企业上规模发展扶持办法	2020-09-18	2020-09-18	2025-09-17
19	广州南沙新区（自贸片区）法律服务集聚区发展扶持办法	2020-08-14	2020-08-14	2025-08-13
20	关于支持南沙区渔业产业园发展的若干措施	2020-04-17	2020-04-17	2025-04-16
21	广州南沙新区（自贸片区）促进制造业高质量发展十条措施	2023-07-07	2023-01-01	2027-12-31
22	广州南沙新区（自贸片区）进一步促进总部经济发展扶持办法	2023-07-18	2023-01-01	2028-07-17
23	广州南沙新区（自贸片区）促进软件和信息技术服务业高质量发展扶持办法	2023-09-01	2023-01-01	2025-12-31
24	广州南沙新区促进气候投融资发展若干措施	2023-09-28	2023-09-28	2025-12-31
25	广州南沙新区（自贸片区）促进商贸服务业高质量发展扶持办法	2023-09-28	2023-01-01	2025-12-31
26	广州南沙新区（自贸片区）促进航运物流业高质量发展扶持办法	2023-09-28	2023-01-01	2025-12-31
27	广州南沙新区（自贸片区）推进财税专业服务业集聚发展若干措施	2023-10-09	2023-10-09	2028-10-08
28	广州南沙新区（自贸片区）促进知识产权高质量发展扶持办法	2023-10-13	2023-10-13	2028-10-12

续表

序号	政策文件	印发时间	兑现开始时间	兑现结束时间
29	广州南沙新区（自贸片区）促进金融业高质量发展扶持办法	2023-10-16	2023-01-01	2028-10-15
30	广州南沙新区（自贸片区）加快产业用房供给支撑制造业高质量发展工作方案	2023-10-16	2023-01-01	2027-12-31
31	广州南沙高层次人才评价实施细则	2023-11-22	2023-11-22	2027-12-31
32	广州南沙新区（自贸片区）促进商业航天产业高质量发展扶持办法	2023-12-21	2023-01-01	2028-12-20
33	广州南沙新区（自贸片区）促进旅游产业高质量发展扶持办法	2023-12-29	2023-01-01	2026-12-31
34	关于支持南沙区丝苗米产业园发展的若干措施	2024-03-06	2021-12-21	2027-03-05
35	广州南沙促进生物医药产业高质量发展扶持办法	2024-04-30	2024-04-30	2027-04-30
36	广州南沙强信心激活力促经济若干措施	2024-02-07	2024-02-07	2024-12-31

后记

江海交汇春潮涌，南沙帆正风正劲。从广东省唯一国家新区、广东自贸试验区面积最大片区，到粤港澳全面合作示范区，再到立足湾区、协同港澳、面向世界的重大战略性平台，南沙的奋进篇章，不仅是改革开放壮阔历程的微观写照，更是新时代高质量发展浪潮中的鲜活例证。遗憾的是，这些突出成绩往往散落于零星的报道之间，缺乏全面系统的梳理与深入研究。在过往的发展中，既有辉煌战果，亦不乏遗憾之处，与社会的期待尚存一定距离。鉴于此，我们研究团队自《南沙方案》发布之后，便开始对这片热土进行深度探索，历时两年的调研，旨在破解“南沙发展之惑”。

寒来暑往，春华秋实。我们的研究得到了南沙区委、区政府以及南沙政研室的大力支持，不仅为我们提供了丰富翔实的资料，更积极参与到我们的研究与写作之中。得益于他们的帮助，我们方能深入挖掘，精心提炼，形成了一系列既具前瞻性又切实可行的对策和建议，确保我们的研究成果既根植于现实土壤，又饱含对未来的深刻洞察与期许。

在这一研究过程中，我们得到了众多专家的悉心指导和社会各界的鼎力支持。郑崴文、李楷健和周伯洲三位同志参与了部分章节的撰写和资料的编辑工作，非常感谢他们的努力与支持。同时，我们也要感谢广东经济出版社的鼎力支持及各位编校人员的辛勤耕耘，正是他们与创作团队的紧密合作和无私奉献，确保了本书的顺利问世。

如今，这本凝聚着我们团队心血的书籍终于付梓。在此，我们对所有支持和参与本书创作的个人和机构表示最衷心的感谢。正是他们的智慧和汗水，使得这份关于南沙发展的研究成果得以呈现在读者面前。愿此书能成为一把钥匙，开启更多人了解南沙、关注南沙，投身南沙建设的大门，去理解和探索南沙这个充满活力和潜力的地区，共同见证这片热土书写更加辉煌灿烂的未来篇章。